W0085403

Tanja Mazurek

Das Geheimnis der Liebe

TANJA MAZUREK

DAS GEHEIMNIS DER LIEBE

EchnAton Verlag

Wichtiger Hinweis

Die Inhalte des Buches stellen keine Diagnose dar und sind kein Ersatz für ärztliche, medizinische, medikamentöse oder therapeutische Behandlung. Die im Buch veröffentlichten Empfehlungen wurden vom Verfasser und vom Verlag sorgfältig erarbeitet und geprüft. Eine Garantie kann dennoch nicht übernommen werden. Ebenso ist die Haftung des Verfassers bzw. des Verlages und seiner Beauftragten für Personen-, Sach- und Vermögensschäden ausgeschlossen.

Bei möglichen unterschiedlichen Schreibweisen wurde die von der Duden-Redaktion empfohlene Schreibvariante verwendet.

1. Auflage Oktober 2021

Deutsche Ausgabe: © EchnAton Verlag Diana Schulz e.K.
Alle Rechte vorbehalten.
Gesamtherstellung: Diana Schulz
Lektorat: Birgit-Inga Weber
Coverfoto: © Olga Drozdova - Shutterstock
Autorenfoto: © Verena Asiz
Covererstellung: Diana Schulz, Dennis O'Neill
Druck und Bindung: CPI books GmbH, Leck
ISBN: 978-3-96442-043-5

www.echnaton-verlag.de

Für meine Mutter und meine Ahnen.

Für alle Wesen, die direkt oder indirekt
an diesem Buch beteiligt waren.

Inhalt

PHASE 4 – IHN BEHALTEN

BONUS 1

BONUS 2

Zum Geleit

Selten ist in einem Buch so viel weibliche Weisheit zu finden, wie in diesem Buch über das Geheimnis der Liebe und wie sich eine Frau in der zweiten Lebenshälfte von der großen Liebe finden lassen kann.

Tanja Mazurek wurde vor allem inspiriert von ihrer eigenen Geschichte, kämpfte sich auf ihrem Weg durch die tiefsten Täler ihrer Psyche: Sie verlor alles, was ihr am Herzen lag. Ihr altes Ich musste sterben, um dann – wie Phönix aus der Asche – aufzuerstehen. Und als neugeborener Phönix konnte sie ein Buch über Liebe, Weisheit und Sinnlichkeit schreiben. Ihr Buch ist inspiriert: Von den weisen Frauen vergangener Zeiten, von der Liebesgöttin Aphrodite selbst und – auch von ihr! – Artemis, Göttin der Jagd, die ihre Lust frei und selbstbestimmt schenkt und entzieht.

Auf die Idee, diese archetypischen Wesenheiten um ihre Mitarbeit zu bitten, kam Tanja in einem sehr langen und tiefen Gespräch, das ich bei einer kühlen Flasche Riesling mit Tanja in der Lobby des Hotels Atlantik in Hamburg führte. Es war der Abend vor dem Beginn einer meiner Coaching-Ausbildungen, an der sie teilnahm – ich darf Tanja schon länger als Mentor begleiten. Und so entstand ein ungewöhnliches Buch für Frauen in der zweiten Lebenshälfte, das die Leserin auf ihrem Weg zur Liebe begleitet.

Auf dem Weg zum Traummann findet die Leserin zunächst zu sich selbst und erblüht in ihrer Eigenliebe, wenn sie mit dem Buch wirklich arbeitet, was ich sehr empfehle. Dieser Weg ist nämlich nicht nur effektiv, sondern macht auch noch viel Spaß und eröffnet völlig neue Horizonte.

Auch für mich als Mann ist es eine große Freude, dieses Buch zu lesen, auch weil ich die spannende Geschichte Sonjas, einer Klientin von Tanja, verfolgt habe. Vor allem aber hat es mein Herz erfreut, dass so viel Wertschätzung und Liebe für uns Männer darin zu finden ist. Eine Frau an seiner Seite zu haben, die den von Tanja beschriebenen Weg geht, ist wie ein Diamant, ein wahres Geschenk. Eine Frau zu lieben, die ihre Weiblichkeit und Sexualität auf so liebevolle und authentische Weise lebt, kann jeden Mann, der dazu den Mut hat, wieder mit seiner männlichen Urkraft verbinden.

Was Männer an Frauen in der zweiten Lebenshälfte schätzen, ist ihre Einfühlsamkeit, ihre Weisheit und die Gelassenheit, die sie ausstrahlen, wenn sie mit ihrer weiblichen Urkraft verbunden sind. Dieses Buch macht reiferen Frauen Mut und gibt ihnen eine Anleitung, wie sie sich von ihrem Traummann finden lassen können. Und gerade auch jüngere Frauen werden es genießen, Sonjas Liebesabenteuer mitzuerleben und die weisen Ratschläge der Autorin anzunehmen. Ich denke, die Lektüre dieses Buches kann jüngeren Frauen schlicht und einfach die Angst vor dem Älterwerden nehmen.

Und Tanja gelingt es, elegant und liebevoll Bewusstheit für die Sinnhaftigkeit schmerzhafter Erfahrungen zu schaffen. Diese Weisheitsperlen machen Mut – hier ein kleines Beispiel aus dem Buch:

>*»Jede Begegnung, die uns weiter bringt, sei es durch*
>*Schmerz oder durch Liebe, gibt uns die Chance, im-*

mer mehr unsere einzigartige, strahlende Essenz zu entdecken. Wir entwickeln uns, wir häuten uns, wir befreien uns von unseren hinderlichen Programmierungen und kehren in den Schoß der weiblichen Urkraft zurück. Wir werden kraftvoll, strahlend und anziehender als jemals zuvor.«

Für die Autorin ist Sexualität kein Tabuthema. Ganz im Gegenteil. Tanja ermutigt ›ihre Frauen‹, die Vorzüge der Sexualität jenseits der Meno-Pause zu genießen und die Singlezeit zu nutzen, um sich auszuprobieren und vielleicht auch das eine oder andere Abenteuer zu erleben, bevor der ›Richtige‹ auftaucht. Eine Singlefrau jenseits der 45 oder älter kann unglaublich attraktiv sein, auch für jüngere Männer. Denn sie schöpft nicht nur aus ihrer reichhaltigen Lebenserfahrung, sie hat sich selbst und ihre Sexualität befreit und wird selbst zu Aphrodite, der Liebesgöttin.

Und last but not least: Dieses Buch hat nicht nur eine, sondern gleich zwei Schokoladenseiten. Die süße weiße Schokoladenseite: sehr weltlich, gespickt mit vielen, leicht umsetzbaren Flirttipps. Die gehaltvolle dunkle Schokoladenseite: zutiefst spirituell und eine Inspiration für jede Frau, ihre ›sacred love‹ – ihre ›Heilige Liebe‹ zu finden. Einer Liebe, in der irdische Dinge genauso viel Raum finden, wie die heilige Verbindung zwischen der archetypischen Frau mit dem archetypischen Mann. Dazu ein kleines Zitat, mit Sicherheit inspiriert von der Liebesgöttin Aphrodite:

»Ein Orgasmus, der in Liebe stattfindet, erschüttert den Kosmos. Du bist eins mit der Liebe, dessen Aus-

druck dein Liebster ist, er spiegelt DEINE LIEBE. Liebe ist mystisch, sie ist magisch, sie verändert die Welt. Doch benötigt sie in diesem Hologramm die drei genannten Komponenten: deinen Körper, dessen höchster Ausdruck deine Sexualität ist, deine natürliche Spiritualität und als die Verbindung all dessen: DEIN HERZ.«

Möge dieses Buch dir dabei helfen, deine wunderschöne Weiblichkeit voll und ganz zu leben, um somit die Männerwelt zu bezaubern.

Alexander Mark
Gengenbach, im Herbst 2021

Vorwort

Möge dir dieses Buch helfen, deine große Liebe in dein Leben zu ziehen und deine kraftvolle und weibliche Urkraft zu finden!

Du profitierst am meisten von der Lektüre, wenn du dich völlig darauf einlässt, die vorgeschlagenen Übungen machst und die magischen Werkzeuge mit möglichst offenem Geist anwendest. Bitte sei dir bewusst, dass es einer gewissen Kontinuität bedarf, damit das Gewünschte eintreten kann. Vom ein- oder zweimaligen Visualisieren kommt der Traumpartner selten um die Ecke gebogen – obwohl es rein theoretisch durchaus möglich wäre.

Unserer Realität ist eine gewisse Trägheit zu eigen – was beim Manifestieren zwar hinderlich ist, uns aber zum Schutz dient. Stell dir vor, alles, was wir den ganzen Tag unbewusst vor uns hindenken, würde sofort zu unserer Realität werden. Nicht auszudenken, welche Konsequenzen das hätte ...

Ich empfehle dir, möglichst oft zu meditieren; auch das ist ein magischer Akt. In der Stille deiner Gedanken, in der Leere bist du der Magie ganz nahe und hier kannst du einen wahren Quantensprung machen und – sofern gewisse Bedingungen zusammentreffen – in einer völlig neuen Realität erwachen.

Fortschrittliche Lehrer und Lehrerinnen wie Dr. Joe Dispenza, Gregg Braden, Dawson Church, Bruce Lipton, Lynne McTaggart u.v.m. verbinden wissenschaftliche Erkenntnisse aus der Quantenphysik und den Neurowissenschaften mit dem alten Wissen der spirituellen Lehrer aller Zeiten und Kulturen. Magie ist also kein Humbug oder Hexenwerk, sie ist – richtig angewandt – sehr mächtig und hilfreich, und die Schamanen dieser Erde arbeiten mit ähnlichen Hilfsmitteln, wie ich sie dir in diesem Buch vorstelle.

Wir erschaffen täglich aufs Neue unsere Realität – die meisten von uns eben sehr unbewusst. Wäre es nicht gut, am eigenen Leib zu erleben, wie Träume und Visionen in Erfüllung gehen? Stell dir vor, du würdest für deine Disziplin, Ausdauer und Kontinuität belohnt mit dem Erscheinen deines Traummannes. Wäre das die Arbeit nicht wert?

Ich könnte dir Geschichten aus meinem eigenen Leben erzählen; ich habe Dinge manifestiert, Erlebnisse von solcher Unglaublichkeit, dass ich selbst in ehrfürchtiges Staunen kam und nur noch Dankbarkeit verspürte. Zugegeben, die Gewissheit, dass ich selbst die Schöpferin meiner Realität bin, macht es nicht immer leichter. Du solltest nämlich auch bereit sein, in den Spiegel zu sehen, vor allem, wenn die Dinge nicht so laufen, wie du sie dir wünschst – was unheimlich wehtun kann. Also sei achtsam mit deinen Kreationen, sei bewusst und gestehe dir ein, was du wirklich fühlst und denkst.

Je bewusster du deinen vor sich hin plappernden Verstand wahrnimmst, desto mehr wirst du die Kontrolle über dein Leben zurückerhalten. Wenn ich mit meinen Klientinnen arbeite, begleite ich sie teilweise über eine längere Zeit hinweg, wenn sie an einer Stelle in ihrem Leben stehen, wo kein Stein mehr auf dem anderen zu bleiben scheint oder wenn sie sich Veränderung in mehreren Bereichen ihres Lebens wünschen.

Unsere Realität ist sehr träge, das schützt uns einerseits davor, in unserer Unbewusstheit Dinge zu manifestieren, die

katastrophal wären. Nur etwa 4% unserer Gedanken denken wir bewusst, alles andere läuft unbewusst ab. Andererseits kann Veränderung auch in einer Sekunde geschehen, wenn die Zeit reif ist, wenn uns die gewünschte Veränderung dienlich ist und wenn das Symptom längst überholt ist.

Alle meine Werkzeuge – Ahnen-Clearing, Hypnose, NLP, oder all die anderen wundervollen Tools, die ich kenne und die ich je nach Bedarf einsetze – können ganz schnelle Veränderungen in zwei bis drei Sitzungen herbeiführen. Vor allem bei Schlaflosigkeit, Ängsten, Phobien oder Abhängigkeiten kann ich hier schnell helfen. Du kannst darauf vertrauen, dass du dich von der Methode angezogen fühlst, die dir helfen kann.

Mitunter ist es aber auch sehr hilfreich, eine Begleitung, ein Coaching über einen Zeitraum von mindestens drei Monaten in Anspruch zu nehmen, eben weil sich diese Realität mitunter sehr zäh verhalten kann. Du kennst das sicher von deinem eigenen Weg: Du kommst von einem wundervollen Seminar und bist ganz euphorisch, dass sich jetzt endlich alles zum Guten wendet und anfangs tust du auch noch alles, was man dir empfohlen hat. Aber schon nach kurzer Zeit sinkt die Euphorie – du fühlst dich, als würde dich ein imaginäres Gummiband in die alte, dir schon bekannte Realität zurückholen.

Dies hat mitunter sogar mehrere Gründe: Einer meiner Lehrer, Dr. Joe Dispenza hat bei seinen wissenschaftlichen Studien herausgefunden, dass wir süchtig sind nach dem Hormoncocktail, den unser Körper ausschüttet, auch wenn er uns noch so sehr schadet. Als ich das zum ersten Mal hörte, fing ich an, mich und meine Liebsten bewusst zu beobachten und diese Theorie macht für mich absolut Sinn. Oder wir verbinden Liebe vielleicht mit Leid, weil wir unsere Eltern natürlich als Kind liebten, sie aber nicht fähig waren, uns all die Liebe zu geben, die wir benötigt hätten. Natürlich haben wir dann als Kinder gelitten und somit haben wir schon ganz früh ein Muster installiert, das dazu führt, dass wir als Erwachsene Menschen in unser Leben ziehen, die dieses Muster bedienen. Ich könnte hier noch unzählige Beispiele aufzählen und du wirst in diesem Buch natürlich auch weitere finden.

Du musst einfach wissen, dass das, was sich jetzt in deiner Realität zeigt, das Resultat dessen ist, was du in deiner Vergangenheit manifestiert hast. Die Veränderung, die bei Energiearbeit wie Ahnen-Clearing geschieht, ist mitunter so subtil, dass du nicht das Gefühl hast, dass sich etwas verändert hat. Ganz das Gegenteil ist allerdings der Fall. Manchmal vergessen wir sogar das, woran wir gearbeitet haben. Das zeigt, dass das Thema erlöst ist. Mitunter kann sich aber eine neue Schicht zeigen. Zudem wirken z.B. die Clearings nach, d.h., der Prozess geht weiter – von dir quasi unbemerkt.

Das, was du jetzt manifestierst, kann also im Grunde sehr schnell in dein Leben kommen, wenn es dir und deiner Entwicklung JETZT dienlich ist. Meistens ist Veränderung und Transformation allerdings eher ein Prozess. Denn der Weg zu deinem Ziel ist womöglich enorm wichtig für dich und deine Entwicklung und vielleicht ist es genau dieser Weg, den du gehst, die Geschichte, die du später anderen Menschen erzählen wirst, um ihnen Mut zu machen und um sie bei ihrem eigenen Weg zu begleiten.

Wenn es in deinem Leben eher um deinen Transformationsprozess geht, dann mache dir bitte immer wieder bewusst, dass sich deine bewussten Manifestationen womöglich zeit-

verzögert in deinem Leben zeigen. Dieses Wissen zu besitzen ist einfach enorm wichtig, damit du nicht die Flinte ins Korn wirfst und nicht aufgibst. Bleibe im Vertrauen, dass die Dinge zur richtigen Zeit geschehen. Und wenn du auf deinem Weg durch tiefe Täler des Leides gehen mußt, dann mache dir bewusst, dass dir das Leben damit einfach nur zeigt, wo es noch Themen gibt, die du erlösen darfst. Da wo Licht ist, ist auch Schatten und auch wenn es sich mitunter überhaupt nicht gut anfühlt, so ist es im Grunde dennoch eine Gnade, dass sich die Schattenthemen zeigen. Und um diese zu erlösen, müssen wir nicht jahrelang in Therapie gehen, das kann auch viel schneller gehen. All diese Dinge gelten nicht nur für die Partnersuche, sondern für alle Themen in deinem Leben.

Es geht in diesem Buch auch immer wieder um Sex – und warum es so wichtig ist, unsere Sexualität zu heilen. Obwohl diverse Medien einen anderen Eindruck vermitteln, ist Sex nach wie vor ein Tabuthema. Ich kann dir und den anderen Leserinnen jedoch einen besseren Dienst leisten, indem ich das Thema nicht tabuisiere. Natürlich wollen weder Frauen noch Männer nur ›das eine‹. Viel mehr als um Sex an sich geht es mir um die sexuelle Energie – ein Thema, das Frauen beschäftigt. Nur spricht halt niemand darüber …

Ich möchte meine Leserinnen auffordern, einfach mit den Ideen zu spielen – nach dem Motto *Stretch your wings – Breite deine Flügel aus*. Mir ist bewusst, dass die Ideen mitunter provokant sind und womöglich auf inneren Widerstand stoßen. Doch bereits dieser Widerstand ist aufschlussreich und dient dir gegebenenfalls als ein Signal, das Beachtung verdient. Lerne dich selbst noch besser kennen und frage dich: »Warum wehrt sich etwas in mir gegen diese Vorstellung?«

Ich empfehle keineswegs, meine Ideen auch wirklich in der Realität zu leben, falls es sich für dich nicht wirklich gut anfühlt. Aber ›Frau‹ KÖNNTE, wenn sie denn wollte! Und falls du tatsächlich willst, sollte es ohne schlechtes Gewissen geschehen.

Letztlich geht es auch darum, starre Strukturen aufzuweichen und zu erkennen, welche Programme in dir installiert sind und quasi auf Knopfdruck ablaufen. Wenn deine Themen und Ängste getriggert werden, ist das sehr schmerzvoll, doch zugleich ist es eine Gnade, das erkennen zu dürfen und die Themen heilen zu können.

›Meine‹ Single-Ladys bekommen Aufgaben; sie verpflichten sich, sich für ihr Liebesglück genauso einzusetzen, wie ich es tue. Wie oft bekam ich schon bestätigt, dass diese Frauen alleine nicht sehr weit gekommen waren, egal, was sie unternahmen und wie viel Geld sie in kurzfristig heilsversprechende Methoden investierten. Sobald ein Buch gelesen, der Onlinekurs oder das Seminar zu Ende war, kehrten sie in die gewohnte Realität zurück – als wären sie an einem Gummiband angebunden und in die Ausgangsposition zurückgezogen worden.

Meine Single-Ladys können sich voll und ganz auf mich verlassen, ich bin für sie da mit meinem Know-how, meiner Liebe und all meiner Erfahrung. Wir arbeiten mit viel Spaß an den Aufgaben und Erkenntnissen, oft tauchen wir gemeinsam sehr tief in den Teil der Persönlichkeit ein, wo die Altlasten liegen.

Wir bringen Licht ins Dunkel, um auf einer tiefen Ebene alchemistische Prozesse in Gang zu setzen, die für die Erlösung der alten, oft vererbten Themen sorgen können. Somit

ist wahre Transformation möglich. Deswegen mein dringlicher Appell an dich: Bitte lies das Buch nicht nur durch, sondern arbeite damit! So hast du den größten positiven Effekt.

Möge die Liebe mit dir sein!

Deine Tanja

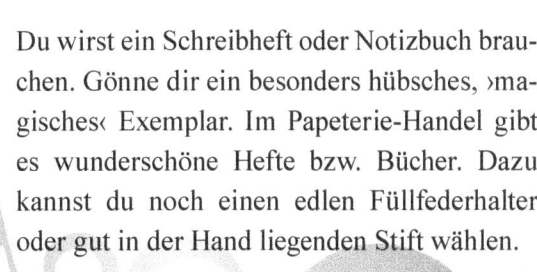

Du wirst ein Schreibheft oder Notizbuch brauchen. Gönne dir ein besonders hübsches, ›magisches‹ Exemplar. Im Papeterie-Handel gibt es wunderschöne Hefte bzw. Bücher. Dazu kannst du noch einen edlen Füllfederhalter oder gut in der Hand liegenden Stift wählen.

Einleitung

RAPUNZEL – NICHT MEHR BLUTJUNG

Sie sitzt nun schon sehr lange in ihrem Turm und wartet auf ihren Prinzen. Die Hexe, die sie in den Turm verbannt hat, ist mittlerweile gestorben, und der Prinz, der anfangs Feuer und Flamme war und ihr versprach, er werde immer für sie da sein, ist verschwunden. Rapunzels Zopf ist inzwischen so lang und schwer geworden, dass sie sich kaum noch bewegen kann. Sie ist einsam, das Gesicht in ihrem Spiegel hat Falten bekommen, ihr jugendlicher Optimismus ist einer beginnenden Depression gewichen.

Aus der Post, die eine mitleidige Brieftaube ab und zu am Turmfenster ablegt, erfährt Rapunzel, dass ihr geliebter Prinz, auf den sie seit 30 Jahren wartet, längst ein König ist, mit einer Königin an seiner Seite, die aussieht wie Rapunzel in jungen Jahren. Rapunzels Traum vom großen Liebesglück zerplatzt wie eine Seifenblase.

Sie weint sich in den Schlaf und hat einen merkwürdigen Traum: Eine Fee besucht sie und teilt ihr mit, sie sei dazu bestimmt, eine Königin zu sein, doch müsse sie nun bald ihren Rapunzel-Turm verlassen und ihren langen, schweren, alten Zopf abschneiden, um beweglicher zu sein. Zu ihrer Bestimmung gehöre nämlich, dass sie sich selbst auf die Suche nach ihrem Prinzen begibt, damit beide – Seite an Seite – zu Königin und König gekrönt werden, die gemeinsam ihr Reich regieren. Die Suche nach dem Richtigen werde sie an Orte bringen, wo es viele verführerisch schöne Prinzen gibt. Sie solle achtsam sein, ihr Herz nicht an den Falschen zu verlieren.

Die Fee meint weiter, dass Rapunzel womöglich den einen oder anderen Prinzen küssen müsse, um die Unterschiede kennenzulernen und durch den Vergleich zu wissen, wann sie ihr Herz vollständig für den Richtigen öffnen darf.

Auf ihrer Heldinnenreise werde Rapunzel in viele magische Geheimnisse von weisen alten Frauen eingeweiht, die wissen, wie sich eine Prinzessin wieder mit ihrer weiblichen Urkraft verbinden kann. Das sei wichtig, damit sie später liebevoll und weise das Reich an der Seite ihres Königs regieren kann, der von den weisen alten Männern ebenfalls seine männliche Einweihung erhalten habe. Die Welt brauche Paare, die die Geheimnisse der Liebe kennen und gemeinsam ein Feld erschaffen, in dem sich die Liebe ausbreiten kann. Dies ist von hoher Bedeutung und Wichtigkeit für das Wohlergehen des gesamten Planeten.

Kaum hat die Fee zu sprechen aufgehört, berührt sie mit ihrem Zauberstab Rapunzels Stirn, Herz und Unterleib. Rapunzel erwacht aus ihrem Traum ... und weiß, sie muss sich auf den Weg machen.

Es ist ein wunderschöner Frühlingsmorgen, die Vögel singen noch lauter als sonst, und die Brieftaube, die immer wieder aus Mitgefühl mit Rapunzel vorbeigeschaut hat, spürt die Veränderung, die sich zugetragen hat.

Rapunzel ist es gewohnt, mit den Tieren zu sprechen, die sie gerne besuchen. Also erzählt sie der Taube von ihrem merkwürdigen Traum. Und als Rapunzel anfängt, zu überlegen, wie sie den Turm verlassen kann, um ihren Prinzen zu

suchen, wird auch die Taube ganz aufgeregt; sie beschließt, nicht zu ihrem Herrn zurückzukehren, dessen Briefe sie verteilen muss, nein, sie will Rapunzel helfen, denn sie kann fliegen und die Lage von oben betrachten.

Gerührt und erfreut nimmt Rapunzel das Angebot der Taube an. Hurtig packt sie ihre Siebensachen und seilt sich an ihrem dicken Zopf, der doppelt so lang ist wie die Strecke zwischen Fenster und Erdboden, nach unten in die Freiheit ab. Nachdem sie beherzt und erleichtert den Zopf mit einem Messer abgeschnitten hat, läuft sie in den Wald, begleitet von der fliegenden Taube. Rapunzels Abenteuer in der Freiheit hat begonnen.

Darf ich vorstellen: Sonja

Sonja klappt das Büchlein zu, das sie von ihrer besten Freundin Doris geschenkt bekommen hat. Sie liegt schon im Bett und ist beim Lesen müde geworden. Sonja ist alleine, ihr Mann Alfons ist auf Geschäftsreise, was einerlei ist, denn wäre er nicht aus beruflichen Gründen zig Kilometer weit entfernt, würde er vermutlich länger in der Firma arbeiten, wie so oft in den letzten Monaten. Sonja hat ein beklemmendes Gefühl, wenn sie an Alfons denkt. Also wischt sie die Gedanken fort und schläft schließlich ein.

Sonja ahnt nicht, dass es die letzte Nacht sein wird, in der ihre kleine Welt noch halbwegs in Ordnung zu sein scheint. Morgen schon wird alles wie ein Kartenhaus zusammenbrechen, kein Stein wird auf dem anderen bleiben, und Sonja wird vom Leben dazu gezwungen werden, sich auf den Weg in eine ungewisse Zukunft voller Abenteuer zu begeben. Dazu muss auch Sonja von ihrem Turm herabsteigen und die alten Zöpfe abschneiden. Sie wird mehrere Prinzen küssen, bis sie ihren König findet, aber sie wird sehr viel Spaß dabei haben. Und damit sie den Überblick im dichten (Männer)-Wald nicht verliert, braucht auch sie ihre ›Taube‹ an ihrer Seite – in diesem Fall: mich als ihren Coach.

Du wirst Sonja ein Stück auf ihrem Weg begleiten, liebe Leserin, du wirst erleben, wie Sonja die magischen Geheimnisse der weisen Frauen kennenlernt und zu einer der Frauen erblüht, die im Alter so begehrenswert für Männer werden, wie sie es in ihrer Jugend nie waren. Indem du die Übungen machst, die ich dir empfehle, wirst auch du wachsen und zu einer ›Königin‹ werden.

DAS ALTE PARADIGMA

Ich verrate dir mein großes Herzensanliegen: Bitte glaube mir und erkenne in der Tiefe deines Wesens, dass es keinen Grund gibt, über dein Alter zu verzagen und zu denken, du würdest in deiner zweiten Lebenshälfte keinen Mann mehr ›abbekommen‹.

Wir leben in einer Gesellschaft, in der die Jugend gefeiert und uns suggeriert wird, wir würden allmählich zum alten Eisen gehören. Man sagt uns, dass unsere Libido sinke, während unsere Falten zunehmen und uns die Hormone schlimmstenfalls zu lustlosen, frustrierten, alten ›Schachteln‹ mutieren ließen, die sich einsam rosarote und himmelblaue Fernsehromanzen reinziehen und von der Liebe träumen,

anstatt sie zu erleben. Das komplette Gegenteil ist der Fall! Wenn wir uns befreien, kann in unserer zweiten Lebenshälfte unsere Sexualität explodieren, und wir sollten unser sexuelles Feuer auch nicht erlöschen lassen, während wir uns auf unseren Traumpartner vorbereiten. Das hat viele Gründe, die ich in diesem Buch erläutern werde.

PARTNERSUCHE IN DER ZWEITEN LEBENSHÄLFTE

Ja, es ist mit Sicherheit etwas anderes, mit 45 oder 60 auf Partnersuche zu gehen als mit 25 oder 35. Wobei – ich kenne Dreißigjährige, die schon jammern, sie seien zu alt und würden sicher keinen Mann mehr finden.

Also ja, es gibt einen Unterschied. Wir haben mehr erlebt, wir sind in der Regel öfter verletzt worden, unsere Herzen tragen mehr Narben als in jungen Jahren. Unsere Programmierungen sind noch fixierter, ebenso unsere Ansichten über das Leben. Wir sind so in unserem Wahn, dass wir uns gar nicht ausmalen, wie unendlich viele Möglichkeiten und Chancen es gibt und wie viele Wunder sich in unserer Welt ereignen. Insofern stimmt es, dass die Partnersuche anders ist als in jungen Jahren.

Was allerdings immer noch gültig ist: gewisse archaisch in uns angelegte Gesetzmäßigkeiten. Ein klassisches Beispiel: Frauen senden Signale, und Männer reagieren darauf, ihr Jagdtrieb springt an. Ja, diese Darstellung ist krass aufs Wesentliche reduziert, doch irgendwie funktioniert es genau so. Dazu später mehr.

Es gibt einen Spruch, den ich sehr mag: »Wenn du Gott zum Lachen bringen willst, erzähle ihm von deinen Plänen.« Ich kannte diesen Spruch schon, bevor ich etwas erlebte, das mich dazu gebracht hat, zu den Wurzeln zurückzukehren sowie Frauen zu coachen und dieses Buch zu schreiben. Ja, auch ich hatte einen Plan. Ich wollte an der Seite meines damaligen Mannes alt und grau werden. Ich dachte wirklich, ich sei angekommen, schließlich hatte ich ihn mir zehn Jahre zuvor bewusst manifestiert. Aber das Leben hatte andere Pläne mit mir.

Bevor wir uns also um dein Liebesglück und um die magischen Geheimnisse der weisen Frauen kümmern, bevor wir die alten Lehren mit modernen Flirt-Strategien verbinden, sollst du im nächsten Kapitel meine eigene Geschichte kennenlernen. Ich möchte, dass du verstehst, was mich antreibt und warum ich den Ereignissen meines Lebens einen Sinn abgewinnen möchte. So dunkel, kalt und einsam sich die tiefen Täler auch anfühlten, durch die ich gehen musste – ich wäre nicht an der Stelle, an der ich heute stehe, ich wäre nicht die Frau, die ich heute bin, wenn ich all das nicht erlebt hätte, wovon ich dir gleich erzähle.

Ich wünsche dir von Herzen, dass auch du auferstehst wie Phönix aus der Asche, dass du die neuen Chancen in deinem Leben erkennst und dich ebenfalls mit der Weisheit des weiblichen Feldes verbinden kannst. Mögen dir all die wundervollen Männer da draußen zu Füßen liegen, mögen sie dir viel Freude bereiten, bis der Richtige kommt, der es verdient hat, dein Herz zu gewinnen.

MAGIE

Wenn ich von Magie schreibe, meine ich ausschließlich die Manifestation dessen, was dem höchsten Wohl aller dient. Ich distanziere mich ausdrücklich von schwarzmagischen, manipulativen Ritualen und Praktiken, zumal ich es für sehr gefährlich halte, sich dem hinzugeben; es ist, als würde man seine Seele verkaufen.

Ich persönlich fühle mich sehr den Schamanen dieser Welt verbunden, vor allem den Kahunas, den Schamanen Hawaiis, und den Curanderos, den Heilern Südamerikas. Serge Kahili King, ein Kahuna, der auch über eine längere Zeit in der schamanischen Tradition Westafrikas ausgebildet wurde, sagte einmal: »Es gibt keine alten Schwarzmagier. Wenn ein Schwarzmagier alt aussieht, dann sieht er nur alt aus.«

Alles Dunkle zieht uns langfristig Energie ab. Über sich selbst oder andere schlecht zu denken bzw. zu reden oder – noch schlimmer – darüber nachzudenken, jemandem etwas heimzuzahlen bzw. auf Rache zu sinnen, erzeugt ein Energiefeld, das sich sehr destruktiv auf seinen Erzeuger auswirkt. Durch schwarzmagische Praktiken begibt man sich energetisch in eine Abwärtsspirale; körperliche und seelische Probleme können sich manifestieren. Ein Schwarzmagier hat gewiss kein liebevolles, offenes Herz.

Unsere Seele, unser höheres Selbst oder wie immer du diese höhere Intelligenz in dir bezeichnen magst, strebt nach Expansion, nicht nach Destruktivität.

Wenn ich also von Magie spreche, dann meine ich damit alles, womit wir mehr Liebe in unser Leben bringen können. Dazu gehört auch, in uns selbst ›aufzuräumen‹, unsere Schatten ans Licht zu bringen, sie dieser höheren Intelligenz zu überlassen, im Vertrauen auf Heilung sowie Manifestation dessen, was uns allen dienlich ist.

Wir alle sind fasziniert von dieser Form der Magie, anders lässt sich der Erfolg von Büchern und Filmen eines gewissen Zauberschülers mit der Blitznarbe auf der Stirn nicht erklären. Und tatsächlich tragen wir alle diesen magischen Anteil in uns; bei vielen Menschen ist der Zugang nur verschüttet. Vor allem wir Frauen haben durch unser gelebtes Schöpfertum als Mütter einen Zugang zu altem, überliefertem Wissen und zur Weisheit unseres Körpers und des morphogenetischen Feldes.

Schamanisch-magische Praktiken und Tools haben mittlerweile in erfolgreiche große Firmen Einzug gehalten. Die CEOs von Google und Co haben gelernt, sich selbst in meditative Zustände zu versetzen, um Inspiration und neue Ideen zu bekommen und sie über Visionsarbeit in die materielle Realität zu bringen. Diese Techniken haben auch Eingang gefunden in Therapieformen wie Neurolinguistisches Programmieren (NLP), Familienaufstellung, Katathymes Bildererleben, Gestalttherapie usw., auch wenn das nur die wenigsten wissen.

Das Wort ›Magie‹ hat mit ›Imagination‹ zu tun: Wir stellen uns etwas vor unserem inneren Auge vor. Über unseren inneren Raum sind wir mit dem göttlichen Feld verbunden, wir sind die Beobachter dessen, was wir uns vorstellen.

Gemäß den wissenschaftlichen Erkenntnissen der Quantenphysiker ist alles im Universum vernetzt. Durch unsere Erwartungshaltung beeinflussen wir das Ergebnis, d.h. wenn wir aus tiefstem Herzen das Beste erwarten und daran glauben, dann wird uns auch das Bestmögliche widerfahren. In

tiefer Meditation tauchen wir ein ins Quantenfeld, wo Raum und Zeit nicht existieren. Unser Verstand hat Sendepause, wir sind eins mit der universellen Intelligenz. Ein einziger positiver Gedanke in diesem friedlichen Zustand kann unsere gesamte Realität verändern, weil dieser Gedanke eine Frequenz aussendet, die das gewünschte Ergebnis SOFORT in unser Leben ziehen kann.

Einer meiner Lehrer, Dr. Joe Dispenza, ist ein wahres Genie darin, diese Phänomene wissenschaftlich zu erklären. Das hilft vor allem sehr kopflastigen, kritischen Menschen, sich auf diese Konzepte einzulassen. Ich selbst durfte die große Gnade erfahren, in Dr. Joes Retreats und später auch außerhalb davon in sehr tiefen Meditationen nicht nur meine Zirbeldrüse ›befreien‹ zu dürfen, sondern dadurch auch Zugang zu den Mysterien zu erhalten, von denen spirituelle Lehrer aller Zeiten erzählen. Ich durfte vollkommen klare Momente erleben, in denen es keine Fragen und Wünsche mehr gab. Jedoch gehört es zum ›Spiel‹ auf dem Planeten Erde, all das auch wieder zu vergessen, sobald wir in die Dreidimensionalität zurückkehren und eintauchen. Je öfter wir allerdings mit der Wahrheit hinter den Schleiern konfrontiert werden, desto mehr verankert sich das universelle Wissen in unseren Zellen und wir wissen dann einfach, dass lichtvolle magische Praktiken sehr kraftvoll und wirksam sind.

Daher möchte ich dir magische Tools näherbringen, die du dazu nutzen kannst, deine große Liebe magnetisch in dein Leben zu ziehen. Und nicht nur das. Vieles davon kannst du auf alle Bereiche deines Lebens übertragen. Spannend ist außerdem, dass nachhaltige Veränderungen in einem Bereich natürlich Auswirkungen auf alle anderen Lebensbereiche haben.

Mit zum magischen Denken gehört für mich auch, die Geschehnisse nach und nach aus einer höheren Warte betrachten zu können und die Zusammenhänge zu erkennen. Je verbundener wir uns fühlen, je mehr wir uns unserer Schöpferkraft bewusst sind, desto freier werden wir.

Zu dem Zeitpunkt, da ich dies schreibe, weiß ich, dass ich durch den Schmerz, die damit zusammenhängenden Erkenntnisse und die Schattenarbeit geradezu eine Rakete in Sachen ›Entwicklung‹ bestiegen habe. Ich fühle mich sehr gereift, aber zugleich sehr viel demütiger als früher, bevor ich den Verlust meines früheren Ehemannes bewältigen musste. Und spannend ist vor allem: Wohin wird mich mein Weg noch führen?

Trotz unser aller Fähigkeit, bestimmte Ereignisse bewusst manifestieren zu können, bleibt das Leben voller Geheimnisse und Mysterien. Ja, es ist wahrhaftig voller Magie und Wunder, wenn wir es zulassen können.

DIE MAGIE DER 7 – DIE ERWECKUNG UNSERER WEISHEIT

Vermutlich hast du schon einmal etwas vom 7-Jahres-Zyklus gehört. In vielen Kulturen hat die Zahl 7 eine besondere Bedeutung und auch in unserer modernen Zeit gilt die 7 als rhythmusgebende Zahl, die sich durch unseren Alltag zieht. Zudem erneuern sich die Zellen unseres Körpers in etwa alle 7 Jahre und wenn wir auf unser Leben zurückblicken, werden wir feststellen, dass große Veränderungen ebenfalls diesem 7-Jahres-Rhythmus unterliegen.

Clarissa Pinkola Estés beschreibt in ihrem Buch *Die Wolfs-frau*[1] folgende Phasen des weiblichen Lebens:

Bis zu unserem 7. Lebensjahr lernen wir vor allem über unseren Körper – wir lernen laufen, sprechen und knüpfen soziale Kontakte. Zwischen dem 7. und dem 14. Lebensjahr entwickelt sich unsere Vorstellungskraft und unser Ich-Bewusstsein immer mehr, der rationale Verstand gewinnt immer mehr die Oberhand.

Zwischen dem 14. und dem 21. Lebensjahr erwacht die Sexualität, wobei viele Mädchen heute noch viel früher in die Pubertät kommen. Die Eltern werden immer unwichtiger, dafür gewinnen Äußerlichkeiten und das eigene Image enorme Wichtigkeit. Die Zeit zwischen 21 und 28 ist die Zeit des Aufbruchs und der Autonomie. Wir lösen uns vom Elternhaus und entdecken neue Welten. Beruf und Partnerschaft nehmen einen immer höheren Stellenwert ein.

Die Jahre zwischen 28 und 35 ist die Zeit der Elternschaft, es ist eine sehr arbeitsreiche und leistungsfähige Phase. Wir widmen uns der Familie, unser Selbstvertrauen wächst. Zwischen 35 und 42 erleben viele von uns eine Zeit der Krisen. Meist ist dies auch der Beginn des seelischen Wachstums, es kommt zu inneren und äußeren Kämpfen, auch in der Partnerschaft. Dafür gewinnen wir an innerer Tiefe und Erkenntnis.

Die Phase zwischen 42 und 49 nennt Estés die ›Zeit der ersten Seelenweisheit‹. Wir wachsen durch Krisen, stoßen an unsere Grenzen und sehen die Dinge klarer. Die Menopause kündigt sich an, die hormonellen Veränderungen sorgen für Verwirrung und Stimmungsschwankungen. Die Jahre zwischen 49 und 56 ist die ›Zeit der Unterwelt‹. Wir werden mit

31

den dunklen Seiten in uns konfrontiert, mit den Themen, die uns Angst machen. Hier haben wir die große Chance, enorm zu wachsen, wenn wir unsere Dämonen nicht wegsperren, sondern mit ihnen arbeiten. Am Ende dieser Schattenzeit steht laut Estés die ›vollständige Einweihung‹, auch für unsere Partnerschaft, wenn sie bis dahin gehalten hat.

Zwischen 56 und 63 befinden wir uns in der Zeit der Entscheidung. Wir treffen wichtige Entscheidungen, in welche Richtung wir in Zukunft gehen wollen, welche Themen uns wichtig sind. Bei den meisten Frauen sind die Wechseljahre vorbei, nun können wir unsere Sexualität viel freier leben, ohne Angst, schwanger zu werden.

Die Jahre zwischen 63 und 70 ist die Zeit der Beobachtung, wir können aus unserer inneren Weisheit schöpfen und das Gelernte und Erfahrene neu einordnen. Partnerschaften werden von Toleranz und Dankbarkeit geprägt. Die Jahre zwischen 70 und 77 bezeichnet Estés als die ›Zeit der Verjüngung‹. Angesichts des Nachlassens der körperlichen Kräfte erscheint diese Bezeichnung als paradox, doch gewinnt idealerweise unsere innere weise Frau an Kraft. Wir lassen die ›Idee der Jugend‹ los und werden noch freier.

Die Zeit zwischen 77 und 84 nennt Estés die ›Zeit der Nebelwesen‹. Die Prozesse, die wir durchlaufen haben, machen uns demütiger und weiser, die kleinen Dinge des Lebens gewinnen zunehmend an Bedeutung. Wir betrachten das Leben aus einer höheren Warte und bereiten uns auf die nächste Phase vor, die ›Zeit der Weber‹ in den Jahren zwischen 84 und 91. Werden wir um Rat gefragt, so antworten wir aus unserer Weisheit heraus, denn wir verstehen das Gewebe des Lebens und lernen es zu deuten.

Die Jahre zwischen 91 und 98 ist die ›Zeit der Feinstofflichkeit‹. Wir ruhen in uns selbst, wir leuchten von innen und dürfen einfach sein. Die Zeit ab 98 und darüber ist die ›Zeit des großen Atems‹. Idealerweise existieren wir zeitlos ganz im Hier und Jetzt.

Clarissa Pinkola Estés beschreibt hier natürlich das archetypische Ideal. Leider sind wir in unserer westlichen Kultur sehr geprägt vom Jugendwahn und seinen Ausprägungen, doch liegt es an uns, uns an unsere Wurzeln zu erinnern. Wir können uns entscheiden, der Gesellschaft und ihren Vorstellungen zu glauben, oder uns auf die Suche nach unserer eigenen Wahrheit zu machen. Wir haben jederzeit die Möglichkeit, uns mit dem Kollektiv des Ur-Weiblichen zu verbinden, dies ist viel einfacher, als es auf den ersten Blick erscheint.

Im Kapitel Bonus 2: *Die magischen Geheimnisse weiser Frauen* bekommst du einige Tipps, wie du z.B. alte Verbindungen lösen kannst oder wie du neue, erwünschte Verbindungen mit Hilfe der weisen Frauen stärken kannst. Du hast auch die Möglichkeit, meine geführten Meditationen zu nutzen, die du zu diesem Buch geschenkt bekommst:

- Dein Traummann
- Auflösung vererbten Blockaden
- Der Rat der weisen Frauen*

Wenn wir uns wieder mit dem Archetypus der weisen Frau verbinden, dann verschwindet auch die Angst vor dem Älter-

---

*Den Link zu den Meditationen findest du im Anhang.

werden, weil wir die Vorzüge der Reife erkennen und sie zu unseren Gunsten und derer, die uns am Herzen liegen, nutzen können.

Ich kann mich noch erinnern – als ich meinen fünfzigsten Geburtstag feierte, war mir ganz elend zumute. Ich fühlte die Hypnose, in der sich die westliche Gesellschaft befindet. Die unterschwellige Meinung, dass man ab fünfzig zum alten Eisen gehört. Die Außenwelt spiegelte mein Entsetzen durch die Zusendung mehrerer Mammografie-Termine, die Briefe flatterten einfach in meinen Briefkasten und ich dachte mir: »Wow, nun bin ich wohl automatisch gefährdeter, an Brustkrebs zu erkranken und daher behandelt man mich wie ein unmündiges Kind, indem man mir unaufgefordert einen Termin zuteilt.« Erbost schmiss ich die Briefe zum Altpapier.

Später passierte mir, was vielen Frauen in dieser Phase des Lebens geschieht: Mein damaliger Mann tauschte mich gegen eine Jüngere aus, so zumindest empfand ich es. Dieses Drama stellte die Weichen, ich durchlebte die ›dunkle Nacht der Seele‹ und stieg aus den Tiefen meiner Ängste und Blockaden hinauf ins Licht, woraufhin dieses Buch entstand. Ich möchte dich dabei unterstützen, selbst aus der Hypnose der westlichen Welt auszusteigen und zu der kraftvollen, reifen Frau zu werden. Einer Grand Dame, die aus ihrer Lebenserfahrung schöpft und mit einer natürlichen Selbstsicherheit, Gelassenheit und Weisheit so zu strahlen beginnt, dass sie automatisch ein Magnet wird für die schönen Dinge des Lebens und für wundervolle, aufregende Männer.

Doch bevor wir mit unserer gemeinsamen Reise zu deinem inneren Leuchten beginnen, lass mich dir meine Geschichte erzählen. Sie soll dir Mut machen und dir die Gewissheit

schenken, dass das schlimmste Drama dich enorm wachsen lassen kann.

DER ALBTRAUM

Es ist 5 Uhr morgens, ich wache schweißgebadet auf, mir ist übel. Und schon wieder schießt mir dieser Gedanke durch den Kopf: »Er hat eine andere.« M. ist auf einem Seminar, ich bin allein zu Hause, und obwohl mir mein ganzer Körper und mein Energiesystem signalisiert »Da stimmt etwas nicht!«, will ich mir partout nicht vorstellen, dass M. sich einfach so in eine andere verlieben kann – er liebt mich doch heiß und innig.

Ein paar Tage später gibt es keinen Zweifel mehr. Meine feinen Antennen haben mir längst angekündigt, was nun zur traurigen Gewissheit wird: Er hat diese Frau zwischen uns gelassen, sie wollte ihn unbedingt, und er hat sich verliebt.

Meine Welt bricht zusammen. Der große Traum, ich sei endlich angekommen, zerplatzt wie eine Seifenblase. Dabei war ich so gerne mit ihm verheiratet, ich liebte ihn und er mich, und dennoch muss ich mich nun von allem verabschieden, woran ich geglaubt habe.

Die nächsten Wochen und Monate sind die Hölle, ich bin in einem Albtraum gelandet. Oft will ich aufgeben, dann wieder gibt es Phasen, in denen ich meine Ehe zu retten versuche; ich habe Hoffnung, weil er in dieser Phase auch sexuell doppelgleisig fährt. Doch nichts hilft. Anfangs sind meine Freunde für mich da, aber schon nach ein paar Wochen will ich sie nicht mehr mit meinen Problemen belästigen.

Abgesehen davon ist mir klar, dass jeder einzelne dieser lieben Menschen seine ganz eigene Sicht der Dinge hat, und so bekomme ich natürlich viele verschiedene Ratschläge, die zwar alle gut gemeint sind, aber nicht unbedingt zu mir passen. Also höre ich auf zu kommunizieren und fühle mich noch einsamer.

Die dunkle Nacht der Seele

Der Weg, den ich gehen muss, ist dunkel, einsam und angsteinflößend, in spirituellen Kreisen würde man wohl von der ›dunklen Nacht der Seele‹ sprechen. In einer Phase wie dieser verändert sich wirklich alles, manchmal habe ich das Gefühl, verrückt zu werden, gleichzeitig weiß ich genau, was hier passiert. Es handelt sich um einen tiefen, mitunter sehr schmerzvollen Transformationsprozess, der mich dazu zwingt, mich meinen ›dunklen‹ Themen widmen zu MÜSSEN. Viele spirituelle Meister berichten von solchen Phasen in ihrem Leben, die mitunter der Erleuchtung vorausgegangen sind.

Ich sitze also tief unten in der Liebeskummer-Hölle, gefangen im Opferbewusstseins-Schlamm, und jammere vor mich hin: »Mein Gott, wie soll ich mit über fünfzig wieder einen Mann finden? Die wollen doch nur jüngere Frauen ... Mein Leben ist zu Ende, ich werde mich nie wieder verlieben, ich werde nie wieder Sex haben«, und dieser ganze Mist.

HILFE KOMMT

Doch wie es so ist, wenn man nicht resigniert, sondern sich dem Prozess hingibt: Irgendwann kommt tatsächlich ›himmlische Hilfe‹: Ich lerne eine Methode kennen, mit der ich mich aus den tiefen Angstzuständen und dem Gefühl der haltlosen Einsamkeit immer mehr selbst befreien kann und die ich noch heute für mich selbst und andere anwende, um aus den überholten, teilweise vererbten Mustern herauszukommen.

Ich stelle mich meinen Ängsten, schaue den Dämonen in die Glut-Augen, gehe durch die Angst und werde belohnt. Nach und nach wird alles besser, und ich staune über die Schnelligkeit, in der meine Verwandlung vonstattengeht. Der große Switch fällt mir in den Schoß und ich kann meine Situation aus einer völlig neuen Perspektive betrachten. Ich weiß, warum dies alles geschieht, doch trotz der Erkenntnis und des Perspektivwechsels geht die Reise weiter, es geht bergab und wieder bergauf. Mein Trost und mein Halt sind in dieser Phase wirklich die Clearings, denn mit jedem Prozess erlöse ich eine neue Schicht, mitunter gelingt es mir sogar, die Wurzel eines tiefen Schmerzes zu erwischen. Die Belohnung zeigt sich als eine Phase der Leichtigkeit und der Zuversicht – bis es Zeit ist, die nächste Schicht zu erlösen. Dann geht es wieder hinab in die Tiefe, dort, wo meine Dämonen wohnen.

Meine größte Erkenntnis in dieser Zeit ist, dass mein hinderliches Liebesmuster alles andere als erlöst ist. Was mir da gerade passiert, ist nur eine weitere Schleife, denn im Grunde zieht sich diese ›Dreier‹-Thematik wie ein roter Faden durch mein Leben. Schon lange ist mir bewusst gewesen, dass ich das Leben meiner Mutter nachlebte; genau wie ich ist sie immer irgendwie in einer Dreier-Konstellation gelandet. Meine

Mutter hat allerdings resigniert, als sie erst 50 Jahre alt war; sie war so oft enttäuscht worden und hatte den Glauben an die Liebe verloren.

Aufgeben war für mich in letzter Konsequenz keine Option. Ich war wild entschlossen, glücklich zu sein.

DER PERSPEKTIVENWECHSEL

Also entschied ich mich, die vererbten Glaubens- und Beziehungsmuster zu verändern und glücklich zu sein, denn mir war klar, die Erkenntnis allein, dass es diese Muster gibt, sorgt nicht für die gewünschte Veränderung. Es musste einen anderen Weg geben. Die Methode, die ich ›zufällig‹ kennenlernte, war für mich der goldene Schlüssel, um meine schönen Manifestationen wahr werden zu lassen.

So erlangte ich tiefe mystische Erkenntnisse über die Magie unserer Weiblichkeit, wie wir sie aktivieren können, um wieder in unsere Kraft zu kommen, und wie wir wie von selbst den Partner in unser Leben ziehen können, der wirklich zu uns passt. Ich konnte auf einmal die neuen Chancen wahrnehmen, ich wusste mit Gewissheit, dass ich mich wieder verlieben würde und auf dem Weg dorthin viel Spaß haben konnte.

Am wichtigsten aber war, dass ich meiner Geschichte einen Sinn abgewinnen wollte, der über mein eigenes Wohlergehen hinausging: Wenn ich es geschafft hatte, wie Phoenix aus der Asche aufzuerstehen, dann konnte ich auch Frauen wie dir helfen, den Diamanten, der sie sind, zu entdecken und zum Strahlen zu bringen. Ich bin unumstößlich davon überzeugt,

dass es das Universum gut mit uns meint. Und wenn wir nicht resignieren, sondern bereit sind, unser Leben in die Hand zu nehmen, öffnen sich für uns neue Türen und wir werden mit Wundern und Glücksmomenten belohnt, von denen wir in unserer Komfortzone nie zu träumen gewagt hätten.

Heute fühle ich, dass mir die ganze Welt offen steht. Es bereitet mir so viel Vergnügen, zu flirten und auszutesten, wie Männer auf mich reagieren, wenn ich mich in meiner satten Weiblichkeit einfach wohlfühle. Selbst Männer, die um einiges jünger sind, reagieren positiv auf mich – obwohl ich zu dem Zeitpunkt, da ich dir von mir erzähle, nicht als schlank gelte, also nicht dem in der Gesellschaft gängigen Bild einer bei Männern erfolgreichen Frau entspreche.

Ganz ehrlich, mir sind gesellschaftliche Vorgaben, was das Aussehen anbelangt, relativ egal. Ich weiß endlich wieder um meine weiblichen Qualitäten. Viele davon waren jahrelang verschüttet, sodass ich sie erst wieder erwecken musste. Das kannst auch du – und ich kann dir aus der Tiefe meines Herzens versprechen, dass es sich absolut lohnt.

Es zahlt sich auch aus, dich mit deiner Spiritualität auseinanderzusetzen. Vielleicht fallen dir Momente auf, in denen du dir deiner Verbundenheit absolut bewusst warst, ohne dafür absichtlich etwas getan zu haben. Hier ein Beispiel aus meiner eigenen Geschichte:

Manchmal war es mir sogar als junge Frau beim Partyfeiern passiert: Es war, als ob ein Schalter umgelegt wurde. Plötzlich hatte ich das Gefühl, all das, was mir gerade widerfuhr, nur zu träumen. Manchmal erlebte ich zudem Momente, in denen alles klar war und ich alles wusste. Dabei ging es gar nicht um etwas Spezielles, sondern allgemein um den Sinn des Lebens.

Als ich mich schließlich auf die spirituelle Suche machte, kamen die richtigen Menschen und Lehrer in mein Leben. Manche taten mir gut, andere überhaupt nicht, doch alle brachten mich enorm weiter und ließen mich wachsen. Meine beeindruckendsten Ausflüge in den Raum aller Möglichkeiten machte ich allerdings mit Hilfe von Dr. Joe Dispenza. Ich besuchte seine Week Long Advanced Retreats, und er wurde einer der Lehrer, bei denen ich mich für die Geheimnisse des Lebens am weitesten öffnen konnte. Dr. Joe kann das Mystische wissenschaftlich erklären, sodass auch der Verstand mit Informationen gefüttert wird, und er verbindet Neurowissenschaft, Quantenphysik und Spiritualität auf unvergleichliche Art und Weise. Von ihm habe ich sehr viel über Manifestation gelernt.

Nachdem ich außerdem einige schamanische Techniken kennengelernt hatte, die Vergebungsarbeit meines Mentors John Newton und die einfache Methode des Klärens all unserer energetischen Verstrickungen mit unseren inneren Kindern, Ahnen und anderen Leben, die ich heute anwende, war ich mit meinen Tools super gut aufgestellt, um anderen zu helfen.

Ich könnte dir noch so viel mehr erzählen – schließlich blicke ich schon auf ein sehr bewegtes Leben mit einem reichen Erfahrungsschatz zurück. Ich kenne alle Seiten, ich war Geliebte und Betrogene, ich schwebte auf Wolke sieben und fiel in die Hölle. Für jede einzelne Erfahrung in meinem Leben bin ich dankbar, denn heute bin ich so viel gelassener und selbstsicherer als in jungen Jahren – und auch das sind übrigens Qualitäten, die Männer zu schätzen wissen.

Bevor wir gleich auf dich und dein zukünftiges Liebesglück zu sprechen kommen, bitte ich dich noch, über etwas nachzudenken.

MEINE BITTE AN DICH

Auf deinem Weg mit mir wirst du viele magische Geheimnisse kennenlernen, die sehr mächtig sind. Es gehört zur Ethik meiner Methode, sehr behutsam und besonnen mit diesem Wissen umzugehen!

Bitte erobere einen Mann niemals nur aus Spaß oder Egoismus! Sei dir bewusst, dass du mit deiner weiblichen Kraft das Herz eines Mannes brechen und ihn todunglücklich machen kannst. Wir wissen nicht definitiv, ob es so etwas wie Karma gibt. Allerdings will ich persönlich es nicht noch mehr herausfordern, als ich es in meiner früher so unbewussten Art eventuell schon getan habe. Daher meine eindringliche Bitte an dich: Sei eine gnädige Königin, keine grausame. Sei eine Königin, die ihr großes Herz strahlen lässt, anstatt ihre sexuelle Kraft für das Brechen von Männerherzen zu benutzen.

Sei auch so klug und erzähle keinem Mann, dass du dieses Buch gelesen hast! Er könnte misstrauisch werden und glauben, du habest ihn manipuliert oder mit irgendwelchem magischen Schnickschnack verzaubert. Das finden die allermeisten Männer garantiert nicht sexy.

Sobald du zu der faszinierenden Frau wirst, die eigentlich in dir steckt, und du die Flirt-Tipps anwendest, von denen ich dir erzählen werde, wirst du deinen zukünftigen Liebsten – oder die Männer, die du auf deiner Reise triffst, ohne dass sie

41

in dein Leben kommen, um zu bleiben – wie von selbst bezaubern. Also bitte versprich dir selbst und mir, dass du klug bist und dass dieses Buch unser kleines Geheimnis bleibt.

Bitte lass auch die Finger von den Männern anderer Frauen! Wie erwähnt kenne ich beide Seiten: die der jahrelangen Geliebten und die der betrogenen Ehefrau. Als Geliebte war ich sehr verliebt, aber leider auch sehr unbewusst; ich bin alles andere als stolz darauf, dass ich die andere Frau offenbar so wenig respektiert habe. Dieses solidarische Schwestern-Bewusstsein habe ich erst später gewonnen. Und solltest du dich doch in einen Mann verlieben, der sich trotz seiner ›älteren‹ Beziehung in dich verliebt, lass dich möglichst erst dann auf ihn ein, wenn er sich in gegenseitigem Einverständnis getrennt hat und er für dich frei ist.

Würde ich mich heute – als Coach – noch einmal ausgerechnet in einen bereits ›vergebenen‹ Mann verlieben, dann würde ich mich selbst fragen, was der tiefere Grund dafür ist. Tatsächlich ist das alles sehr komplex …, und es ist nahezu unmöglich, die Antwort allein mit dem Verstand zu finden. Die gute Nachricht lautet: Man kann die Ursache für dieses Muster mit Hilfe der universellen Intelligenz durch die Anwendung einer sehr simplen Methode auflösen, die ich später noch genauer beschreiben werde.

Noch einmal, weil es mir so wichtig ist: Tue dir selbst den Gefallen und jage nicht in fremden Revieren, mag es auch noch so prickelnd sein. Von einer Schamanin habe ich einen sehr weisen Satz gelernt: »Man kann sein Glück nicht auf dem Unglück eines anderen Menschen aufbauen.«

Was erwartet dich?

Dich erwartet auf alle Fälle eine sehr spannende Reise, auf der du viel Neues erlebst. Wenn du offen und vertrauensvoll durchs Leben gehst und bereit bist, über den Tellerrand hinauszuschauen, kann es sein, dass dir das Universum Abenteuer präsentiert, die du dir in deinen kühnsten Träumen nicht hättest ausmalen können.

Ich erinnere mich an einen prägnanten ›Erkenntnis-Anfall‹. Damals dachte ich gerade darüber nach, was ich denn so alles manifestieren könnte, also wie meine Zukunft genau aussehen sollte. Dabei ging mir ein Licht auf: Vermutlich würde ich mein Leben ziemlich langweilig finden, wenn ich bis auf jedes kleine Detail wüsste, was dann passiert; dadurch würde ich mich ja gegenüber den Überraschungen des Lebens sperren.

Ich beschloss damals, möglichst gut auf meine geistige Führung zu vertrauen, weil ich ahnte, ja im Grunde sogar wusste: Wenn ich mich ganz hingab, würde ich Überraschungen erleben, die ich mir selbst nie und nimmer hätte ausdenken können. So würde das Leben spannend bleiben.

Einer meiner Mentoren, Alexander Mark, sagte einmal zu mir: »Solange du in Bewegung bist, bist du beschützt, du kannst nicht tiefer fallen als in die Arme Gottes. Wenn du hingegen stagnierst, stirbst du!« Vielleicht ist das mit ein Grund, weshalb einige Menschen, kaum dass sie in Rente gegangen sind, kurz darauf sterben: Wenn ihre Arbeit ihr Lebenssinn war und es scheinbar nichts mehr gibt, was das Herz noch erfreut, könnte Sterben eine Option sein.

Also lebe, du einzigartige Frau! Kümmere dich um deine hinderlichen Programmierungen, die vererbten Blockaden und die eingeschlossenen Emotionen! Mit Hilfe der in diesem Buch vorgestellten Methoden steht deinem Liebesglück nichts mehr im Weg. Lebe und freue dich auf eine neue Liebe! Glaube fest daran!

SONJAS GESCHICHTE

Bevor ich dir – endlich! – meine Tipps präsentiere, lass mich dir Sonja näher vorstellen, die du in der Einleitung kennengelernt hast. Sie ist eine attraktive Frau Mitte fünfzig, und bis vor einem halben Jahr schien ihr Leben perfekt zu sein. Vor 13 Jahren hatte sie ihre große Liebe Alfons geheiratet, und das Paar war felsenfest davon überzeugt gewesen, den Rest seines Lebens gemeinsam zu verbringen.

Alles war wie im Bilderbuch. Beide waren beruflich sehr erfolgreich. Sonja hatte vor fünf Jahren ein kleines Unternehmen gegründet, das mittlerweile brillant lief. Sie war gerade dabei, zu expandieren, und war ziemlich beschäftigt, was dazu führte, dass Sonja und Alfons weniger Zeit zusammen verbringen konnten.

Natürlich gab es auch in dieser Ehe die üblichen Herausforderungen, und die Leidenschaft und Sinnlichkeit waren einer gewissen Gewohnheit gewichen. Doch weil Sonja und Alfons immer wieder über ihre Ehe sprachen und nach außen hin alles gut zu sein schien, gab es für Sonja keinen Anlass zur Sorge.

Als die beiden zu Mittfünfzigern wurden, veränderte sich etwas. Alfons fing an, sich die grauen Haare an den Schläfen zu färben und exzessiv im Fitnessstudio zu trainieren. Und was Sonja am allermeisten verwunderte: Er regte sich immer öfter über Kleinigkeiten auf und nörgelte an ihr herum, sodass sie immer mehr das Gefühl hatte, es ihm einfach nicht mehr recht machen zu können, egal, was sie tat.

Schließlich platzte die Bombe: Alfons gestand Sonja, dass er sich in eine Arbeitskollegin verliebt habe. Die beiden hatten bereits über ein halbes Jahr eine heimliche Affäre, doch nun begann die Geliebte, Alfons zu erpressen, dass sie ihn verlassen würde, wenn er sich nicht von Sonja trennte.

Alfons knickte tatsächlich ein, so sehr war er dieser Frau verfallen. Für Sonja stürzte eine Welt ein. Nach der ersten Trotzphase, den dazugehörigen Wutausbrüchen und vielen Streitereien schien Alfons wieder unentschlossener, auch weil die Emotionsausbrüche dazu führten, dass Sonja und Alfons ab und zu zusammen im Bett landeten, um verzweifelt und leidenschaftlich Sex zu haben.

Dieses Hin und Her ließ Sonja hoffen, ihre Ehe vielleicht doch retten zu können, doch langfristig hatte sie im Grunde keine Chance gegen die andere, die noch dazu 15 Jahre jünger war. Sonja fühlte sich wie ein Häufchen Elend; sie sah erbärmlich aus – was die Situation nicht besser machte. Demgegenüber war das neue Leben, das sich Alfons mit seiner Geliebten ausmalte, mächtig; er war nach wie vor im Oxytocin-Rausch (Oxytocin ist das Bindungshormon, das uns in der Verliebtheitsphase alle ein bisschen verrückt macht). Er verhielt sich wie ein verliebter Siebzehnjähriger, verließ das gemeinsame Haus und zog zu seiner Neuen.

In dieser Phase lernte ich Sonja kennen. Eine Freundin hatte ihr empfohlen, mal meine Webseite zu besuchen, doch es sollte noch eine Weile dauern, bis sich Sonja bei mir meldete. Sie hatte schon einige Onlinekurse bei anderen Coachs gebucht, eine Menge Geld in alles Mögliche gesteckt, das schnelle Heilung und Erfolg versprach, aber nichts half nachhaltig. Der Dschungel der Heilsversprechen war groß. Doch irgendwann musste sich Sonja eingestehen, dass sie alleine nicht einen Schritt weiter kam, obwohl sie bereits einiges unternommen hatte, um ihr Herz zu heilen und wieder positiv zu denken.

Sonja bekam es mit der Angst zu tun, dass sie keinen passenden Mann mehr kennenlernen würde; sie wusste auch nicht, wo sie fündig werden könnte, und geflirtet hatte sie schon lange Zeit nicht mehr. Ohnehin war sie wegen ihrer schlechten Erfahrungen im Augenblick dermaßen desillusioniert, dass sie sich nicht vorstellen konnte, sich überhaupt neu zu verlieben.

Eines Abends saß Sonja mit ihrer Freundin Doris bei einem Glas Wein zusammen, und Sonja schüttete (wieder einmal) ihr Herz aus: dass sie Alfons so sehr vermisse, dass sie sich unansehnlich und wie weggeworfener Müll fühle und einfach nicht wisse, was sie tun solle.

Doris rollte innerlich mit den Augen, denn in den letzten zwei Monaten hatte sie dieselben Sätze von Sonja immer und immer wieder gehört, aber als gute Freundin ließ sich Doris nichts anmerken. Wenigstens hatte Sonja auf ihren Rat gehört und gerade diesen Onlinekurs absolviert, wo es darum ging, den Seelenpartner anzuziehen; allerdings jammerte Sonja nun, dass sie sich inmitten all der jungen Frauen, die sie ja in der Facebook-Gruppe sehen konnte, völlig fehl am Platz fühlte. Außerdem war die Angst vor neuen Verletzungen immer noch groß. Schließlich brach Sonja in Tränen aus und schaute

ihre Freundin mit leicht glasigen Panda-Augen an: »Ich werde einsam und alleine sterben!«, heulte sie vor sich hin, dann lief sie wie hysterisch zu einem großen Spiegel und zeterte weiter: »Schau mich doch an, ich bin so hässlich und dick und so entsetzlich alt. Männer wollen doch nur viel jüngere Frauen als mich.«

Doris hielt kurz inne, holte tief Luft und sagte dann ruhig, aber resolut: »Schatz, jetzt ist Schluss mit der Jammerei! Du bist nicht hässlich, und alt bist du auch nicht! Neunzig ist alt, aber nicht fünfundfünfzig. Weißt du, was ich mir für dich wünsche? Dass du Alfons eines Tages auf einer schicken Sommerparty begegnest, strahlend schön, begleitet von zwei unglaublich netten Männern, die um deine Gunst buhlen. Und du gehst auf Alfons und seine Tussi zu, lachst ihn einfach an und sagst: ›Danke, Alfons, wenn du mich nicht verlassen hättest, hätte ich niemals all die wundervollen Abenteuer erlebt. Was glaubst du, welch liebenswürdige Männer ich mittlerweile kennengelernt habe und wie sehr ich mich begehrt fühlen darf! Mein Leben ist jetzt grandios! So schlimm unsere Trennung zunächst für mich war – inzwischen bin ich dir unendlich dankbar.‹ Du lässt ihn einfach stehen und ziehst mit deinen Verehrern weiter, flirtend, lachend und ein bisschen übermütig, denn du hast den Spaß deines Lebens und bist dir auch sicher, dass du dich wieder ernsthaft verlieben wirst.«

Sonja sah Doris mit großen Augen an. Wie zur Salzsäule erstarrt hatte sie Doris' Worten gelauscht. Und plötzlich lachte und hüpfte sie vor Freude. Sie umarmte Doris und jubelte: »Ja, ja, ja, genau das will ich!«

Abrupt hielt sie inne, blickte Doris unsicher an und meinte: »Aber wie soll ich das erreichen?« Und Doris antwortete:

»Lass dich coachen! Tu was für dich, es wird Zeit, dass du wieder nach vorne schaust.«

Wenig später erinnerte sich Sonja an mich und mein Coaching-Angebot. Über meine Webseite meldete sie sich zu einem kostenfreien Herzensgespräch an, und ein paar Tage später telefonierten wir zum ersten Mal miteinander. Ich erklärte Sonja, dass dieses kurze Gespräch zunächst klären solle, ob wir wirklich ein Stück ihres Weges gemeinsam gehen möchten. Ich fragte sie, was sie sich denn wünsche und – vor allem – inwiefern sie bereit sei, etwas für eine Veränderung ihres Liebeslebens zu tun. Ich möchte bei meinen Klientinnen jeweils sichergehen, dass wir beide unsere Zeit und Energie sinnvoll in ihr Liebesglück investieren.

Sonja verstand mein Anliegen. Und so bot ich ihr an, ein paar Tage später unverbindlich und für sie kostenlos einen individuell auf sie zugeschnittenen Plan für unser Coaching zu präsentieren.

Du wirst Sonja in diesem Buch ein Stück ihres Weges begleiten. Du wirst miterleben, wie sie sich verwandelt: von einem gefühlten Häufchen Elend hin zu einer strahlenden Frau in ihren besten Jahren, der die Männer zu Füßen liege – übrigens irgendwann auch ihr abtrünniger Ehemann Alfons ... Ob sie ihn wohl wiederhaben will? Lass dich überraschen.

Die Namen der Protagonisten habe ich natürlich geändert, Diskretion versteht sich bei mir von selbst. Sonja hat mich sogar ausdrücklich gebeten, ihre Geschichte zu erzählen. Einige Details habe ich leicht verändert, um die Intimsphäre meiner Klientin hundertprozentig zu schützen.

Wir werden nun gemeinsam die verschiedenen Phasen des Coachings durchlaufen, wir werden gemeinsam erforschen,

wo genau du hinwillst und was dich aktuell noch daran hindert, dein Ziel zu erreichen. Bist du bereit für dein großes Abenteuer? Dann schnall dich bitte an.

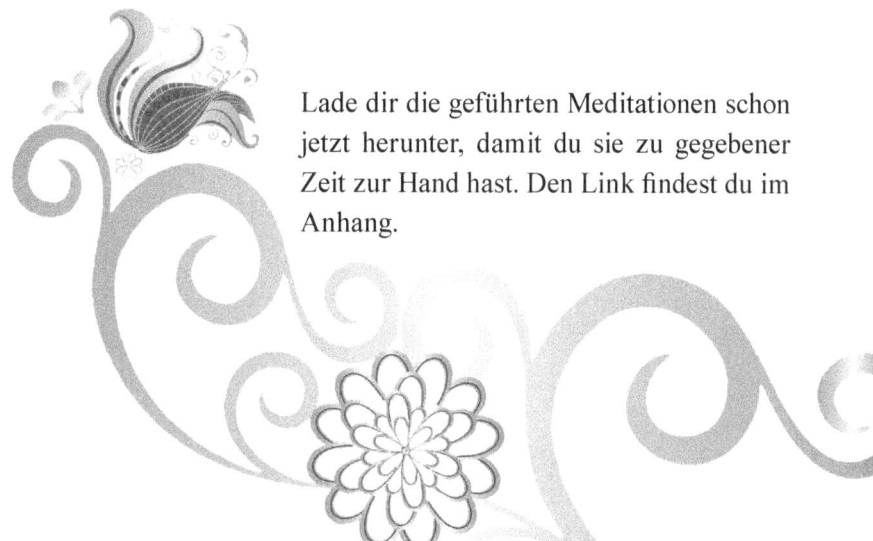

Lade dir die geführten Meditationen schon jetzt herunter, damit du sie zu gegebener Zeit zur Hand hast. Den Link findest du im Anhang.

Phase 1

DEIN ZUKUNFTSTRAUM

Angenommen, ich hätte einen Zaubertrank und könnte dich in den Zustand befördern, in dem du gerne wärst:

- *Wie würde dein Leben dann aussehen?*
- *Wo würdest du leben? Auf dem Land oder doch lieber in der Stadt? Im Wald, am Meer, an einem See, in welchem Land, in einem Haus oder in einer Wohnung ...?*
- *Wie würdest du leben?*
- *Und mit wem?*

Um fürs Tagträumen in Stimmung zu kommen, kannst du die Meditationen nutzen, die ich für meine Ladys produziert habe. Den Link dazu findest du auf meiner Webseite www. tanja-mazurek.de. Die Meditationen sind so produziert, dass du schnell in einen entspannten Alpha- und später Theta-Zustand gleitest, wo dein Verstand mit all seinen Einwänden Pause hat und deine Seele und dein Herz zu dir sprechen.

MAGIC SECRET

Schreiben als magischer Akt

Erstelle beim Beantworten der obigen Fragen ruhig die berühmte Liste, und falls du nicht weißt, was genau du willst, weißt du mit Sicherheit, was du nicht mehr willst. Schreib es auf! In dem Prozess wird dir irgendwann bewusst, was genau du willst.

Wichtig ist, dass du die Liste in der Gegenwartsform schreibst. Warum das bedeutsam ist, erfährst du in Phase 3, Kapitel *Fehler beim Manifestieren*. Solche Fehler können dafür sorgen, dass genau das Gegenteil dessen geschieht, was du dir wünschst.

Nimm gleich dein schönes Notizheft oder -buch und schreibe minutiös auf, was genau du vor deinem inneren Auge siehst und sinnlich empfindest. Mach das Schreiben zu deinem täglichen Ritual. Du wirst staunen, wie deine Träume im Lauf der Zeit wahr werden, wenn du dranbleibst.

Schreiben ist ein magischer Akt. Du solltest unbedingt alles handschriftlich notieren; so nutzt du sowohl die kognitive als auch die kreative Seite deines Gehirns – du verbindest quasi das gebende Männliche mit dem empfangenden Weiblichen. Ein kraftvoller Akt der Manifestation!

Also hör jetzt zu lesen auf, schließe die Augen und male dir dein traumhaft schönes Leben in den herrlichsten Farben aus. Erinnere dich, du hast von mir diesen Zaubertrank bekommen, der alle Limitierungen aufhebt. Gib dich deinen wildesten, verwegensten, allerschönsten Träumen hin. Dream big! Augen zu und los!

Noch ein kleiner Hinweis: Wenn du Probleme hast, Bilder vor deinem inneren Auge zu sehen, dann kann es vielleicht daran liegen, dass du mehr auditiv oder kinästhetisch veranlagt bist, dass du die Welt also mehr über dein Gehör oder dein Gefühl wahrnimmst. Beziehe beim Visualisieren also all deine Sinne mit ein – fühle, rieche, schmecke deine Zukunft. Was hörst du, was siehst du, was fühlst du?

Falls du glaubst, du kannst vor deinem inneren Auge nichts sehen, dann mache einfach einen kleinen Versuch: Sieh aus dem Fenster und präge dir ein, was du siehst. Nun schließe die Augen und erinnere dich daran, was du gerade gesehen hast, als du aus dem Fenster gesehen hast. Kannst du es sehen? Wenn ja, gratuliere ich dir – du kannst sehr wohl mit inneren Bildern arbeiten und visualisieren.

Ich möchte dir noch eine weitere kleine Übung zeigen, die ich bei der Arbeit mit Hypnose gerne anwende. Sie dient dazu, festzustellen, welche Methode am besten dazu dient, diesen bestimmten Menschen in eine Trance zu führen, um eine gesunde Veränderung in Zusammenarbeit mit dem Unterbewusstsein herbeizuführen. Stelle dir also folgendes vor, wenn du gleich die Augen schließt:

Sieh vor dir eine große, geschälte, saftige Zitrone. Sie ist sonnengelb und du wirst nun gleich in diese Zitrone hineinbeißen. Also, jetzt ist es soweit! Beiße in die Zitrone und schmecke ihren Saft. Na, verziehst du dein Gesicht? Läuft dir das Wasser im Mund zusammen?

Du siehst, wie mächtig deine Vorstellungskraft ist. Nutze sie, um dir dein Traumleben zu erschaffen und mache nun die Übung.

Notiere handschriftlich, in der Gegenwartsform und möglichst ausführlich, wie dein traumhaft schönes Leben sein soll. Zum Beispiel könnte das sein:

> »Ich wohne mit meinem Traummann in einer
> schicken Vierzimmerwohnung ... Während ich morgens
> Kaffee zubereite und den Frühstückstisch hübsch decke,
> kauft er beim Bäcker frische Brötchen ...«

Dream big! Denk an meinen Zaubertrank: Alles ist möglich, es gibt kein Limit! Stretch your wings – Breite deine Flügel aus!

Wann immer du in dieser Phase deines Lebens etwas liest, das dir sehr wichtig erscheint, halte es schriftlich fest. Schreibe deine Ziele und deine Erkenntnisse auf. Die Wahrscheinlichkeit, dass deine Vision wahr wird, erhöht sich etwa ums Zehnfache, wenn du sie aufschreibst!

Damit du von diesem Buch den optimalen Nutzen hast, tue dir selbst einen Gefallen und lies erst weiter, wenn du diese erste Übung zur Gänze durchgeführt hast. Wahre Veränderung geschieht von innen nach außen, und ich kann dir nur helfen, wenn du tatsächlich umsetzt, was ich dir als deine magischen weiblichen Instrumente an die Hand gebe.

Und mach dir bewusst: Du kreierst sowieso die ganze Zeit. Das, was in deinem Leben ist, hast du mehr oder weniger miterschaffen. Daher wähle bewusst ein Ziel, auf das du dich fokussierst, und manifestiere nicht weiterhin unbewusst, was infolge deiner Blockaden wirksam wird.

Bitte lies erst weiter, nachdem du die Übung mindestens ein Mal gemacht hast, denn erst dann bist du bereit für den nächsten Schritt. Als Unterstützung kannst du auch meine geführte Meditation *Dein Traummann* nutzen, die du im Anhang findest.

Ex zurück?

Sonja und ich sehen uns einmal die Woche online via Zoom, denn sie wohnt 600 Kilometer von mir entfernt. Step by step erkundet sie ihr Herz, schreibt ihre Wünsche auf, wie ihr Traumpartner genau sein soll. Anfangs tendierte Sonja dazu, ihren Ex Alfons zu beschreiben; sie liebt ihn immer noch und kann sich noch nicht vorstellen, dass es jemanden geben könnte, der besser zu ihr passt als er.

Natürlich fragt mich Sonja auch, ob es denn eine Chance gebe, dass Alfons zu ihr zurückkommt. Klar, grundsätzlich besteht diese Möglichkeit, aber lautet die Frage nicht vielmehr, ob sie sich überhaupt noch einmal so auf ihn einlassen und ihm jemals wieder voll vertrauen könnte und ob nicht irgendwie immer ›die andere‹ dabei wäre, selbst im Bett?

»Stell dir vor, ihr habt gerade leidenschaftlichen Sex. Alfons hat die Augen geschlossen, und du fragst dich insgeheim, ob er jetzt wirklich bei dir ist oder ob er noch an die andere Frau denkt. Oder fast schlimmer: Wie ginge es dir, wenn er in seiner Erregung versehentlich ihren Namen nennt ..., selbst wenn er eigentlich dich meint? Würdest du dich nicht immer fragen, was die andere hat, das du nicht hast? Hat sie das Kamasutra auswendig gelernt, beherrscht sie die Krabbenstellung, ist sie wesentlich schlanker als du, sind ihre Brüste noch straff (zumal sie doch jünger ist)? Du weißt, worauf ich hinauswill. Kannst du den Schmerz, den er dir zugefügt hat, wirklich vergessen und ihm ehrlich eine neue Chance geben? Vergiss nicht, dadurch, dass er diese Frau zwischen euch gelassen hat, ist etwas sehr Wichtiges kaputtgegangen. Dieses ›Ihr‹, diese Einheit, die ihr mal wart, wäre nie wieder dasselbe.«

Ich sehe, wie Sonja grübelt, sie nagt an ihrer Unterlippe herum, ich kann ihre Gedankenblasen sehen wie in einem Comic. Und dabei waren das nur ein paar Argumente von vielen, die ich hätte vorbringen können. Sonja muss sich eingestehen, dass der Vertrauensbruch tatsächlich sehr schwerwiegend ist und dass der Gedanke, je wieder Sex mit ihm zu haben, sie doch eher beunruhigt.

Am Ende der Sitzung sage ich zu ihr: »Du wirst sehen, schon in kürzester Zeit wirst du dein neues Leben so aufregend finden und so viel Spaß haben, dass du dich fragst: Wer zum Kuckuck ist Alfons?«

Sonja lacht schallend, dankt mir und verspricht, fleißig das Bild ihres neuen Mannes und ihres neuen Lebens weiterzugestalten.

DEINE ZUKUNFTSGEFÜHLE – UND WIE SOLL DEIN TRAUMMANN SEIN?

Wie würdest du dich fühlen, wenn du dein Traumleben mit deinem Traumpartner leben würdest? Was genau wäre in deinem Leben dann so viel schöner und leichter?

Du trainierst gerade die Umsetzung der Geheimnisse erfolgreicher Manifestation. Indem du nämlich das visuelle Bild, das du kreiert hast, mit deinen gewünschten Gefühlen auflädst, gewinnt deine Vision eine unglaubliche Kraft.

Die Meister der Manifestation können ihr visionäres Bild sogar energetisch betreten und sich darin bewegen. Male dir diesen Vorgang wie einen Film aus. Wenn du dich an deine Träume erinnern kannst, weißt du, wie es sich anfühlt, sich in seinen eigenen Traumbildern zu bewegen.

MAGIC SECRETS

Es gibt ein paar gute Hilfsmittel, die du anwenden kannst, wenn das Visualisieren noch nicht so gut klappt.

Das Vision-Board
Nutze z.B. das bewährte Vision-Board: Schneide Bilder aus Zeitschriften aus – Motive, die deine Wunschträume illust-

rieren. Klebe diese Bilder und auch Begriffe, die dich besonders angenehm berühren und die etwas repräsentieren, das du dir für deine Zukunft ersehnst, auf eine mindestens DIN A3 große Pappe (gerne größer!). Hänge dein Vision-Board gut sichtbar in deiner Wohnung auf. Sooft dein Blick darauf fällt, wirst du mit der Kraft deiner Wünsche verbunden, und so laden sie sich nach und nach immer mehr mit Energie auf. Bevor du jetzt im Feuereifer mit Magazinen, Schere und Klebstoff loslegst, lies bitte noch den nächsten Abschnitt über das Mind-Movie, weil dort Hinweise folgen, die auch für das Vision-Board gelten.

Das Mind-Movie

Eine moderne Variante des Vision-Boards ist das Mind-Movie. Du kreierst deinen eigenen kleinen Film, indem du deine Lieblingsmusik mit deinen Wunschbildern kombinierst.

Betrachte dein Mind-Movie so oft wie möglich aus einem sehr entspannten Zustand heraus. Nach und nach wird sich das Gewünschte manifestieren. Es ist so, wie wenn du dich in einen Film hineinziehen lässt, den du dir im Kino ansiehst: Du bist dir deiner eigenen scheinbaren Realität nicht mehr bewusst und tauschst sie nachhaltig gegen die schöne ›Fiktion‹ aus. Einen Link zu einer hilfreichen Mind-Movie-Software findest du auf meiner Webseite.

Bei einem meiner Herzensgespräche fragte mich eine Single-Lady, ob sie für ihr Mind-Movie ein Foto von Kevin Kostner nehmen könne. Ich riet ihr davon ab, weil es sich eben um Kevin Kostner handelt, den sie sich wohl kaum an Land ziehen wird. Außerdem sind all die großen Filmstars ohnehin

mehr als genug mit energetischen Schnüren von verliebten Fans verbunden, die sie im Grunde gar nicht wollen.

Wenn du ein Bild für dein Mind-Movie oder dein Vision-Board nehmen willst, das deine glückliche Partnerschaft symbolisiert, wähle lieber ein neutrales Foto. Gib in die Suchmaschine (Google o.Ä.) z.B. ›Liebespaar‹ oder ›glückliche Beziehung‹ ein und schau, was dir angezeigt wird. Ich persönlich finde Fotos sehr schön, die eine romantische Szene zeigen, z.B. ein Liebespaar vor dem nächtlichen Sternenhimmel, auf denen keine Gesichter zu erkennen sind.

Auf meinem Vision-Board von einst war eine Frau mit langen blonden Haaren in einem roten Badeanzug zu sehen, die mit wilden Delfinen schwimmt. Nur ein halbes Jahr, nachdem ich das Foto zu meinem Vision-Board hinzugefügt hatte, erlebte ich genau diese Szene! Ich schnorchelte vor der Küste Biminis/Bahamas im klaren Wasser mit den Fleckendelfinen und wurde an jedem einzelnen Tag mit Delfin-Kontakt beschenkt.

Dein magisches Notizbuch

In deinem Schreibheft oder Notizbuch sollte ja schon eine lange, detailliert ausgeführte Beschreibung stehen (siehe *Schreiben als magischer Akt* am Beginn von Phase 1). Dein Traumleben mit deinem idealen Partner minutiös und handschriftlich zu skizzieren, ist ein magischer Akt. Das Schreiben bringt die Blaupause sozusagen auf die Erde, in die Materie. Schreibe bevorzugt jeden Morgen und gerne zusätzlich am Abend, dann erzielst du die besten Ergebnisse. Wenn du nicht weißt, was ich mit Blaupause meine, weil du bereits mit

Computern aufgewachsen bist – früher benutzte man eine Blaupause, um Kopien herzustellen. Es handelte sich dabei um ganz dünnes Papier, das mit Kohlestaub beschichtet war. Man legte es zwischen zwei Blätter Papier, beschrieb das obere – entweder mit der Hand oder mit der guten alten Schreibmaschine –, und so entstand gleichzeitig eine Kopie.

Wenn wir heute von einer Blaupause sprechen, so ist sie ein Symbol für eine Vision. Stelle dir vor, dein Leben ist wie eine weiße Leinwand. Das, was du auf dieser Leinwand siehst, wird bestimmt durch den Film, das Dia oder eben die Blaupause, die du selbst einlegst. Das Licht, das der Projektor ausstrahlt, symbolisiert die Quelle. Du selbst bestimmst letztendlich, welcher Film auf der Leinwand zu sehen ist. Dieser Prozess läuft bei den meisten Menschen allerdings unbewusst ab, und so wird das, was sie erleben, bestimmt durch Prägungen und Programmierungen, die sie eben auch oft von den Vorfahren geerbt haben.

Deshalb ist es so wichtig, dass du erkennst, dass im Grunde du das Zepter in der Hand hast, dass du die Schöpferin deines Lebens bist. Du erschaffst deine Blaupause, also manifestiere am besten bewusst und voller Achtsamkeit.

Briefe an deinen Liebsten

Das klingt total verrückt, ich weiß, aber Tatsache ist, es funktioniert. So wie du deinen Traummann zumindest schemenhaft vor deinem inneren Auge wahrnehmen kannst, so kannst du auch mit ihm geistig in Verbindung treten, indem du ihm Liebesbriefe schreibst. Wenn du diesen Tipp umsetzen willst, tue es am besten mit spielerischer Leichtigkeit. Also nicht im

Sinne von »Wo steckst du denn? Ich warte schon so lange auf dich. Komm endlich in mein Leben! Ich bin dann und dann an jenem Ort, komm bitte dorthin.« Ich bin mir sicher, dass es so nicht funktioniert. Stell dir vor, du würdest von einem lästigen Verehrer ständig mit WhatsApp-Nachrichten bombardiert, die genauso klingen: »Gib mir endlich eine Chance, ich werde dir beweisen, dass ich der Richtige für dich bin«, und jede einzelne seiner Nachrichten schreckt dich noch mehr ab, weil er dir die Luft zum Atmen nimmt. Dabei fandest du ihn anfangs sogar direkt süß.

Nun übertrage das Ganze auf die energetische Ebene: Dein Liebster, der eigentlich schon auf dem Weg zu dir ist, weil ihn das Leben dahin führen wird, wo auch du ›zufällig‹ sein wirst, wird von dir mit bedürftigen, flehenden Nachrichten überschüttet. Könnte gut sein, dass er auf unbewusster Ebene plötzlich anfängt, sich zu sträuben.

Gehst du stattdessen ganz behutsam mit deinen Messages für deinen Liebsten um und teilst ihm einfach mit, dass er dir von Herzen willkommen ist und dass ihr euch ganz gewiss begegnen werdet, wird er das unbewusst wahrnehmen können, und er wird sich freuen, obwohl er wahrscheinlich noch nicht weiß, worauf er sich eigentlich freut.

Falls dein Traummann selbst sehr bewusst lebt, macht er vielleicht das Gleiche wie du: Er spricht mit dir und freut sich auf dich.

Warum ich weiß, dass das funktioniert? Ganz einfach, ich habe es praktiziert. M. war das Ergebnis meiner Manifestation vor vielen Jahren. Dass sich die Dinge viel später anders entwickelten als erwartet, habe ich wohl dem Weckruf meiner Seele zu verdanken. Wozu auch immer mein Drama gut ist – eines Tages werde ich es in Gänze wissen.

Meditation

Wenn du es gewohnt bist, zu meditieren, kannst du diesen Raum der Stille für die Umsetzung deiner Vision nutzen. Du kannst es dir auch erleichtern, indem du dich von mir über eine geführte Meditation in deinen Traumraum begleiten lässt. Den Link findest du auf meiner Webseite. Zunächst führe ich dich mithilfe meiner Stimme und bestimmter Frequenzen in den Alpha- und später in den Theta-Zustand, einen hypnotischen Zustand, aus dem heraus du so viel leichter in dein Traumbild eintauchen kannst. So funktioniert es:

Du bist nicht nur umgeben von deinem eigenen, einzigartigen Energiefeld, du bist auch davon durchdrungen. Dieses Feld schwingt in deiner Energie, auf die du großen Einfluss hast. Du kannst dich dafür entscheiden, deine Energie zu erhöhen, um das Glück magisch in dein Leben zu ziehen und dir all deine Wünsche zu erfüllen.

Diese geführten Meditationen sollen dir dabei helfen, Störfelder und Programmierungen aufzulösen; sie sind es nämlich, die durch die Ereignisse in deinem Leben getriggert werden, sie zeigen sich womöglich in Problemen und in Themen, die sich immer und immer wiederholen.

Verändern wir die Energie und lösen diese Blockaden auf, müssen sie sich auch nicht mehr als wiederkehrende Ereignisse in deiner Realität zeigen. Du wirst so immer freier, gewinnst an innerer Stärke und kannst allmählich die Stimme deines Herzens wieder hören, das dir den Weg zu deinem Glück zeigt.

Die Veränderung kann in einem Augenblick geschehen. Konzentriere dich auf deine Körperempfindungen, das heißt, nimm wahr, ob du irgendwo eine Spannung oder einen

Druck, eine Enge oder ein Vibrieren wahrnimmst oder wie auch immer es sich anfühlen mag. Konzentriere dich auf diese Körperempfindung. Damit du die Veränderung deiner Energie wahrnehmen kannst, werde ich dich bitten, zu bestimmen, wie stark die Empfindung auf einer Skala von 0 (keine Empfindung) bis 10 (sehr starke Empfindung) ist. Dieser Wert dient als Referenzwert, denn er wird sich am Ende der Meditation verändert haben. Im besten Fall fühlst du dich sehr befreit.

Es gibt einen Part in dieser Meditation, in dem ich still arbeiten werde; ich wende mich dabei an die höhere Intelligenz, die dein Herz so fleißig schlagen lässt und dich an jedem einzelnen Tag wieder erwachen lässt. Meine Worte und ihre Lösungsfrequenzen sind bei dieser Tonaufnahme so leise zu hören, dass sie für das Ohr nicht mehr wahrnehmbar sind, sehr wohl aber für das Unterbewusstsein und vor allem auf energetischer Ebene. Sie wirken mittels des Klangs, der sich unweigerlich an der Zensur deines Verstandes vorbeischleicht.

Da es im Quantenfeld weder Zeit noch Raum gibt, kannst du dich immer wieder in diese Energie einklinken, indem du die Meditation hörst. Sobald du mich also sagen hörst, dass ich nun still arbeiten werde, bleibe weiterhin mit deiner Aufmerksamkeit bei deinen Körperempfindungen und bei deinem langsamen Atem. Atme so langsam wie möglich, idealerweise eine halbe Minute ein und eine halbe Minute aus, dann geschieht die Magie. Vertraue einfach dem Prozess, dann ändert sich deine Energie hin zu Freiheit, Liebe und Fülle.

Prayers

Ich nenne Gebete ›Prayers‹, weil es erstens für meine Ohren schöner klingt und zweitens der Begriff Gebet bei vielen von uns durch diverse Religionen geprägt ist. Auch ich war 13 Jahre lang in katholischen Klosterschulen und verbinde mit diesem Begriff keine gute Erinnerung. Abgesehen davon wird uns eine nicht sehr wirksame Form des Betens beigebracht. Es heißt in der Bibel: »Bittet, so wird euch gegeben«. Also bitten und flehen wir und oft geschieht wenig bis nichts und wir hören frustriert damit auf.

Gregg Braden, Bestseller Autor, Wissenschaftler und spiritueller Lehrer beschäftigt sich in seinen Büchern und Vorträgen immer wieder mit der Macht des Wortes, des Gebets, mit den teilweise nur bruchstückhaft überlieferten Mysterien der Bibel und weiteren Weisheitsbüchern. In einem seiner Videos erzählt er davon, wie man wirkungsvoll betet und was Übersetzungsfehler mit Erfolglosigkeit zu tun haben. Seine Quintessenz ist: Beim Manifestieren – und das Gebet ist nichts anders als Manifestation – ist es enorm wichtig, nicht aus dem Mangel heraus zu flehen und zu bitten, sondern sich mit allen Sinnen so zu fühlen, als wäre das Ergebnis bereits da.

Ich möchte dir hier gerne eine Schnellanleitung für die richtige Kommunikation mit der universellen Intelligenz geben, die im Übrigen genau mit den Erkenntnissen der Quantenphysik übereinstimmt:

Teil 1 – Opening:

Im ersten Teil des Prayers geht es darum, der Quelle mitzuteilen, was genau du möchtest. Beispiel: »Dies ist ein Gebet, um meinen Traumpartner in mein Leben zu ziehen.«

Teil 2 – Der Code:

Verkörpere dein Gebet – oder auch den Unterbewusstseins-Code – so, als ob ein gewünschtes Ergebnis bereits in deinem Leben wäre. Im Fall der Partnersuche stellst du dir vor, wie ein Leben mit deinem Traummann sich anfühlt.

- Was siehst du? Sieht er dich verliebt an?
- Was hörst du? Vielleicht sagt er dir gerade, dass er dich liebt und den Rest seines Lebens mit dir verbringen möchte.
- Was riechst du? Kannst du seine Haut oder sein Aftershave riechen? Vielleicht auch den Duft der Rosen, die er dir mitgebracht hat, den Cappuccino, den ihr trinkt, das Meer, an dem ihr sitzt.
- Was fühlst du? Vielleicht kannst du absolute Dankbarkeit für dieses Himmelsgeschenk fühlen oder die Berührung seiner starken, männlichen Hand. Oder auch die Wärme der Sonne auf deiner Haut.

Male dir das, was du willst in den buntesten Farben aus und beziehe alle Sinne mit ein!

Teil 3 – Der Schluss:

Das Neue Testament wurde auf Aramäisch geschrieben. Der originale Wortlaut ist: »L´alam al-mein, amen.«

Davon findest du im Netz natürlich unzählige Übersetzungen. Ich fand die Übersetzung von Gregg Braden sehr schön und habe mich daher dafür entschieden, diese englische Version »I Seal this Prager in trust and faith and truth« ins Deutsche zu übersetzen und zu nutzen. Schließe nun das Gebet mit den Worten ab: »Ich besiegle dieses Gebet im Vertrauen, im Glauben und im Namen der Wahrheit.«

Schreibe deine Traummann-Liste (selbstverständlich ebenfalls in der Gegenwartsform). Erstelle dir einen sogenannten ›Avatar‹, eine Person, die du im echten Leben in dieser Charakteristik noch gar nicht kennst, die jedoch alles verkörpert, was du dir ersehnst.

Ein Avatar ist so etwas wie ein energetischer ›Stellvertreter‹ für deinen Traummann – eine Vision, eine Art ›Blaupause‹ des Mannes, den du in dein Leben ziehen wirst. Du kannst mit ihm kommunizieren, ohne ihm ein bestimmtes Gesicht zu geben – das ist sehr wichtig.

Du stellst dich durch die gedankliche Beschäftigung auf ›ihn‹ ein, und deine liebevollen Gefühle für deinen Traummann erzeugen eine Frequenz, die dafür sorgt, dass sich Männer mit diesen Qualitäten von dir angezogen fühlen. Bsp.: »Mein Partner ist ein optimistischer, warmherziger, fröhlicher Mensch, der mich in meiner Entfaltung unterstützt« – usw.

Denke an die Stolpersteine: Wenn du schreibst: »Er ist treu«, könnte es sein, dass dein Mann keine Seitensprünge macht, weil er impotent ist. Also füge hinzu: »Er ist mir treu und sexuell potent.«

Erinnere dich: Dream big! Alles ist möglich! Es gibt keine Begrenzungen – außer jene in deinem Kopf. Sei schlau und denke auch an die Details. Wenn du beim Kennenlernen keine Spielchen erleben möchtest, schreibe so etwas wie: »Wir erkennen uns sofort beim ersten Date und wissen, dass wir zusammengehören.«

WAS SAGT DIE QUANTENPHYSIK?

Energie folgt der Aufmerksamkeit. Am schnellsten stellen sich Ergebnisse ein, wenn man die Geschehnisse im Quantenfeld bewusst selbst manifestiert. Und wo ist das Quantenfeld?

Nun, wir alle sind durchdrungen von ihm. Nach meiner persönlichen Wahrnehmung ist das Quantenfeld gleichbedeutend mit der Leere, dem Raum aller Möglichkeiten, von dem in alten spirituellen Lehren die Rede ist; es ist gleichbedeutend mit dieser höheren Intelligenz, die unser Herz schlagen lässt, es ist die Quelle, der Schöpfer, Gott, wie auch immer du es nennen möchtest.

Ich habe mich viel mit Quantenphysik beschäftigt – oder besser gesagt: mit den Auswirkungen dieses Modells. Und eine höhere Instanz in mir weiß einfach, dass es genauso ist, wie die Wissenschaftler es beschreiben. Die Ergebnisse dieses Forschungszweigs stimmen mit den Lehren überein, die seit Jahrtausenden von spirituellen Lehrern und Lehrerinnen verbreitet werden.

Laienhaft ausgedrückt (bei detailliertem Interesse kannst du dich ja gern im Internet mit Expertenwissen befassen): Laut dem sogenannten Doppelspaltexperiment beeinflusst die Anwesenheit eines Beobachters das Ergebnis. Bei wissenschaftlichen Versuchen werden Doppelblindstudien durchgeführt, auch weil erwiesen ist, dass das Resultat nicht von der Erwartung der Forscher unabhängig ist.

Und nun spinne den Gedanken weiter: Auch DU bist eine Beobachterin deines eigenen Lebens. Durch Achtsamkeit und Fokus kannst du die Richtung deiner Ergebnisse lenken.

Der Placebo-Effekt

Bei Experimenten, z.B. bei der Erprobung neuer Pharmazeutika, gibt es mindestens zwei Testgruppen: Die eine bekommt das ›richtige‹ Präparat verabreicht, während die andere ›nur‹ ein Placebo ohne Wirkstoff erhält, z.B. eine Tablette mit Füllstoffen wie Milchzucker und Stärke. Es kommt nicht selten vor, dass das Placebo den gleichen Effekt hervorruft wie das zu testende Medikament, weil der Patient glaubt, das ›echte‹ Mittel bekommen zu haben.

Leider gibt es auch den Nocebo-Effekt, mit dem wir tagtäglich konfrontiert sind. Wenn wir davon ausgehen, dass etwas nicht gut für uns ausgeht, könnte es sein, dass es – auch im Sinne der selbsterfüllenden Prophezeiung – genau so geschieht.

Zum Glück gibt es bei der Manifestation eine gewisse Trägheit, das heißt, wenn ich mich heute traurig fühle und glaube, keinen Grund zur Hoffnung zu haben, dass mein Traumpartner in mein Leben kommt, dann hat das noch keine tiefgreifende Auswirkung. Allerdings dirigiere ich durch mein Heute auch mein Morgen, das heißt, da ich Tag für Tag meinen negativen Glauben stärke – was oft unbewusst passiert, weil unsere Programmierungen und Blockaden stark sind –, hat das sehr wohl eine Konsequenz für mein weiteres Leben.

Magic Secret

Und wie kommt man ins Quantenfeld?

Eigentlich bist du schon da. Allerdings schneidet dich dein ständig plappernder Verstand, der in einer Tour Probleme produziert, davon ab, das vollkommene Potenzial des Quantenfelds zu deinen Gunsten und zum Wohl des Ganzen zu nutzen.

Also geh in die Stille, lass den Verstand eine Zeit lang Pause machen, z.B. mithilfe von Meditation, über die tiefe, langsame Atmung. Siehe dazu auch den Abschnitt *Meditation* am Ende von Phase 1. Um offen für Inspirationen zu sein und deine erwünschte Zukunft kreieren zu können, musst du in einen sehr entspannten Zustand gleiten und dort möglichst täglich für eine gewisse Zeit verweilen.

WIE WILLST DU ALS TRAUMFRAU SEIN?

Kaum eine Frau stellt sich diese Frage, doch aus meiner Sicht ist die Antwort enorm wichtig. Du solltest nicht nur wissen, was genau du willst, du solltest dir auch klarmachen, wer du für deinen Traummann sein möchtest und was du bereit bist zu geben.

Hier ein paar Ideen: Du könntest seine Muse und Inspiration sein. Du möchtest deinen Mann sicher auch bei seinen Vorhaben unterstützen. Du kannst dir vorstellen, wie du ihn immer wieder aufs Neue bezauberst und seine Lust und Leidenschaft weckst. Du bist seine zärtliche, sinnliche und leidenschaftliche Geliebte, seine beste Freundin, mit der er viel lachen und tiefgründige Gespräche führen kann. Er weiß einfach, bei dir hat er es gut und du bist ein großes Geschenk für ihn.

Überlege dir, was genau du bereit bist, für ihn und für euch zu tun. Ich war z.B. bereit, für M. meine geliebte Heimatstadt Salzburg zu verlassen, um mit ihm zusammenzuleben. Je mehr du dafür offen bist, deine Komfortzone ein Stück weit zu verlassen, desto größer ist die Chance, dass du Männer kennenlernst, die zu dir passen. Oder was meinst du, wie viele mögliche Partner für dich gleich bei dir um die Ecke wohnen? In einem weiteren Umkreis hast du einfach eine größere Auswahl.

Du hast dir bereits dein traumhaft schönes Leben und deinen Traummann ausgemalt und weißt, wo du hinwillst. Bleib an deinen Aufzeichnungen in deinem Notizbuch dran, füge Ideen hinzu, die dir nachträglich kommen, korrigiere Details, die dir verbesserungswürdig erscheinen. Also, wie soll deine Partnerschaft sein? Wie nah wollt ihr euch sein? Habt

ihr beide Vorstellungen vom Leben, die sich decken? Welche Werte sind dir wichtig und soll er sie teilen? Soll er eher ein tiefgründiger Philosoph sein oder ist dir ein leichtlebiger Charmeur lieber?

In meiner Zeit als Radiomoderatorin habe ich viele Single-Frauen interviewt. Verblüffend oder nicht – auf die Frage, wie ›er‹ sein solle, kamen fast immer die gleichen Antworten: »Er soll mich so nehmen, wie ich bin; er muss groß sein und erfolgreich, gebildet, gepflegt und humorvoll, er soll höchstens zwanzig Kilometer von mir entfernt wohnen, und er muss mich einfach glücklich machen.« Merkst du was? »Er muss ..., er soll ..., er darf nicht ...« Mal ehrlich, mehr Einheitsbrei geht wohl nicht. Wirklich, fast jede Frau hat genau das gesagt.

Ich hatte natürlich auch Männer in der Sendung. Dreimal darfst du raten ... Yes, da war es ganz ähnlich: »Sie sollte ..., sie sollte nicht ...«

An einen Fan meiner Sendung kann ich mich besonders gut erinnern. Er rief regelmäßig an, um sich in der Sendung vorzustellen, und er hatte ein scheinbar ganz wichtiges Ausschlusskriterium: Auf gar keinen Fall sollte ›sie‹ rote Haare haben! Er hatte schlechte Erfahrungen mit einer Rothaarigen gemacht. Ich habe quasi jedes Mal nachgehakt: »Was, wenn die Frau, die in allen Bereichen wirklich perfekt zu dir passen würde, rote Haare hat?« Schade, das Argument kam nicht wirklich bei ihm an.

Kreiere deine Zielvorstellung so detailliert wie möglich und sei dennoch offen für die Überraschungen des Lebens. Vielleicht kommt ein Mann in dein Leben, der so ganz anders ist, der Qualitäten besitzt, an die du nie und nimmer gedacht hättest. Vielleicht hat er einen Bart wie Rübezahl – obwohl du viel lieber ein glatt rasiertes Männergesicht magst –, ist jedoch einer der liebenswürdigsten und besten Liebhaber weltweit, wer weiß das schon? Sei offen für die Geschenke, die das Leben für dich bereitstellt.

***

Sonja ist nun mit ihren Listen um einiges weiter gekommen. Aus ihren ›Das will ich auf keinen Fall‹-Notizen sind ›Das sollte unbedingt sein‹-Listen geworden. Am schwierigsten fand sie die Beantwortung der Frage, was sie denn für die große Liebe zu tun bereit ist und was sie selbst für ihren zukünftigen Traummann sein möchte. Doch sie ist entschlossen und fleißig, sie macht regelmäßig die empfohlenen Meditationen. Ich freue mich über ihre Veränderung, die ihr auch schon äußerlich anzusehen ist.

Sonja war bereits eine schöne Frau, als sie zu mir kam, aber der Betrug ihres Ehemannes hat ihr Selbstwertgefühl beschädigt. Sie konnte ihre Schönheit überhaupt nicht mehr wahrnehmen, im Gegenteil, sie fühlte sich einfach schäbig und unattraktiv, und dieses Selbstbild strahlte sie natürlich auch aus. Doch nun wird ihr Strahlen allmählich auch für ihre Umgebung sichtbar. Dieses innere Leuchten, das ich bereits bei unserer ersten Begegnung wahrnahm, obwohl es erloschen schien, kommt jetzt immer mehr zum Vorschein und sorgt auch dafür, dass sich Sonja mit ihrem Körper versöhnt. Sie konzentriert sich auf ihre Vorzüge, auf ihre ausdrucksvollen Augen, ihr tolles Dekolleté, ihre wohlgeformten Beine, und ich freue mich sehr für sie.

Mittlerweile haben wir Sonjas Kleiderschrank entrümpelt und waren gemeinsam auf Shopping-Tour. Auf dem Weg zu einem anderen Termin habe ich nämlich Sonja besucht, sodass wir uns endlich persönlich gegenüberstanden. Wir verbrachten einen ganzen Tag zusammen, kleideten Sonja neu ein und arbeiteten im Coaching intensiv miteinander.

Sonja nutzt so gut wie alle Tools, die ich ihr empfehle; sie schreibt täglich ihre Ziele in ihr magisches Buch, sie hat sich ein Vision-Board gebastelt und ein Mind-Movie erstellt, das sie jeden Tag mindestens zweimal ansieht.

Als ich Sonja von den Briefen an ihren Liebsten erzähle, sieht sie mich an, als hätte ich nicht alle Tassen im Schrank, aber mittlerweile kennt sie mich so gut, dass sie weiß, ich empfehle ihr nichts, was nicht funktioniert.

Anfangs hat Sonja Bedenken, dass das Flirten mit verschiedenen Männern die energetische Verbindung zu ihrem Traummann stören könnte. Einerseits finde ich ihren Einwand berechtigt. Andererseits kann ich sie beruhigen, indem ich ihr vorschlage, ihrem Liebsten zu schreiben, dass sie ihre Zeit nützen möchte, um nach ihren Ehejahren mit Alfons einige neue Erfahrungen zu sammeln, damit sie später in ihrer neuen, festen Beziehung mit ihrem Traummann nicht das Gefühl hat, etwas versäumt zu haben. Und sehr wahrscheinlich sei ihr Seelengefährte auch kein Mönch, der in einem Kloster auf die Begegnung mit ihr wartet.

Insofern ist alles gut, Sonja weiß ihr neues Leben immer mehr zu genießen. Auch nutzt sie die Zeit, um Spaß zu haben, vor allem, weil sie inzwischen das Vertrauen gewonnen hat, dass ihr Liebster schon auf dem Weg zu ihr ist. Sie hat die Frage, die ich dir gleich stellen werde, bereits beantwortet und weiß, wie sich ihr Zukunfts-Ich fühlen wird.

Dein Zukunfts-Ich

Angenommen, du hättest mithilfe des Zaubertranks deinen Traummann gefunden und lebst das Leben, von dem du immer geträumt hast – was genau würde das für dich bedeuten?

Visionsfindung

Stell dir noch mal vor, wie es sich anfühlt, ›ihn‹ an deiner Seite zu wissen, ihn zu lieben und zu begehren, mit ihm zu lachen und wahrzunehmen, wie verliebt er dich ansieht. Du weißt, du bist angekommen, du kannst dein Herz für ihn öffnen, weil er behutsam damit umgeht und du ihm vertrauen darfst. Ihr passt so gut zusammen, ihr habt ähnliche Vorstellungen vom Leben, und ihr begegnet euch auf Augenhöhe.

Idealerweise ›braucht‹ ihr euch nicht gegenseitig, aber ihr wollt das Leben gemeinsam genießen, die schönen Zeiten feiern und euch in herausfordernden Situationen gegenseitig unterstützen und füreinander da sein. Gemeinsam habt ihr das Gefühl, ihr schafft alles und ihr könnt auch alles kreieren, was ihr wollt. Die Magie der Liebe verbindet eure Herzen und eure Körper, und ihr wisst, wie ihr beieinander sein könnt, ohne dass die Beziehung zur Routine wird oder einschläft; ihr schafft diesen Balanceakt von Nehmen und Geben und seid ein Vorbild für andere Menschen.

Du fühlst dich geliebt, begehrt, verstanden und inspiriert, du bist glücklich aus der Tiefe deines liebenden Herzens heraus, und du genießt deine vibrierende, einladende Weiblichkeit.

So oder ähnlich könntest du dich fühlen, wenn dein Traummann da ist. Ich könnte noch eine halbe Ewigkeit weiterschreiben, aber das ist ja nun dein Part, es geht um dein Liebesleben.

Deine Vision ist deine Zukunft

Also tauche erneut in dein Traumleben ein, nutze dazu ggf. meine geführten Meditationen und widme dich ihnen so oft wie möglich. Mache dir bewusst, wie wichtig es ist, ein Ziel zu haben und es zu kennen, und wie mächtig diese Vision ist.

Veränderung geschieht in der Tiefe unseres Wesens. Das Lösen vererbter Blockaden – wie ich es in Phase 2 *Liebesblockaden* beschreibe – stellt dabei einen ganz wichtigen Aspekt dar; wir entrümpeln sozusagen gemeinsam das Leben und das Energiesystem, sodass Platz ist für Neues.

Wenn du diesen Weg gehst, lernst du, wieder auf Männer zuzugehen. Du lernst die Kunst des richtigen Flirtens. Du lernst, dich der Magie des Moments hinzugeben, dich in deinem himmlischen Körper wohlzufühlen, unabhängig von

Beantworte die Frage handschriftlich:
Was würde es für dich bedeuten, deinen Traummann gefunden zu haben und gemeinsam mit ihm das Leben zu leben, von dem du immer geträumt hast?

Falten, Kurven oder vermeintlich fehlenden Rundungen und du erkennst einfach, welche Liebesgöttin in dir steckt, wie einzigartig, unvergleichlich und wunderschön du bist. Wenn ich diese Verwandlung live miterleben darf, erfüllt mich das mit großer Dankbarkeit. Von einer höheren Warte aus betrachtet kann ich dir sagen: Unser Planet Erde braucht weise, starke Frauen, die in ihrer Kraft sind, ihre Sinnlichkeit und ihre Sexualität leben und ihr Herz strahlen lassen. Diese Frauen sind wie Leuchttürme für die Gesellschaft. Werde eine von ihnen!

Magic Secret

Deine Vision als dein geheimer Schatz

Ich verrate dir noch ein sehr wichtiges Geheimnis: Je mehr deine Vision gedeiht, je mehr du sie mit deinen Gefühlen und mit der Gewissheit auflädst, dass sich dein Traum auf energetischer Ebene bereits erfüllt hat, desto magnetischer wird die Frequenz.

Allerdings solltest du deine Vision hüten wie einen Schatz. Falls du unbedingt darüber reden möchtest, dann nur mit jemandem, der ebenfalls ganz fest an deinen Traum glaubt und ihn somit energetisch unterstützt.

Hüte dich vor dem großen Fehler, überall zu erzählen, dass du aktiv manifestierst, und verrate schon gar nicht, wie deine Vision genau aussieht. Je feinfühliger du wirst, desto mehr kannst du fühlen, wenn ein Mensch auch nur denkt: »So ein Blödsinn!« Die meisten Menschen werden dir nicht ins Gesicht sagen, was sie wirklich über deine Unternehmungen denken, aber sie stören mit ihren negativen Gedanken die Energie und rauben sie im schlimmsten Fall sogar; und sie schwächen deinen Glauben in deine Fähigkeiten, eine aktive Schöpferin zu sein.

Also behalte vor allem am Anfang dein Geheimnis für dich und nähre es täglich mit deiner Aufmerksamkeit. Sprich nur in Ausnahmefällen mit einem vertrauten Menschen darüber; im Idealfall kann dir diese Person noch beim Feinschliff helfen oder sie hilft dir beim Visionieren. So erhält deine Vision noch mehr Energie. Du solltest allerdings diesen Menschen auch bitten, dein Geheimnis für sich zu behalten.

Außerdem empfehle ich dir, dein Vertrauen in deine Manifestationskraft zu stärken, indem du es spielerisch siehst und immer wieder ›Kleinigkeiten‹ manifestierst. Ich persönlich fand es als Übung tatsächlich geeignet, den ›berühmten Parkplatz‹ zu manifestieren. Irgendwann gelangte ich an den Punkt, wo ich nur noch sagte: »Ich bin die Parkplatz-Fee, ich bekomme immer einen guten Parkplatz.«

Du kannst das auf alles in deinem Leben ausweiten. Und sollte es mit dem bestellten Parkplatz mal wider Erwarten nicht klappen, kann das einen bestimmten Grund haben – zum Beispiel, dass du etwas weiter zu Fuß gehen sollst, damit du an dem kleinen Café vorbeikommst, wo deine zukünftige große Liebe auf dich wartet. Du wärst nicht dorthin gegangen, wenn du den Parkplatz direkt an deinem Zielort bekommen hättest.

Du siehst, von einer höheren Warte aus betrachtet, ist letztendlich doch alles miteinander vernetzt und geheimnisvoll choreografiert. Je mehr du im Vertrauen bist, desto gelassener wirst du, wenn mal etwas nicht so eintrifft, wie du es dir ausgedacht hast. Indem du akzeptierst, dass es gute Gründe geben mag, warum sich etwas nicht oder nicht sofort manifestiert, kannst du weiterhin vertrauensvoll an deine Manifestationskraft glauben.

Warum manchmal etwas nicht funktioniert? Im Grunde gibt es nur zwei Gründe, warum sich unsere Träume nicht erfüllen:

1. Das Resultat dient uns nicht oder noch nicht – was schon im nächsten Augenblick ganz anders sein kann.

2. Eine energetische Blockade verhindert es.

DIE BESTANDSAUFNAHME

Bevor wir auf unserem gemeinsamen Weg weitergehen, müssen wir eine Bestandsaufnahme machen. Du kennst nun dein Ziel. Du muss aber auch wissen, wo du gerade stehst. Es ist Zeit, in den Spiegel zu schauen und dabei ehrlich zu dir selbst zu sein.

Also, wo genau stehst du im Augenblick?

MITTENDRIN IN DER LIEBESKUMMER-HÖLLE

Als ich Sonja kennenlernte, steckte sie mitten in der schlimmen Phase. Noch sind ihre Freundinnen an ihrer Seite (von Doris hast du ja bereits gelesen). Ich weiß allerdings aus Erfahrung, dass man seine Freundschaften nicht zu sehr strapazieren sollte.

Deine Freundinnen können dich noch so sehr lieben, und sie sind sicher gerade am Anfang für dich da, aber spätestens nach ein paar Wochen kann es für sie mühsam werden, wenn du in einer Liebeskummer-Schleife festhängst und es aus eigener Kraft nicht herausschaffst. Bleiben wir in dem Fall realistisch: Irgendwann ist auch die beste Freundin von deinem Gejammer genervt – zumal all ihre gut gemeinten Empfehlungen und Ermutigungen offenbar nicht bei dir ankommen;

vielleicht passen ihre Tipps einfach nicht zu dir, sondern eben zu deiner Freundin. Jeder Mensch sieht das Leben durch seine persönlich gefärbte Brille, jeder hat seine eigenen Erfahrungen und erteilt seinen Rat – der sich manchmal wie ein (Rat-)Schlag anfühlt ... – aufgrund dieser Erfahrungen, die fürs Gegenüber gar nicht passen, weil er ein anderer Mensch ist.

Bei einer professionellen Beratung kommt der Klient durch das präsente Zuhören und durch gezielte Fragen des Coachs selbst auf die für ihn passenden Antworten. Für die Partnersuche gibt es keine allgemein gültigen Strategien nach Schema F; deswegen ist ein individuelles Coaching auf längere Zeit das mächtigste Tool, um auf dem schnellsten Weg seine Ziele zu erreichen.

***

Kommen wir nun zu dir und deiner Geschichte:
Was genau ist dir passiert? Bist du gerade verlassen worden? Womöglich ausgetauscht gegen eine Jüngere oder eine mit Modelmaßen?

Das ist wohl der Klassiker. Wie du weißt, ist Sonja genau das passiert – und auch mir selbst, deshalb weiß ich, was das Betrogenwerden mit einem macht. Das Selbstwertgefühl ist im Keller, Ängste ploppen hoch, vor allem die Angst, es alleine nicht zu schaffen oder auf ewig solo bleiben zu müssen, dazu eine große Prise Wut und Verzweiflung, ein sturzartiges, rapides Bergab auf der emotionalen Achterbahn, ohne Hoffnung, dass es bald wieder aufwärtsgehen könnte.

Bei mir war es so schlimm, dass ich manchmal nicht weiterleben wollte, weil der Schmerz dermaßen übermächtig war. Ich habe tatsächlich nicht nur einmal darüber nachgedacht, mir das Leben zu nehmen, damit der Schmerz endlich aufhört.

Weißt du, was mich letztlich davon abhielt? Mir kam in den Sinn: »Was, wenn es nach dem Tod gar nicht wirklich vorbei ist? Was, wenn ich nur die Seiten wechsle ..., und ansonsten bleibt alles gleich? Der Schmerz ist derselbe, die Themen sind dieselben, nur habe ich dann keinen Körper mehr, um die Dinge zu verändern.«

Mir schien es klüger, vorsichtshalber lieber am Leben zu bleiben und meine Angelegenheiten auf dem Planeten Erde zu erlösen. Womöglich müsste ich sonst im eventuellen nächsten Leben die Klasse wiederholen und dieselben Themen erneut bearbeiten.

Ich beschloss, mir Hilfe zu suchen. Damals habe ich diese großartigen, einfachen Methoden – Ancastral Clearing©, also Ahnen-Clearing, Hypnose und NLP – kennengelernt, mit denen ich mir selbst schon so oft helfen konnte.

Wie schlimm auch immer du dich gerade fühlen magst, bitte glaube mir, dass deine Welt schon in ein paar Wochen völlig anders aussehen kann. Du wirst aus dem Opferbewusstsein herauskommen und auf einmal Chancen sehen, die dir deine neue Situation bietet. Wenn ich es geschafft habe, aus der Liebeskummer-Hölle herauszukommen, wirst du das ebenfalls schaffen! Such dir professionelle Hilfe und belaste deine Freundschaften nicht zu sehr mit deinem Kummer; schließlich möchtest du nicht auch noch deine Freundinnen verlieren, weil du dich im Kreis drehst und sich nichts zum Besseren ändert.

Vertraue darauf: Alles, was passiert, hat einen guten Grund, und irgendwann wirst du wissen, warum das Leben gemeint hat, dass du aus deiner Komfortzone herausmusst.

Noch einmal: Ich hätte nicht diese Persönlichkeitsentwicklung durchgemacht, durch die ich mich heute so happy in meiner Haut fühle. Ich hätte auch nicht diese mystischen Erlebnisse gehabt, in denen ich tiefe Erkenntnisse über die weibliche Kraft hatte, von der ich später noch erzählen werde. Ich hätte einige schöne Begegnungen mit tollen Männern nicht gehabt. Und vermutlich wäre ich schon längst in meiner Komfortzone auf der Couch an Langeweile zugrunde gegangen.

Phoenix aus der Asche – bereits
AUFERSTANDEN

Du bist schon raus aus der Liebeskummer-Hölle, aber total außer Übung, was Flirten, Dates und Single-Dasein anbelangt? Dann freu dich auf die Tipps im Buch. Ich kann dir nur sagen, auch ich war nach zehnjähriger Ehe völlig außer Übung. Außerdem hatte sich seit der Zeit, bevor ich verheiratet war, alles verändert, weil heutzutage vieles digital stattfindet. Und es ist tatsächlich ein großer Unterschied, ob man als Single 25 ist oder 45+.

Im reiferen Alter haben unsere Herzen normalerweise mehr Narben, unsere Programmierungen und Muster haben sich gefestigt, vielleicht sind wir nicht mehr so spontan und flexibel wie in der Jugend. Ich kann dir aber aus Erfahrung sagen: Je mehr du dich aus den Zwiebelschalen herauspellst und je

mehr du dich entfaltest, desto jugendlicher, unternehmungs-
lustiger und verrückter könntest du werden – zumindest habe
ich das an mir entdeckt und fand es sehr spannend.

Wie du die nächste Zeit auch als Single genießen kannst

Es ist nur eine Frage der Perspektive, wie wir unser Leben
und unsere augenblickliche Situation betrachten. Was dein
Single-Dasein anbelangt: Überleg mal, du hast nun so richtig
Zeit für dich! Du musst auf niemanden Rücksicht nehmen, du
bist nicht groß Rechenschaft schuldig – im Grunde kannst du
tun und lassen, was immer du möchtest.

Du kannst dich nun intensiv all dem widmen, was früher zu
kurz gekommen ist: deine Freunde und Freundinnen, deine
Hobbys, die exquisite Pflege deines Körpers – was auch immer. Jetzt kannst du all die Zeit nutzen und Neues entdecken:
Gibt es etwas, das du schon immer machen wolltest, aber auf
unbestimmte Zeit vertagt hast? Hast du eine Bucket-List, also
eine Liste all dessen, was du in deinen verbleibenden Lebens-
jahren noch erleben möchtest?

Gehe allein auf Reisen, lerne endlich die Fremdsprache, mit
der du liebäugelst, besuche einen Salsa-Tanzkurs, beginne
mit Yoga, tue dir einfach was Gutes. Lerne interessante Menschen kennen, erweitere deinen Freundeskreis, suche dir ein
neues Hobby. Verändere dein Aussehen, lass dir von einem
der besten Friseure in der Stadt eine neue, freche Frisur ver-
passen, style dich anders als bisher, erfinde dich neu!

Miste deinen Kleiderschrank, deine Wohnung und dein Leben aus und verbanne alles, was mit belastenden Erinnerun-
gen behaftet ist, was dir nicht guttut, was dich runterzieht.

Umgib dich mit Menschen, die gute Laune verbreiten, bilde dich weiter, lies spirituelle Bücher, erweitere deinen Horizont.

Lass dich auf die Schönheit dieser Welt ein, freu dich über Kleinigkeiten, übe dich in Dankbarkeit und verliebe dich neu: IN DICH SELBST! Freue dich auf deine neue Liebe, und bis sie kommt ..., genieße dein Leben!

LANGZEIT-SINGLE – WESHALB?

Es kann sehr deprimierend sein, lange Zeit alleine zu sein, wenn man sich unbedingt eine Partnerschaft wünscht. Ich habe allerdings auch Frauen getroffen, die sich eine neue Komfortzone eingerichtet haben, nun eben ohne Mann. Sie sagen, es gehe ihnen gut, und sie stellen sich darauf ein, alleine zu bleiben.

Ja, mit Sicherheit kann man auch gut ohne Partner leben; man kann sich spirituell entfalten, kleine oder große Momente der Erleuchtungen erleben, einfach aus sich heraus zufrieden sein und nichts und niemanden im Außen brauchen, um glücklich zu sein. Ich selbst kenne solche Zustände – sie fühlen sich echt super an. Aber wenn man nicht im Kloster lebt oder sich in einer Höhle in Indien im Samadhi befindet, ist dieser Zustand nicht von Dauer. Und ehrlich gesagt, wir sind soziale Wesen mit gewissen menschlichen Bedürfnissen. Nie mehr Schmetterlinge im Bauch haben? Sich nie mehr verlieben – nee, echt? Nie mehr wieder heißen Sex? Das willst du nicht wirklich, oder?

»Natürlich nicht«, sagst du. Trotzdem hast du es dir in einer neuen Komfortzone bequem gemacht. Warum eigent-

lich? Vielleicht findest du dich in einem der gleich genannten Gründe wieder. Geh in dich und sei ehrlich zu dir selbst!

Resignation

Was passieren kann, wenn man resigniert, musste ich bei meiner Mutter miterleben. Sie ließ mit nur 50 Jahren einfach die Flügel hängen, so hoffnungslos und verletzt war sie. Ich konnte sie erst so richtig verstehen, als ich den grausamsten Albtraum meines Lebens durchlitt, weil mich mein Mann verließ. Damals war meine Mutter schon tot.

Wenn man so oft bzw. so sehr verletzt wurde, dass man nicht mehr an das eigene Liebesglück glaubt; wenn der Frust so groß ist, dann kann man wahrhaft sehr einsam enden – z.B. vor dem Fernseher, wo man sich mit dem Liebespaar in den Schnulzen identifiziert, anstatt die Liebe selbst zu erleben.

Da du im Besitz dieses Buches bist, gehe ich davon aus, dass du noch nicht resigniert hast. Was für ein Glück! Ich meine, die Welt braucht Menschen wie dich, die sich wieder ihrer Schöpferkraft bewusst werden und etwas in ihrem Leben verändern wollen. Die Welt braucht vor allem Menschen, die an die Liebe glauben. Weil die Welt mehr Liebe braucht. Und wer könnte Liebe besser verbreiten und andere motivieren, es ihnen nachzutun, als die Liebenden?

Angst

Wir alle haben Angst vor Verletzungen, vor Herzschmerz. Doch wenn du aus lauter Angst alles beim Alten belässt und nichts unternimmst, um deine Liebesblockaden aufzulösen und deine negative Grundannahme über das Leben zu verändern, wirst du dich mit der Zeit immer machtloser fühlen; du schlüpfst in die Opferrolle, und so wird es für dich immer schwieriger, an die große Liebe zu glauben.

»Wo die Angst ist, da geht's lang«, heißt es. Angst kann uns zwar zu recht vor Schaden bewahren; allerdings kann sie uns durchaus auch den Weg weisen, wohin die Reise gehen soll. Wer seine Angst überwindet, wird oft mit Heilung belohnt. Es gibt einige wundervolle Methoden, um durch die Angst hindurchzugehen und einen Kraftgewinn zu bekommen.

Methoden zur Angstauflösung

Wir alle haben Angst vor irgendetwas. Meist triggert die aktuelle Angst nur alte, tiefsitzende Ängste, die möglicherweise nicht einmal unsere eigenen sind, sondern z.B. von den Vorfahren übernommen wurden. Wir neigen dazu, die Angst zu kompensieren, zu ignorieren, sie zu verdrängen, sie zu betäuben durch Alkohol, Drogen, Sex, Sport oder was auch immer.

Angst kann aber wie ein Monster sein, das man in ein Verlies sperrt. Dort brüllt es immer lauter, weil es wahrgenommen werden will. Angst aktiviert auch deinen Schmerzkörper, der tatsächlich wie ein eigenes, unsichtbares Wesen ist, das dir deine Energie raubt. Schafft es das, gibt es sich für eine gewisse Zeit zufrieden und lässt dich in Ruhe, so lange, bis es wieder hungrig wird. Eckhart Tolle erzählt davon in diversen YouTube-Videos, z.B. in *Tolle – die Wirkungsweise des Schmerzkörpers*.

Natürlich solltest du bei starken Angst- oder Panikattacken einen Arzt bzw. eine Therapeutin aufsuchen, um abzuklären,

ob du grundsätzlich gesund bist und ob dein Hormonhaushalt in Ordnung ist. In den Wechseljahren verändert sich bekanntlich unser Körper; die Hormone Östrogen und Progesteron werden nicht mehr in der gleichen Menge wie früher produziert. Stimmungsschwankungen, innere Unruhe, Hitzewallungen sind oft die Folge. Die hormonelle Umstellung mit den oft damit einhergehenden Lebensveränderungen können für ein Gefühl der Überforderung sorgen, Angst- und Panikattacken können alles noch verschlimmern.

Wichtig ist daher, dass du dich zunächst mal um deine Gesundheit und um deinen Hormonhaushalt kümmerst. Bevor du beschließt, noch anderweitig Hilfe in Anspruch zu nehmen, kannst du deinen Fokus darauf legen, zum Beispiel, indem du eine offene Frage ans Universum stellst: »Welche Methode hilft mir am besten?«

Und dann sei achtsam: Dein Unterbewusstsein fängt sofort an, nach Lösungen zu suchen. Sie können auf verschiedenste Art und Weise in dein Leben kommen: Vielleicht liest du ›zufällig‹ irgendetwas über das Thema, oder du schnappst auf, wie sich jemand darüber unterhält; vielleicht wirst du auf einen Beitrag im Radio oder im TV aufmerksam, oder der Algorithmus von Google, Facebook und Co schlagen dir etwas vor.

Aus meiner Sicht gibt es hervorragende Methoden, die oft viel mit Entspannung zu tun haben: Autogenes Training, Progressive Muskelentspannung, Meditation, Hypnose, Psychokinesiologie und alles, was mit bewusster Atmung zu tun hat. Wichtig ist aus meiner Sicht auch, dass du dir ein professionelles Gegenüber suchst, das Erfahrung mit dem Thema hat. Verdränge deine Angst nicht, sondern arbeite mit ihr. ›Meditieren‹, so heißt das Zauberwort. Meditieren im Hier und Jetzt auch mithilfe deines Atems – er wird dir helfen. Mach z.B. die Meditation *Angst auflösen*, die du als Link auf meiner Webseite findest; du wirst dich dabei entspannen und zurück in deine Kraft finden.

Wenn es ganz schnell gehen muss, weil du keine Zeit hast zu meditieren, dann versuche Folgendes: Wenn du an deine Angst denkst, dann schaue, wo in deinem Körper du eine Empfindung wahrnehmen kannst, also so etwas wie Druck, Enge, Hitze, Kälte, ein Kribbeln, was auch immer. Dann bewerte auf einer Skala von 0 bis 10, wie hoch die Intensität der Empfindung ist. 0 ist nichts und 10 ist hoch und wenn du das Gefühl hast, die Zahl ist noch höher als 10, dann vertraue diesem Gefühl.

Nun wende dich ganz kurz an deine Engel, an Gott, die Quelle, den Schöpfer oder wie auch immer du diese universelle Intelligenz nennen magst. Sag einfach laut oder in Gedanken: »Ich kann gerade nicht mit dieser Angst umgehen, ich übergebe sie dir oder euch, bitte hilf oder helft mir!« Nun atme ganz langsam in die Empfindung hinein, konzentriere dich nur auf die Körperempfindung und auf deinen langsamen Atem.

Wenn du es richtig machst, hat dein Verstand Sendepause, du bist völlig im gegenwärtigen Moment und hier kann die Heilung stattfinden. Atme so lange in die Empfindung hinein, bis du Linderung verspürst. Oft geht die Alchemie mit Hitze oder Kälte einher, oder du merkst, wie sich die Energie löst und du vielleicht weinen mußt. Lass es unbedingt zu! Weine so lange du willst und putze dir unbedingt danach die Nase. Was da nämlich aus dir rauskommt, ist hoch toxisch und du willst dies ja nicht weiterhin in deinem Körper haben, nicht wahr? Was absolut nicht hilft, ist die Angst loswerden zu wollen. Je schneller du durchgehst und sie einfach nur auf der körperlichen Ebene fühlst, desto schneller wirst du dich besser fühlen.

Zum Abschluss kannst du dich noch energetisch reinigen, indem du dir ein goldenes kosmisches Sieb vorstellst, dass du – vom Kopf angefangen – durch deinen ganzen Körper ziehst und dir vorstellst, wie alles, was nicht zu dir gehört, darin hängenbleibt. Wenn du bei den Füßen angekommen bist, dann lass das Sieb mitsamt der hängengebliebenen Energie in der Erde verschwinden, in dem Wissen, dass Mutter Erde alles transformieren kann.

Du kannst also jederzeit etwas tun, du bist handlungsfähig und kannst deine Zukunft gestalten. Das Wichtigste ist, dass du deine Energie erhöhst! Lass dich weder von deinen Befürchtungen herunterziehen noch von negativ denkenden und redenden Menschen oder von Situationen, die dir missfallen.

Sei bedächtig mit dem, was du in dein Energiesystem lässt. Sprich: Lass den Fernseher aus, lies keine Horrormeldungen und schlechten Nachrichten in den Zeitungen. Konzentriere dich lieber auf das, was du gerne möchtest. Fokussiere dich und bleibe dabei, dein Ziel anzuvisieren und im richtigen Moment den ›Pfeil‹ mitten auf dein Ziel abzuschießen.

Bequemlichkeit

Ja, auch sie kann ein Grund sein, alleine zu bleiben. Die Komfortzone ist neu eingerichtet, es scheint einfach bequemer zu sein, sich im Schlabberlook mit einem Smoothie aufs Sofa zu legen und sich vom Fernsehen berieseln zu lassen, als sich in Schale zu werfen und alleine das kulturelle Treiben oder die kulinarischen Genüsse in der Stadt zu erkunden. Das ist auch so viel gemütlicher als Online-Dating, – »Da gibt's doch eh keine gescheiten Männer ...« Mädels, so wird das nix!

Der (angebliche) Beweis

Ich meine damit den absurden Trick, sich selbst zu ›beweisen‹, dass es sowieso keinen Sinn hat. Sprich: nichts verändern, aber Neues erwarten. Das funktioniert leider nicht.

Wenn du dir selbst beweisen möchtest, dass sowieso alles keinen Sinn hat, wirst du das auch schaffen: Du musst nur noch ein paar Runden auf derselben Strecke drehen. Nachdem du ja nichts in deinem Leben änderst, könntest du zwar Männerbekanntschaften haben, aber deine Liebesgeschichten wiederholen sich mit immer demselben Typ Mann. Und das machst du so lange, bis du frustriert, aber zugleich mit einer Spur Genugtuung sagst: »Ich wusste es doch, ich werde einfach vom Liebespech verfolgt.«

Veränderung geschieht von innen nach außen. Um dich zu verändern, musst du neue Wege gehen. Lass dich coachen, lies die richtigen Bücher, besuche Seminare oder Webinare und tue was für dein Liebesglück!

Spaß am Abenteuer

Vielleicht hast du es dir noch nicht eingestanden, aber ... bist du denn überhaupt an einer festen Beziehung interessiert? Du liebst Freiheit, Abwechslung, das Prickeln jeder neuen Be-

gegnung, du bist unabhängig und wild. Es widerstrebt dir, verbindliche Verabredungen zu treffen und deine Bedürfnisse oder Pläne auf einen Partner abstimmen zu müssen.

Vielleicht ist das nur eine Phase, die zwar schon länger anhält, aber irgendwann ›ausgelebt‹ ist? Falls irgendetwas in dir sagt: »Tanja könnte recht haben«, dann steh dazu und sei dir gewiss: Wenn die Liebe in Form einer tiefen Beziehung zu dir will, dann kommt sie sowieso, und bis dahin genieße einfach deine Freiheit und packe so viele Abenteuer in dein Lebensköfferchen, wie du kannst. Sollte dann doch der Richtige in dein Leben schneien, hast du zumindest nicht das Gefühl, irgendetwas versäumt zu haben.

Und last but not least: Wenn du dir seit Jahren vergeblich eine erfüllende Partnerschaft wünschst, kann es sein, dass du dir selbst im Weg stehst, und zwar aus einem sehr triftigen Grund:

Mächtige Liebesblockaden
Nein, du bist kein hoffnungsloser Fall! Vererbte Blockaden und Programmierungen kann man auflösen – mit dem nötigen Know-how sogar sehr schnell. Tue etwas für dein Liebesglück und arbeite mit diesem Buch. Lass dich im besten Fall von einem Profi begleiten, weil er dich kompetent und am zügigsten voranbringen kann.

Wenn du dir ein Einzel-Coaching nicht leisten kannst oder nicht leisten möchtest, kannst du natürlich auch aus Büchern und Onlinekursen lernen. Hauptsache, du machst dich auf den Weg und bewegst dich vorwärts. Ich persönlich habe allerdings die Erfahrung gemacht – und ich kenne solche Geschichten auch von anderen:

Erstens – selbst wenn du anderen sehr gut helfen kannst, funktioniert es bei dir selbst nicht hundertprozentig. Ja, das scheint paradox zu sein, doch in der Tat kannst du dich selbst nicht so reflektieren, wie es dir bei anderen Leuten oft möglich ist. Wir sind teilweise betriebsblind für uns selbst. Nicht umsonst brauchen sogar Therapeuten einen Supervisor.

Zweitens – wenn ich mich wirklich aus tiefstem Herzen für etwas entschieden habe, von dem ich wusste, dass es mich enorm weiterbringen wird, kam das Geld dafür auf wundersame Art und Weise.

So erging es z.B. auch Sabine, einer meiner wundervollen Klientinnen: An dem Tag, als sie sich entschied, in sich und ihr Glück zu investieren, ging sie – vor allem gegenüber sich selbst – ein Commitment ein. Wir staunten beide nicht schlecht, dass sie genau an jenem Tag für ihre selbstständige Arbeit insgesamt vier neue Aufträge hereinbekam. Somit war die Frage nach der Finanzierung kein Problemthema mehr.

Dieser glückliche Vorfall machte mir noch einmal mehr bewusst, wie sehr alles zusammenhängt. Kann man eine Blockade in einem Bereich seines Lebens lösen, so lösen sich oft gleichzeitig andere Themen in anderen Lebensbereichen. Nehmen wir z.B. das Mangelthema, das sich in unserer Außenwelt in Form von Geldproblemen spiegeln kann. Wenn ein Kind in seiner bedürftigen Phase nicht genug genährt wird – und dabei meine ich nicht nur Nahrung, sondern vor allem Liebe und Zuneigung –, entsteht in ihm ein Mangelthema. Es ist nie genug – so zumindest fühlt dieser kleine Mensch. Dieses Gefühl ist in seinem kleinen Gehirn verdrahtet, und

je älter es wird, desto stärker werden die betreffenden neurologischen Bahnen und Verknüpfungen. Das Thema ›Mangel‹ ist somit als hinderliches Programm installiert.

Selbst wenn das Leben später besser für diesen Menschen sorgt, wird er sich so gut wie immer irgendwie im Mangel fühlen. Das erklärt auch, dass selbst reiche Menschen oft das Gefühl haben, es sei nie genug, sodass die Angst, alles zu verlieren, riesengroß ist.

Genauso entstehen auch Liebesblockaden. Stell dir vor, das besagte Kind bekomme nicht die Liebe und Zuneigung, die es eigentlich bräuchte. Die Mutter hat dem Kleinen womöglich ihr Bestes gegeben. Vielleicht hat sie dasselbe Thema, weil es ihr als Mädchen genauso ging wie jetzt ihrem Kind. Wie auch immer die Verhältnisse sind: Die Liebe des Kindes zur Mutter wird durch ihre Fürsorge und ihre eigene Bedürftigkeit nicht getrübt, doch das Kind verknüpft Liebe mit nicht stillbarer Bedürftigkeit, weil aus seiner Sicht und Erfahrung seine Bedürfnisse ja so gut wie nie gestillt wurden.

Diese Verknüpfung löst sich leider nicht auf, wenn das Kind größer wird, ganz im Gegenteil. Die verknüpften Synapsen feuern immer stärker, und so kann dieser Mensch gar nicht anders, als sich immer wieder Partner zu suchen, die das programmierte Muster bestätigen. So dreht dieser Mensch eine Schleife nach der anderen und zieht immer wieder ähnliche Partner in sein Leben.

Das geschieht so lange, bis sich der Mensch der Thematik bewusst wird und es schafft, sich umzuprogrammieren. Das wiederum funktioniert gut mit den bereits genannten Methoden, wie Hypnose, NLP (Neurolinguistisches Programmieren), Psychokinesiologie, CQM (Chinesische Quantum-Methode), Emotions-Code usw. Es gibt unzählige, wirklich gute Methoden; du kannst jene wählen, die dich am meisten anspricht.

Ich persönlich nehme auch gerne noch meine Vorfahren mit an Bord; deswegen habe ich von einem meiner Mentoren die Ahnen-Clearing-Methode gelernt, die ich weiter hinten im Buch genauer beschreiben werde. Welchen Weg auch immer du wählst – es gibt eine Lösung, und viele gute Werkzeuge und Methoden stehen zur Verfügung, die dir beim inneren Hausputz helfen, damit die Liebe in dein Leben Einzug halten kann.

Ich werde in diesem Buch noch mehrmals auf das Thema ›Blockaden‹ zurückkommen, weil es so grundlegend wichtig ist. Darüber hinaus kann es einen weiteren – einen besonders traurigen – Grund geben, warum du derzeit alleine bist ...

Du bist Witwe

Dein Mann oder dein Lebenspartner ist gestorben, und natürlich solltest du dir die Zeit nehmen, um zu trauern. Falls du zu den Menschen gehörst, die dazu neigen, sich abzulenken, um den Verlust nicht so unendlich schmerzhaft fühlen zu müssen, mag es ratsam sein, professionelle Hilfe zu suchen. Das Gleiche gilt allerdings auch für Frauen, denen es unmöglich erscheint, jemals aus diesem tiefen Tal des Schmerzes herauszufinden. Allerdings werden sie diesen Ratgeber derzeit ohnehin kaum als Lesestoff wählen, weil ihnen der Gedanke an einen neuen Partner absurd vorkäme.) Es gibt hervorragende Coachs oder Therapeutinnen, die sich auf Trauerbegleitung spezialisiert haben. Und bevor du deinen Kummer im Alkohol ertränkst, ruf bei der Telefonseelsorge an; dort sind sehr gut geschulte Menschen tätig, die dir für den Moment sogar kostenfrei helfen können.

Wenn du die Trauer wirklich durchlebst, wirst du nach einer gewissen Zeit fühlen, dass die Lebensfreude zu dir zurückkehrt. Da du dieses Buch zur Hand genommen hast, erlaubst du es dir offenbar sogar, darüber nachzudenken, ob du nicht doch wieder eine Partnerschaft möchtest.

Von einigen der betroffenen Frauen weiß ich, dass sie sich schuldig fühlen, wenn sie sich auch nur mit dem Gedanken beschäftigen. Es ist, als würden sie bereits mit der puren Idee, irgendwann einen anderen Mann zu lieben, ihren verstorbenen Partner betrügen. Dazu erzähle ich dir eine Geschichte aus meiner Tätigkeit als Zeremonienmeisterin und freie Traurednerin. Dabei gestalte ich für meine Paare wunderschöne, individuelle, weltliche Trau-Zeremonien.

Ich hatte eine Braut in den Dreißigern, die ihren ersten Mann durch Krebs verloren hatte. Sie hatte durchaus damit zu ringen, als sie sich später mit ihrem jetzigen Mann zunächst anfreundete. Es dauerte eine sehr lange Zeit, bis sie sich ganz auf ihn einlassen konnte – dafür war die Liebesgeschichte umso romantischer: mit Sonnenuntergängen und Glühwürmchen, mit einer Hochzeit in einem Schloss, wo die beiden dann barfuß im Gras zur Musik tanzten. Es ist eine so schöne Geschichte – die Trauung war sensationell und außergewöhnlich. Ich werde sie nie vergessen!

Gehe in dich und prüfe, ob es bei deinen starken Bedenken und zukunftshemmenden Gefühlen wirklich um den Verstorbenen geht oder ob nicht ein viel älteres Thema getriggert wird. Sollte das der Fall sein, ist die Gelegenheit günstig, das ursprüngliche Thema gleich mit zu erlösen, damit du auch auf energetischer Ebene für eine neue Liebe bereit bist.

Die ›Überlebensschuld‹ tritt übrigens gar nicht so selten auf – nicht nur bei Witwen oder Witwern. Auch alleingeborene Zwillings- oder Drillingskinder leiden oft darunter, meist ohne den Grund zu kennen. Ich selbst bin eine Alleingeborene, die im Mutterleib zwei Geschwisterkinder hatte; daher weiß ich, welche unbewussten Themen in einem wirken und einen daran hindern können, glücklich zu sein.

Wer sich als Witwe eine neue Partnerschaft wünscht, wird demnach unter Umständen mit seinem schlechten Gewissen konfrontiert. Schlimmstenfalls neigst du zur Selbstsabotage, weil du dir im tiefsten Inneren kein neues Liebesglück erlaubst und zwangsläufig weiterleidest. Da hilft es womöglich auch nicht, wenn ich dir sage, dass sich dein verstorbener Lebensgefährte für dich wünscht, dass du wieder glücklich durchs Leben gehst. In Wirklichkeit endet die Liebe ja nicht, nur weil ein Mensch stirbt. Du nimmst dem Verstorbenen auch nichts weg, indem du dich neu verliebst.

Selbst wenn dir der Gedanke an ein Weiterleben der Seele fremd ist oder undenkbar erscheint: Stell dir nur mal vor, es gäbe ein Leben nach dem Tod; dein verstorbener Mann bzw. seine Geist-Seele (bzw. seine ›Essenz‹ oder wie auch immer man es bezeichnen möchte) müsste mit ›ansehen‹, dass du leidest, weil er gestorben ist und dich alleine gelassen hat. Meinst du, das gefiele ihm? Sobald er weiß, dass es dir wieder gut geht, kann sich seine Seele mehr auf das konzentrieren, was vor ihr liegt.

Gib dir die Zeit zum Trauern; das sogenannte Trauerjahr ist durchaus sinnvoll. Ein ganzes Jahr lang erlebst du den Jahreskreis zum ersten Mal wieder ohne den geliebten Menschen. Sein und dein Geburtstag ohne ihn, ebenso die Familienfeste, Weihnachten und Ostern – ja, das ist schmerzhaft. Doch indem du den Tränen und deinem Kummer Raum gibst, kann auch Heilung geschehen und der Schmerz lässt nach. Traumatisch werden Erlebnisse erst, wenn wir den Schmerz verdrängen und die Energie nicht fließen lassen.

Einer der großen Körpertherapeuten, Peter Levine, beschreibt in seinen Büchern, dass Tiere traumatische Energien loswerden, indem sie zittern. Kann ein wildes Tier – z.B. eine Antilope, die dem Löwen nur knapp entkommen ist – nicht zittern, stirbt es. Auch wir Menschen zittern, wenn wir etwas Traumatisches erleben. Man nennt es ›neurogenes Zittern‹, weil dabei Synapsen im Gehirn neu verknüpft werden – die Energie kann fließen. Erst, wenn wir die Energie nicht ableiten können (eben z.B. mittels des neurogenen Zitterns), entsteht ein Trauma. Das heißt in deinem Fall: Solange du in der Schockstarre bleibst, nachdem dein geliebter Mann verstorben ist, und es nicht schaffst, z.B. durch Weinen die Traurigkeit abzuleiten, können sich energetische Blockaden bilden.

Hinzu kommt, dass Tränenflüssigkeit mitunter toxisch sein kann. Daher ist Weinen und Naseputzen gut für die Entgiftung und somit auch für die Entrümpelung deines Energiesystems.

Sobald du merkst, dass sich eine neue Lebensfreude bemerkbar macht, kannst du es als ein Zeichen begreifen, dass sich nun ein neuer Lebensabschnitt ankündigt. Vielleicht schaffst du es sogar, einen neuen Lebensraum für dich zu suchen. Ein Neustart gelingt dir in einer veränderten Umgebung so viel besser.

Nun, trifft eine der genannten Varianten als Erklärung für dein Langzeit-Single-Dasein zu? Solltest du eine weitere Spielart praktizieren, teile sie mir gerne mit! Wie auch immer – du beendest bitte schnellstmöglich das Selbstquälen bzw. die Opferhaltung, erhebst dich, richtest deine Krone und ziehst quicklebendig und frohgemut hinaus in die Welt!

Du solltest außerdem ein paar weitere Faktoren in Betracht ziehen, falls es dir zu lange dauert, bis dein Traumpartner auf der Bildfläche erscheint:

- Sofern es ein Art ›Seelenplan‹ gibt, weißt du höchstwahrscheinlich nicht, was du in diesem Leben lernen möchtest bzw. wofür du dich entschieden hast.

- Es gibt noch versteckte Programmierungen und Blockaden, die gelöst werden sollten, bevor sich dein Liebesglück manifestiert.

- Die Erfüllung deiner Wünsche dient dir nicht oder noch nicht. Vielleicht sollst du auf dem Weg zur großen Liebe noch etwas lernen, vielleicht gibt es noch etwas zu erledigen, bevor du ankommst.

Was auch immer das sein kann: Stell dir vor, Mutter Theresa wäre in ihrer Jugend eine erfolgreiche Sängerin geworden. Wäre sie denselben Weg gegangen? Wäre sie zum lebenden Symbol für Barmherzigkeit geworden?

Was, wenn Nelson Mandela heute erst 18 Jahre alt wäre? Niemand würde ihn kennen, er hätte nicht 27 Jahre im Gefängnis verbracht; er wäre dort weder der reife Mann noch ein Vorbild für Vergebungsbereitschaft geworden. Er wäre nicht der erste schwarze Präsident Südafrikas gewesen und hätte seine schwarzen Brüder und Schwestern nicht weitgehend von der Apartheid befreit.

Was ich damit meine? Jeder Mensch scheint einen Platz im Gefüge unserer Realität sowie eine Aufgabe zu haben, die er zu erfüllen hat. Die Reife für besondere Aufgaben erhalten wir oft durch Leid und Kampf. Unser Leben beginnt bereits so. Wir müssen uns bei unserer Geburt ins Leben kämpfen; unser Dasein beginnt bereits mit einem Trauma – das gehört zum Spiel des Lebens.

Da jeder Mensch einen Platz auf dieser Welt hat, gilt das natürlich auch für die Menschen, die uns eine Zeit lang auf unserem Weg begleiten. Und wir wissen nicht, wann zwei Menschen füreinander bereit sind, ob der gemeinsame Weg lang dauern wird oder ob sich die Wege bald wieder trennen. Ich persönlich glaube, es ist gut, wenn wir uns unserer Schöpferkraft bewusst sind und sie nutzen, aber gleichzeitig dem Leben den Raum geben, um sich zu entfalten und uns das zu bringen, was uns und unserer Entwicklung dienlich ist.

MAGIC SECRET

Eines meiner Anliegen ist es, meine Klientinnen wieder mit ihrer weiblichen Urkraft zu verbinden und ihr bislang verborgenes magisches Wissen wachzurufen. Das Leben wird um einiges leichter, sobald wir uns in der Tiefe unseres Seins an unsere Schöpferkraft erinnern. Die Verbundenheit mit dem uralten weiblichen Wissen, das als kollektive Energie im

Feld schwingt, gibt uns unsere Schöpferinnenkraft zurück, die auch dafür sorgen kann, dass sich unsere Visionen zügiger manifestieren. Es ist, als würden wir aus dieser ›anderen Welt‹ von hinten angeschoben werden.

Unser Planet braucht weise Frauen, die Entscheidungen aus der Weisheit ihrer Intuition treffen und die es womöglich sogar verstehen, sich mit der geistigen Welt zu verbinden, um den Rat der Ältesten einzuholen. Wir erleben gerade eine tiefe Bewusstseinsveränderung von Menschen, die sich auf den spirituellen ›Aufstieg‹ einlassen wollen. Je mehr wir unsere Blockaden, unsere Programmierungen und unsere oft vererbten, eingeschlossenen Emotionen auflösen können, desto besser gelangen wir zu unserer weiblichen Essenz. Wir Frauen sind kraftvoll, mächtig und weise zugleich, solange wir aus unserer weiblichen Urkraft heraus agieren, in unserem Körper präsent sind und unsere spirituellen Antennen über unser Herz mit unserem Schöpferzentrum, unserem Becken, verbunden haben.

Viele von uns bewohnen ihren Körper allerdings nicht mehr vollständig; das liegt schon daran, dass wir modernen Menschen so viel Zeit am Smartphone oder Computer verbringen. So liegt unser ganzer Fokus bei unserem Kopf, die Gedanken rasen, wir finden keine Stille mehr, weil wir ständig von unserem Verstand mit allen möglichen scheinbaren Problemen konfrontiert werden. Gönne dir deshalb immer wieder eine meditative Pause.

Übung: Bewohne deinen Körper wie einen Tempel
Mithilfe deines Atems und deiner Aufmerksamkeit kannst du dich am leichtesten mit deinem Körper verbinden. Schließe deine Augen und reise in Gedanken durch deinen Körper. Falls es dir hilft, bei der Sache zu bleiben, nimm deine Hände zu Hilfe. Berühre dein Gesicht, deinen Hals, deine Schultern, deine Arme und Hände, dann geh zu deinen Brüsten, streichle sanft darüber, bedanke dich bei ihnen für die schönen Gefühle, die sie dir womöglich schon geschenkt haben.

Führe diese Achtsamkeitsübung weiter und erkunde deinen gesamten Körper, indem du dorthin atmest, wo du gerade mit deiner Aufmerksamkeit – und eventuell mit deinen Händen – bist.

Sobald du bei deinem Becken angelangt bist, lege deine Hände auf deinen Unterbauch – auch dann, wenn du den Bodyscan bis dahin ohne Hände durchgeführt hast. Fühle die Wärme, mache dir bewusst, dass dies der Ort deiner Schöpferkraft ist. Falls du Mutter bist, ist dort Leben entstanden. Sich ganz auf diesen Gedanken einzulassen, erzeugt in mir persönlich eine große Demut und ein Staunen über die Perfektion der Schöpfung.

Noch effektiver ist diese Übung, wenn du sie in der Natur praktizierst: Setze dich am besten mitten ins Gras. Bleibe mit deiner Aufmerksamkeit und mit deinem Atem besonders beim Becken und stell dir vor, wie du deinen Atem durch deine Vagina in die Erde schickst und beim Einatmen die Energie der Erde in dein Becken emporziehst. Je langsamer du atmest, desto besser, denn der langsame Atem stimuliert auch den Vagusnerv, der u.a. für die Entspannung zuständig ist.

Allein durch deine Gedankenkraft verbindest du dich also mit Mutter Erde. Bei jedem Atemzug kannst du gedanklich noch tiefer in die Erde eindringen. Ziehe ihre kraftvolle Energie hoch in dein Becken und verteile sie von dort mithilfe deiner Gedankenkraft in deinem ganzen Körper.

Je öfter du diese Übung durchführst, desto leichter gelingt sie dir. Indem du dich gleichzeitig bei deinem Körper bedankst, weil er dich so tapfer durch dein Leben trägt, erkennst du immer besser, welch ein großes Wunder dein Körper ist – und du selbst. So hilfst du dir, dich immer mehr zu lieben. Durch die Verbindung mit deinem wundervollen Körper gelangst du mehr und mehr in deine weibliche Urkraft.

Du kannst auch gerne kreativ sein und die Übung erweitern, indem du deine Energiezentren – Chakras – mit einbeziehst. Solange du mit deiner Aufmerksamkeit z.B. bei deinem Becken bist, schaffst du es womöglich sogar, mit deinem Bewusstsein mitten hinein zu gehen. Fühle die Wärme, die rote, feurige Energie, die du ausweiten kannst. Schicke diese Energie auch in deine nächsten Energiezentren.

Das heißt, du verbindest dich durch deinen Atem mit der Erde und ziehst ihre Energie über deine Vagina in dein Becken und somit in dein erstes Energiezentrum (Wurzel-Chakra), danach in dein zweites Energiezentrum (Sakral-Chakra). Und so geht es weiter mit dem dritten (Solarplexus), dem vierten (Herz-Chakra), dem fünften (Hals-Chakra), dem sechsten Energiezentrum (Stirn-Chakra, das direkt mit deiner Zirbeldrüse verbunden ist, die im hinteren Teil deines Gehirns sitzt) und dem siebten Energiezentrum (Kronen-Chakra). Wenn du möchtest, kannst du die Energie sogar empor zu deinem achten Chakra strömen lassen, das sich etwas über deinem Kopf befindet und das dich – je nach Konzept – mit deinem höheren Selbst verbindet.

Das Wichtigste ist, dass du deinen Körper wirklich fühlst und bewohnst, besonders dein Becken. Genieße deine weibliche Sinnlichkeit, fühle deine Sexualität.

Frauen, die in ihrer Essenz angekommen sind, strahlen eine alterslose Schönheit aus – ggf. auch mit Falten und Speckröllchen. Wir hören dann auch auf, mit unseren ›Schwestern‹ zu konkurrieren, weil wir uns selbst wundervoll finden und wissen, dass wir sowieso nie so sein können, wie eine andere Frau es ist. Wir sind wahrhaft unverwechselbar und haben Freude daran! Möge die weibliche Macht mit dir sein!

***

Sonja ist ganz aufgeregt, als wir uns bei unserem Online-Coaching, das einmal wöchentlich stattfindet, erneut treffen. Sie hat einen jüngeren Mann kennengelernt, er ist beim Einkaufen mit seinem Einkaufswagen in ihren reingekracht, als beide um dieselbe Ecke gebogen sind. So sind die beiden schnell ins Gespräch gekommen und haben mit einem Blick in den Einkaufswagen des jeweils anderen festgestellt, dass sie wohl beide Singles sind.

Sonja ist an jenem Tag – wie immer in letzter Zeit – schick gekleidet. Seit der Trennung von Alfons achtet sie sehr auf ihr Äußeres, weil ich ihr klargemacht habe, dass ›Mister X‹ jederzeit vor ihr stehen könnte.

Stefan, so heißt der gut aussehende Mann, ist fasziniert von Sonja. Sie schätzt ihn auf Mitte 40, er wird also rund zehn Jahre jünger als sie sein. Doch da Sonja mittlerweile ganz entspannt auf neue Bekanntschaften zugehen kann, ist ihr der Altersunterschied relativ egal, im Gegenteil, sie fühlt sich durch Stefans Interesse geschmeichelt.

Da steht sie also in ihrem schmucken Kleid und strahlt Stefan an, mitten im Supermarkt zwischen der Gemüse- und der Tiefkühlabteilung. Stefan nimmt die Chance wahr und bittet Sonja um ihre Handynummer und um ein Wiedersehen. Die beiden tauschen ihre Nummern aus und verabschieden sich.

Sonja will von mir wissen, wie sie sich verhalten soll. Ich frage sie, was sie denn möchte: Wünscht sie sich sofort eine neue Beziehung? Sie sieht mich erstaunt an und gesteht, dass sie sich darüber noch keine Gedanken gemacht hat. Sie weiß nur, dass sie endlich was erleben will. Seit Alfons sie verlassen hat, hat sie keinen Sex mehr gehabt, und eigentlich, so meint sie, sei es nun wirklich mal an der Zeit.

»Wunderbar«, sage ich, »dann geh zu dem Date, bleib so entspannt wie möglich und schau einfach, was passiert. Es kann sein, du stellst in dem Gespräch mit Stefan fest, dass er zwar nett ist, ihr aber sonst gar keine Gemeinsamkeiten habt. Falls er dich verführen möchte, lass dich verführen, wenn du möchtest, oder verführe ihn, das hat auch seinen Reiz.«

»Ja, aber ...«, entgegnet Sonja, »was, wenn er mir doch so gut gefällt, dass ich mich sogar in ihn verliebe?« Daraufhin ich: »Dann kannst du immer noch auf Nummer sicher gehen und ihn ein bisschen warten lassen. Küssen würde ich ihn aber schon, denn ein Kuss verrät sehr viel. Wie gesagt, schau einfach, was passiert, und verlass dich auf deine Intuition. Falls du einfach nur heißen Sex willst, dann wäre das die Gelegenheit.«

Übrigens, als freie Traurednerin habe ich von meinen Paaren schon die unterschiedlichsten Liebesgeschichten gehört. Da gab es auch einige Storys von relativ spontanen sexuellen Begegnungen, aus denen sich eine feste Liebesbeziehung entwickelte. Selbst die Statistik sagt: Etwa ein Drittel aller One-Night-Stands führen zu einer längerfristigen Beziehung. Rein theoretisch könnte also jeder Dritte deiner unverbindlichen Lover dein zukünftiger Ehemann werden.

Auch das erzähle ich Sonja, und so kann sie relativ entspannt zu ihrem ersten Date gehen, obwohl sie sich so unerfahren wie ein Teenager fühlt. Bevor wir uns am Ende unserer Sitzung verabschieden, gebe ich ihr noch eine Aufgabe:

»Stell dir die Frage, ob du zum jetzigen Zeitpunkt wirklich für eine neue feste Beziehung bereit wärst. Wenn du in dir ein großes Ja findest, kann die Liebe auch mit Stefan kommen. Solltest du aber doch das Gefühl haben, es wäre zu früh, dann steh dazu und sei ehrlich mit dir selbst. Es könnte genauso gut sein, dass die Begegnung mit Stefan dein erstes Abenteuer wird und dass du auf den Geschmack kommst. Vielleicht wirst du sogar so verwegen, dass du dir vorstellen kannst, zwei oder drei Lover auf einmal zu haben, sagen wir einen in Rom, einen in Paris und einen in Hamburg. Mit ein bisschen Raffinesse und Timing lässt sich das durchaus eine Zeit lang praktizieren.«

Sonja sieht mich wie schon so oft mit ihren großen blauen Augen erstaunt an, und ich bemerke an ihrem aufkommenden Lächeln, dass ihr der Gedanke gefällt. Also füge ich hinzu: »Es ist ja nur ein Gedanke, den du einfach mal durchspielen kannst. Das heißt nicht, dass du ihn umsetzen musst! Ich möchte dich bloß dazu ermuntern, herauszufinden, ob es nicht Seiten an dir gibt, die du bisher gar nicht kennst ... Nun hab aber erst mal dein Rendezvous mit Stefan und lass dich umwerben. Genieß den Moment, und wenn du ihn küssen willst, dann küss ihn; wenn du ihn verführen willst, dann tu das. Sei experimentierfreudig – wenn nicht jetzt, wann dann? Du bist frei, und wenn du später wieder in einer festen Beziehung bist, hast du dir bis dahin keine gute Gelegenheit entgehen lassen. Also viel Spaß!«

Sonja grinst mittlerweile übers ganze Gesicht und ich auch, denn wer weiß, welche Abenteurerin in ihr steckt?!

Eine Anmerkung, um gravierende Missverständnisse zu unterbinden: Wie du vielleicht gemerkt hast, provoziere ich meine Kundinnen je nach ihrem Naturell immer wieder mit mutigen Ideen – wie drei Lover auf einmal zu haben. Mir liegt einfach am Herzen, dass jede Frau herausfindet, welcher Typ sie ist. Ich wünsche mir für meine Ladys, dass sie über den Tellerrand hinaussehen und etwas ausprobieren, was sie vorher nicht einmal erwogen haben und auf das sie alleine nie

gekommen wären. Trial and error, Versuch und Irrtum – das funktioniert auch gut bei der Partnersuche.

Bevor wir mit deiner Bestandsaufnahme weitermachen, noch einmal der Hinweis: Vergiss bitte nie deine Vision von deiner Zukunft an der Seite deines Traummannes und mach dir immer wieder bewusst, wie wichtig die Bestandsaufnahme und die gefühlsgeladene Visualisierung deines Traumlebens für dein Liebesglück sind!

DEINE HERAUSFORDERUNG

Frag dich: »Was genau hindert mich daran, mich im ›echten‹ Leben so zu fühlen, wie ich mich in meiner Vision gefühlt habe? Was ist meine größte Herausforderung? Warum bin ich noch nicht an der Stelle, die ich erreichen möchte?«

Vielleicht glaubst du, niemanden zu finden, weil du keine Zeit für irgendwelche Partnerbörsen oder Blind Dates hast; das ist alles so zeitaufwendig, und du bist als erfolgreiche Geschäftsfrau ohnehin so eingespannt? Lass dir sagen, dein geschäftiges Leben ist nicht der Grund für deinen Misserfolg in der Liebe. Hier geht es nur um Anziehung: Mit der ›richtigen‹ Ausstrahlung ziehst du magnetisch die richtigen Männer in dein Leben, so einfach ist das.

Vielleicht glaubst du aber auch, dass da draußen sowieso nur Idioten unterwegs sind, Männer, die nur ›das eine‹ wollen, nämlich höchstens eine Affäre, aber keine Beziehung. Ich wette, du findest auf Anhieb ein paar solcher tiefsitzender Glaubenssätze und Überzeugungen. Übrigens geht es Männern umgekehrt genauso: Sie haben ebenfalls unrealistische

Vorstellungen von uns Frauen, und sie sind durch Frauen verletzt worden.

Aus meiner Sicht ist die Heilung des Urweiblichen in uns Frauen und die Heilung des Urmännlichen in den Männern essenziell für den gesamten Planeten. Menschen, die in ihrer Urkraft sind, fühlen sich sicher, auch wenn draußen der Wahnsinn tobt, und sie sind nicht so leicht manipulierbar und lenkbar. Aber das ist eine andere Geschichte.

Was uns wirklich daran hindert, glücklich zu sein, das sind in der Regel wiederkehrende Beziehungsmuster und eingeschlossene Emotionen, die zum Teil vererbt sein können; das ist sogar ein Ergebnis der Wissenschaft der Epigenetik.

Erlebst du ständig Wiederholungen derselben Themen?
Betrachte mal dein Leben und die Männer, mit denen du bis jetzt zusammen warst, und schau, ob es da Gemeinsamkeiten gibt. Sieh genau hin, vielleicht erkennst du ein wiederkehrendes Muster in deinen Liebesgeschichten.

Sei ehrlich zu dir selbst – das gehört zur erfolgreichen Manifestation deines Traummannes. Wenn du mit dem Auto von zu Hause nach Hamburg ins Hotel Atlantic Kempinski willst, musst du dem Navigationsgerät zuerst sagen, dass du von deinem aktuellen Standort starten willst. Dein Navi errechnet dann den Weg, und voilà, wenn du seiner Ansage folgst, kannst du in ein paar Stunden an deinem Ziel einchecken.

Wenden wir das Ganze auf die Partnersuche an, dann musst du zunächst wissen, wo du gerade stehst und welches Ziel du hast. Ein Coach könnte sozusagen dein Exquisit-Navi sein und dir helfen, den für dich besten Weg zu finden: raus aus dem Single-Dasein hin zur erfüllten Partnerschaft.

MAGIC SECRET

Heilung initiieren, Blockaden entfernen

Wahre Schamanen beherrschen die Kunst, mit einem Bein in dieser Realität zu stehen und mit dem anderen in der ›Anderswelt‹, die nichts anderes ist als der Raum aller Möglichkeiten, das Quantenfeld, das für mich persönlich gleichbedeutend ist mit dem göttlichen Feld. Wer aus diesem Feld heraus arbeitet, kann von einem Moment auf den anderen eine drastische Veränderung der gegenwärtigen Realität bewirken.

Wenn Schamanen Heilungen initiieren, geschieht dies dank der Verbindung mit diesem Feld. Das heißt, sie sind fähig, durch die Veränderung ihrer Wahrnehmung Energieblockaden zu erkennen, die sich zunächst im Energiefeld eines Menschen manifestieren und erst später im Körper. Mittels gewisser Rituale und Behandlungen initiieren sie die Entfernung einer solchen Blockade, wobei dazu auch immer höhere Wesen angerufen werden, wie die Wesenheiten von Pflanzen.

Ich selbst habe Ausbildungen durchlaufen, in denen ich lernte, auf ähnliche Weise zu agieren. Wenn ich mit jemandem arbeite, öffne und halte ich einen Raum, in dem tiefe Veränderungen stattfinden können.

Ich leite die Person jeweils durch einen eigentlich sehr simplen Prozess – ich liebe einfache Methoden –, den ich in Phase 2 *Liebesblockaden* genauer beschreibe. Währenddessen sind wir noch mehr über das Feld verbunden als in der ›normalen Realität‹, in der wir uns eher als getrennt empfinden. Ich erinnere mein Gegenüber an seine eigene Seele, an seine Göttlichkeit, und durch das kleine Ritual sowie das innere Aussprechen dessen, um welche Thematik es geht und was geschehen soll, geschieht der Wandel.

Was genau ich dabei mache, ist schwer zu beschreiben – man muss im Grunde selbst die Erfahrung machen. Dennoch will ich dir im Abschnitt *Clearing – Arbeiten im Quantenfeld* einen Eindruck der Vorgehensweise zu vermitteln versuchen.

Aus meiner Sicht ist es so sehr wichtig, unsere Liebesblockaden zu lösen, bevor wir uns auf eine neue Beziehung einlassen. Warum? Weil wir sonst wahrscheinlich die nächste Schleife drehen. Was womöglich wundervoll beginnt, endet dann irgendwann ähnlich wie die vorige(n) Beziehung(en): Wir haben den gleichen Typ Mann in unser Leben gezogen, und die Grundthemen in unseren Beziehungen sind dieselben.

Je mehr du dich aber entwickelst – allein das Wort ›entwickeln‹ beschreibt es schon sehr schön –, desto mehr kommst du in Kontakt mit deiner puren Essenz. Du fühlst dich immer besser, wirst lebenslustiger, und in der Folge ziehst du auch neue Menschen in dein Leben, die zu deiner neuen Schwingung passen; das gilt natürlich auch für die Männer in deinem Leben.

Je bewusster du selbst wirst, desto bewusster werden die Männer sein, die du anziehst – bis schließlich dieser eine, besondere Mann kommt, der dein Herz erobert, und irgendetwas in dir wird wissen, dass ›er‹ es ist und dass du angekommen bist. Wie ich schon schrieb: Es ist sehr schlau, auch dieses innere Wissen zu manifestieren, dass ihr euch als zukünftiges Paar sogleich erkennt und zusammenbleiben wollt.

Nutze also die Zeit des Single-Daseins, um dich zu entwickeln – dich ›auszuwickeln‹ aus den Zwiebelschalen deiner teilweise vererbten hinderlichen Programmierungen.

Ich kann es dir gar nicht oft genug ans Herz legen: Kümmere dich um deine Liebesblockaden!

***

Sonja hatte inzwischen ihr Date mit Stefan. Ich frage sie, ob sie mir erzählen möchte, wie es gelaufen ist, und sie sagt: »Ja, das wäre schon gut, weil ich ... ehrlich gesagt ... ziemlich verwirrt bin.« Ich hake nach, was sie so verwirrt hat, und sie erklärt: »Er hat mich mit dem Auto abgeholt, dann sind wir in ein schickes Restaurant gegangen. Stell dir vor, je länger unser Gespräch dauerte, desto mehr fiel mir auf, wie ähnlich Stefan Alfons ist! Das war geradezu unheimlich. Stefan erinnerte mich unglaublich an Alfons, als wir uns kennenlernten: seine Art, zu reden und überwiegend von sich selbst zu erzählen, seine Art, für mich zu bestellen, über meinen Kopf hinweg, lauter so Kleinigkeiten.«

Ich muss lachen, sodass Sonja wissen will, was denn so lustig sei. Ich beruhigte sie: »Ich erkläre es dir gleich, ich habe da so eine Idee. Aber erzähl einfach weiter!«

Sonja berichtet: »Ich ließ mir nichts anmerken und dachte an deine Worte, dass ich es einfach genießen solle, egal, wie es läuft und was daraus wird. Also entspannte ich mich und dachte nur, dass das vielleicht bloß ein Zufall ist, und so hatten wir eigentlich einen ganz netten Abend. Stefan ist im Grunde sehr charmant und zuvorkommend, und er flirtete mit mir, was mir sehr viel Spaß machte. Nach dem Essen schlug Stefan vor, noch ein wenig spazieren zu gehen, und da es ein lauer Sommerabend war, fand ich, dass das ein gelungener

Abschluss sein könnte. Ich wollte auf Nummer sicher gehen und nicht gleich in seinem Bett landen, also beschloss ich, diesbezüglich keine Anstalten zu machen. Wir schlenderten durch die Stadt, durch die kleinen Gassen, kauften uns auf dem Weg ein Eis und setzten uns schließlich auf eine Bank am Flussufer. Es war superromantisch, die Sterne funkelten am nachtklaren Himmel, irgendwo war Musik zu hören, und wir unterhielten uns. Und dann küsste er mich, und ich fiel fast rücklings von der Bank – du weißt, was jetzt kommt ... Stefan küsst wie Alfons!«

Nun lachen wir beide. Ich sage zu Sonja: »Mach dir keine Sorgen! Es wundert mich nicht, es ist sogar irgendwie logisch.« Also erkläre ich Sonja, dass sie sich seit der Trennung von Alfons zwar schon sehr verändert habe, aber ihre vererbten Liebesmuster offenbar immer noch wirksam seien, und dass es unerlässlich sei, diese Blockaden aufzulösen.

Der Verstand möchte generell gerne ›verstehen‹. Um Sonjas Verstand zu beschäftigen, gab ich ihr zur Vorbereitung auf unsere nächste Sitzung ein paar Aufgaben zur Selbsterforschung mit auf den Weg. Fühle auch du dich angesprochen und beantworte die folgenden Aufgaben. Nimm dein magisches Buch und schreib deine Antworten hinein.

Als dein Love-Coach ist es mein Anliegen, dich dabei zu begleiten, das zu tun, was du noch nie getan hast, um das zu erreichen, was du noch nie erreicht hast. Nämlich zu der Frau zu werden, die in dir steckt: anziehend, sexy und mit einer so umwerfenden Ausstrahlung, dass du wie von selbst deinen Traummann magnetisch in dein Leben ziehst. Dazu musst du dich selbst zutiefst kennenlernen.

Selbsterforschung und deine Glaubenssätze

Nimm dein Notizbuch und einen Stift zur Hand und schreibe ein paar deiner Glaubenssätze auf. Hier ein paar Beispiele:

- Männer wollen nur ›das eine‹.
- Männer wollen nur jüngere Frauen mit schönem Körper.
- Männer wollen nur heiße Affären.
- Liebe tut weh.
- Letztendlich verlässt er mich doch wieder.
- Ich hab's nicht verdient, geliebt zu werden.
- Keiner will mich!
- Alle verlassen mich.
- [...]

Und nun schreibe die Namen all der Männer auf, die für dich in irgendeiner Form sehr wichtig waren. Was sind ihre Gemeinsamkeiten?

Frage dich, warum du immer wieder dieselben unglücklichen Liebesgeschichten erlebst und den gleichen Typ Mann in dein Leben ziehst. Es könnte z.B. sein, dass du immer wieder betrogen wirst oder dass die Männer, denen du begegnest, nicht hundertprozentig zu dir stehen oder dich sogar schlecht behandeln. Es scheint wie verhext zu sein, und es kann sogar sein, dass du schon alles Mögliche unternommen hast, um deine negativen Glaubenssätze in positive zu verwandeln, aber nichts hat bisher funktioniert.

Lass uns der Tatsache ins Auge blicken: Wir beide wissen, dass deine Glaubenssätze, Muster und Blockaden nicht mehr zeitgemäß sind. Aber die Erkenntnis allein bringt dich nicht weiter, oder?

Und vielleicht kennst du einen Teil deiner hinderlichen Programmierungen und Glaubenssätze ja ziemlich genau und hast versucht, dich selbst umzuprogrammieren; du sagst dir hundertmal am Tag: »Ich bin es wert, geliebt zu werden«, trotzdem ändert sich nichts.

Ehrlich gesagt, es ist nicht leicht, ohne professionelle Hilfe an die Themen heranzukommen, die in deiner Kindheit oder sogar vorgeburtlich entstanden sind oder die du womöglich von deinen Vorfahren geerbt hast.

Angenommen, du bekämst die nötige Hilfe, um deine Liebesblockaden zu lösen und deine Herausforderungen zu meistern: Was würde das für dein Leben bedeuten? Wie würdest du dich fühlen? Was könntest du alles machen, was dir jetzt noch nicht möglich ist?

LIEBESBLOCKADEN

Liebesblockaden und hinderliche Beziehungsmuster entstehen zum Großteil in der Kindheit oder vorgeburtlich; sie können auch vererbt sein. Bei all den Clearings, die ich geleitet habe, kam es nicht nur einmal vor, dass sich in diesen tiefen Prozessen Bilder zeigten, die wie aus einem anderen Leben zu sein schienen. Eben dies macht es auch mitunter nicht leicht, an die Wurzel zu kommen. Die meisten Beziehungs-Coachs arbeiten mit dem inneren Kind; vielleicht hast du diesbezüglich schon Erfahrungen gesammelt.

Inneres Kind und Persönlichkeitsanteile

Aus meiner Sicht und aus Erfahrung kann ich nur sagen: Viele unserer inneren Anteile verharren irgendwo in uns immer noch in der Schockstarre und warten auf Erlösung. Übrigens arbeiten auch Schamanen und kundige Weise in diesem Feld. In Ritualen und schamanischen Reisen holen sie die verlorenen Seelenanteile zurück – das ist im Grunde der gleiche Ansatz.

Epigenetik – vererbte Beziehungsmuster

Wo es um vererbte Muster und Blockaden geht, kannst du mit dem Verstand bzw. mit kognitiven Fähigkeiten nicht viel ausrichten. Theoretisch kann ein Thema, das dir zu schaffen macht, in deiner Ahnenlinie sehr weit zurückreichen. Das hat im Übrigen nichts mit Esoterik zu tun. Seit Jahren untersucht das Max-Planck-Institut für Psychiatrie in München die epigenetische Vererbung, also die Frage, wie Erfahrungen der Eltern einen Einfluss auf die Gene der Nachkommen haben.

Prof. Dr. Alon Chen vom Max-Planck-Institut: »Wenn wir uns beispielsweise die dritte Generation von Holocaust-Überlebenden ansehen oder die Enkelkinder von Soldaten aus dem Zweiten Weltkrieg, sehen wir noch immer epigenetische Spuren der Traumata. Diese führen schließlich dazu, dass diese Menschen ängstlicher oder anfälliger für stressbedingte Krankheiten sind.«[2] Da Traumata vererbt werden können, gilt das Gleiche für hinderliche Programmierungen und Blockaden. Und wie kommt man an diese Muster heran? Nicht mit herkömmlichen Mitteln, sondern nur über die Arbeit im Quantenfeld.

Auflösen der eingeschlossenen Emotionen und Muster
Mit etwas Glück können wir in einer einzigen Coaching-
oder Clearing-Sitzung die Wurzel finden und lösen; meist ist
es jedoch ein längerer Prozess, weil Zwiebelschale um Zwiebelschale gelöst werden muss, um schließlich zur Essenz zu
gelangen. Und doch ist der Zeitraum verschwindend klein im
Vergleich mit all den Jahren, in denen uns die Blockaden be-
hindert haben.

Nachdem ich dir von den vererbten bzw. hinderlichen Be-
ziehungsmustern erzählt habe, verstehst du auch, warum die
herkömmliche Herangehensweise eher selten eine tiefgreifende Veränderung bringt. Faszinierend ist auch, dass sich z.B.
nach der Lösung von Blockaden, die mit dem Liebesthema
verbunden sind, oft in anderen Bereichen ebenfalls sehr viel
zum Guten hin tun kann. Das ist nicht verwunderlich, da alles über das morphogenetische Feld zusammenhängt.

Vielleicht hast du vom ›Butterfly-Effect‹ gehört. Der ame-
rikanische Meteorologe Edward N. Lorenz hielt 1972 vor der
American Association for the Advancement of Science einen
Vortrag mit dem Titel *Vorhersagbarkeit: Kann der Flügel-
schlag eines Schmetterlings in Brasilien einen Tornado in
Texas auslösen?* Die Wissenschaft sagt: Ja, rein theoretisch
ist das möglich. Ein Hauch von Änderung im Feld kann demnach umwerfende Auswirkungen haben.

Clearing – Arbeiten im Quantenfeld
Ich konnte mir selbst in meinen dunkelsten Stunden dank der
Transformations-Werkzeuge helfen, die ich kenne, und aus
einer höheren Warte betrachtet, ergibt all der Schmerz, den

ich durchlitt, einen Sinn, denn ich wusste sofort, dass ich diese Werkzeuge nicht nur für mich nutzen darf; ich weiß, mir wurde geholfen, um anderen zu helfen. Das Geniale am Clearing-Prozess ist, dass er einen Klärungsprozess auf Quantenebene initiiert. Was auch immer dabei ans Licht der Wahrheit kommt, wird gleichzeitig erlöst und die Energie kann wieder frei fließen.

Das Thema, das dabei geklärt wird, nachdem sich jemand schon so lange damit herumgeschlagen hat, muss noch nicht mal sein eigenes sein, er kann es auch ›geerbt‹ haben. Das heißt, wir kümmern uns bei so einem tiefen Transformationsprozess um die Ursachen, an die wir mit Logik und dem kognitiven Verstand nie und nimmer herankommen. Vererbte Blockaden sind es, die uns an unserem Liebesglück hindern. Ein willkommener Nebeneffekt von deren Auflösung ist es, dass du immer besser herausfindest, wie du wirklich leben willst und was für ein Typ Mensch du bist.

In der Folge wirst du neue Menschen in dein Leben ziehen, Männer, die viel besser zu deiner veränderten Ausstrahlung passen, als die, die zu deinem alten Ich gepasst haben. Klingt das nicht wundervoll?

Sollte es dich überraschen, dass wir vieles sogar von unseren Vorfahren genetisch vererbt bekommen, empfehle ich dir eine Doku auf YouTube: *Vererbte Narben – Generationsübergreifende Traumafolgen (2017)*. Eine meiner sehr einfachen Methoden, die ich bei mir und anderen anwende, geht genau an diese Wurzeln. Die große Herausforderung liegt nämlich darin, dass wir an die Themen, die wir ›geerbt‹ haben, rational nicht herankommen. Es ist aber enorm wichtig, mit diesen Themen zu arbeiten, weil sie uns vehement blockieren; solange sie da sind, brauchen wir uns nicht zu wundern, warum wir mit dem Auf- und Umschreiben unserer hinderlichen Glaubenssätze nicht weit kommen.

Der Prozess des Clearings

Ich weiß, du möchtest wissen, was ich denn eigentlich mache, wenn ich ein Clearing durchführe. Ich will hier gerne versuchen, den Prozess zu beschreiben, allerdings können Worte nicht wiedergeben, was geschieht. Man muss es erleben und fühlen. Wenn Schamanen ihre Arbeit im energetischen Feld eines Menschen verrichten, können sie ebenfalls schwer beschreiben, was dabei genau geschieht. Energien verschieben sich, Störfelder verschwinden, das ist für den Klienten körperlich fühlbar.

Du kannst diesen Prozess im Alleingang machen, wenn du eine meiner Audios verwendest, wo ich die *Stille energetische Arbeit*, die *Silent Prayers*, die durch die Wortwahl gleichsam wie codiert sind, untergemischt habe. Ich war auf der Suche nach einer guten Lösung und bin sehr dankbar, sie gefunden zu haben, sodass du dir auch selbst helfen kannst.

Ich möchte betonen, dass ich mich nicht als Heilerin bezeichne – ich leite die Menschen nur durch den Prozess. Die ›Arbeit‹ macht die Quelle, die höhere Intelligenz, die Schöpferkraft, an die ich mich wende, während sich die Klientin auf ihren langsamen Atem und ihre Körperempfindung konzentriert. Natürlich kannst du dich auch selbstständig an die Quelle wenden – das tust du bereits, wenn du im täglichen Leben betest.

Es würde dich in höchstes Erstaunen versetzen, zu wissen, wie viele Wesen an so einem Prozess beteiligt sind: all deine Ahnen, alle Versionen von euch in allen Zeiten, Leben und Dimensionen. Aber da das Beste zum höchsten Wohl aller geschehen soll, musst du verstehen, dass du allein mit der Wahrnehmung deiner Körperempfindung und der Konzentration auf deinen extrem langsamen Atem, der eine Schlüsselrolle spielt, enorm beschäftigt bist.

Hier nun der Ablauf. Stell dir vor, du säßest mir gegenüber: Ich frage dich, was dich in diesem Moment genau beschäftigt. Normalerweise findest du ganz schnell dein Thema, weil die Quelle bereits mit dir beschäftigt ist. Nachdem du das Thema benannt hast, bitte ich dich, dazu eine Körperempfindung zu finden – also Druck, Enge, Hitze, Kälte, ein Kribbeln, ein magnetisches oder elektrisches Gefühl.

Warum arbeiten wir hier nicht mit dem Gefühl bzw. der Emotion, die du fühlst? Also mit Wut, Traurigkeit, Ärger ...? Ganz einfach: Weil wir damit eine Bewertung abgeben würden. Es ist, als würden wir ein Etikett mit der Aufschrift ›Erdbeere‹ auf ein Marmeladenglas kleben. Die Marmelade wäre in diesem Fall die Körperempfindung zu dem Gefühl, das als Label auf dem Glas steht. Fakt ist, durch den Prozess verändert sich die Marmelade und wird zu ›Himbeere‹. In unserem Fall würde sich die Energie, an der wir arbeiten, vielleicht zunächst als Wut zeigen. Wir arbeiten daran, und die Wut verändert sich und wird womöglich zu Trauer.

Der zweite Grund ist, dass wir nur über die Körperempfindung an den Trigger herankommen, der für den energetischen Match im Hier und Jetzt verantwortlich ist. Denn irgendwo gab es mal einen Auslöser für dein Problem. Das

Problem selbst ist meist nur der Spiegel dessen, was irgendwann in deinem eigenen oder in einem deiner anderen Leben oder im Leben deiner Vorfahren passiert ist und was dafür sorgt, dass deine Energie hier ›eingefroren‹ ist. Ein Part von dir hängt hier immer noch fest. Die Schamanen sprechen von ›Seelenrückholung‹, wenn sie mit diesen inneren Teilen von dir arbeiten.

Stell dir vor, du hast dich als Vierjährige unter deinem Bett versteckt, weil sich deine Eltern gestritten haben und etwas lauter geworden sind. Du bist zu Tode erschrocken, und du hast dich womöglich sogar schuldig gefühlt, denn kleine Kinder glauben oft, sie hätten etwas angestellt, weswegen die Eltern streiten oder traurig sind oder, oder ... Du hast unter dem Bett ausgeharrt, warst erstarrt vor Angst und sagtest vielleicht zu dir selbst: »Ich habe Angst.« Vielleicht war die Szene selbst gar nicht so dramatisch, wie sie dir als kleinem Mädchen erschien, doch für dich war sie traumatisch, und so bist du in eine Schockstarre gefallen. Wenn sich die Energie daraufhin nicht wieder lösen ließ – erinnere dich an das neurogene Zittern der Antilope –, dann sitzt dieser kindliche Teil von dir – energetisch – immer noch als Vierjährige unter dem Bett, und du fürchtest dich zu Tode.

Nun ist dieses Erlebnis ja nicht das einzige schreckliche in deinem Leben. Hinzu kommen außerdem die Erlebnisse deiner Vorfahren, die womöglich als Imprint in deiner DNA abgespeichert sind. Die Wissenschaft der Epigenetik beschäftigt sich mit diesen vererbten Themen und Traumata. Und wir sprechen hier nicht ›nur‹ von sieben Generationen, sondern wer weiß, wie lange sich eine Familienthematik schon durch die Jahrhunderte oder sogar Jahrtausende zieht?

Das Ziel des Clearings ist es, diese stockende Energie in Fluss zu bringen und sie zu integrieren, damit sie dir wieder zur Verfügung steht und damit du das offensichtliche Thema nicht mehr brauchst, das dich zum Clearing geführt hat. Sobald wir an die ›Wurzel‹ herangekommen sind und die Energie befreien konnten – dieser Veränderungsprozess ist körperlich fühlbar –, kann sich die Klientin mitunter nicht einmal mehr an das Thema erinnern, das sie ursprünglich belastet hat.

Nun aber zurück zum Prozess; kommen wir auf das Beispiel des kleinen Mädchens zurück, das sich unterm Bett verkrochen hat.

Nachdem du dein Thema benannt hast und ich dich gebeten habe, in deinem Körper eine Empfindung wahrzunehmen, sagst du vielleicht so etwas wie: »Ich fühle einen Druck in der Magengegend (oder eine Enge im Hals oder eine Verspannung in den Schultern …).« Die Körperstelle, die du nennst, gibt mir Aufschluss über die Thematik, die hinter dem ursächlichen Problem stecken kann, sodass ich mich explizit auf diese Thematik konzentriere.

Ich bitte dich dann noch, die Intensität der Körperempfindung auf einer Skala von 0 bis 10 zu nennen. Dieser Referenzwert hilft uns später zusätzlich, die Veränderung wahrzunehmen.

Du sagst zum Beispiel, du empfindest den Druck in der Magengegend sehr intensiv, mit einer Stärke von 9. Dann bitte ich dich, deine Augen zu schließen, ganz normal in diese Empfindung hineinzuatmen und das Bild wahrzunehmen, das nun vor deinem inneren Auge erscheinen mag. In diesem Fall kommt die Szene vor dein geistiges Auge, wo du als

Vierjährige unter dem Bett sitzt. Ich selbst bin schon in allen möglichen Szenen gelandet, sei es in anderen Leben oder in einem Leben eines meiner Vorfahren. Was man sieht, ist gar nicht so wichtig, es geht vielmehr um den Stress, den man ›damals‹ empfunden hat.

Vielleicht fühlst du diesen Druck in deiner Magengegend, weil die Kleine ihr Stofftier ängstlich an sich gedrückt hat. Du musst emotional gar nicht noch einmal in die Szene hineingehen, das heißt, es besteht keine Gefahr einer Re-Traumatisierung; außerdem achte ich auf dich, entweder face to face oder via Zoom, Skype oder Facetime, sodass du dich dem Prozess vertrauensvoll hingeben kannst. Meist siehst du die Szene, um die es geht, von außen als Beobachterin und bist nicht als Protagonistin in der Szene. Wenn du möchtest, erzählst du mir, was du siehst, du musst es aber nicht tun.

Das Wichtigste ist der Schlüsselsatz, den du in dieser Szene zu dir selbst gesagt hast. In diesem Fall sagt die Vierjährige: »Ich habe Angst.« Und nun ereignet sich die Befreiung. Wir krabbeln nämlich – bildlich – gemeinsam zu dem kleinen Mädchen unters Bett, nehmen sie und ihr Gefühl wahr und geben ihr eine Stimme; sie kann endlich aussprechen, was sie schon so lange Zeit empfindet.

Die Magie geschieht: Ich bitte dich nun, in diesen Satz ›Ich habe Angst‹ sehr, sehr langsam und tief ein- und auszuatmen, dich dabei total auf die Körperempfindung – also hier den Druck im Magen – zu konzentrieren, um auch die Veränderung wahrzunehmen, und während du das tust, arbeite ich still. Das heißt, es geht dabei auch ganz viel um Vergebungsarbeit, also ein ›Übergeben‹ der Themen an die höhere Intelligenz. Ich bitte dein höheres Selbst bzw. die Quelle selbst um

Unterstützung für dich und deine Ahnen. Denn wenn du an diesen Themen arbeitest, befreist du auf energetischer Ebene auch deine Vorfahren von dem Thema. Und dies hat natürlich zugleich Auswirkungen auf deine Nachkommen, das heißt, deine Kinder müssen sich wohl nicht mit derselben Thematik herumplagen.

Der langsame Atem ist – neben deiner Körperempfindung – die Verbindung zur Quelle. Auf körperlicher Ebene beruhigt der Atem den Vagusnerv, einen sehr langen Hirnnerv, der vom Hirnstamm durch den Brustbereich, entlang der Luftröhre bis in den Bauchraum reicht und der den Großteil der Körperfunktionen steuert; entlang seines Weges gibt es Abzweigungen zu den einzelnen Organen: zum Herzen, zu den Lungen, zum Magen-Darm-Trakt. Insgesamt besteht der Vagusnerv aus circa 100.000 einzelnen Nervenfasern, die die Organe durchziehen. Zudem gehört er zum parasympathischen Nervensystem, das wiederum für den Ausgleich zum Sympathikus, dem anregenden Teil des Nervensystems, sorgt. Ist der Vagusnerv geschwächt, nimmt der Sympathikus überhand, was zu vielen physischen und psychischen Beschwerden führen kann, wie Depressionen, Angstzustände, Müdigkeit und Abgeschlagenheit, chronische Entzündungen.

Der langsame, bewusste Atem, bei dem du idealerweise etwa eine halbe Minute ein- und eine halbe Minute ausatmest, stimuliert deinen Vagusnerv – dein System entspannt, und idealerweise hat auch dein Verstand Sendepause. Du bist vollkommen im Hier und Jetzt und machst wortwörtlich einen Quantensprung von deiner jetzigen Realität – in der das Thema, das sich wie ein roter Faden durch dein bisheriges Leben gezogen hat, sehr relevant gewesen ist – in eine neue

Realität, wo das Thema kein Thema mehr ist. Für dich nicht, für deine Vorfahren nicht und auch nicht für deine Nachkommen.

Am Ende des Prozesses frage ich dich, ob du eine Veränderung in der Körperempfindung wahrnehmen kannst. Oft kann die Klientin Hitze wahrnehmen; das wiederum sagt mir, dass in ihrem Körper ein alchemistischer Prozess stattgefunden hat. Meist ist danach die Referenzzahl auf der Skala von 0 bis 10 auch niedriger.

Ein Durchgang des Prozesses dauert in der Regel rund 10 Minuten. Sollte sich im Empfinden der Klientin nicht viel getan haben oder sollte sich eine neue Schicht zeigen – dies äußert sich oft dadurch, dass die Empfindung in einen anderen Teil des Körpers ›wandert‹ –, wird das Clearing fortgesetzt. Der Eindruck, es habe sich nicht viel getan, täuscht insofern, als sich vielmehr ein neues Thema, eine neue Schicht bemerkbar macht, die bislang unter oder hinter der vorigen Schicht verborgen war. Du kannst dich freuen, denn ein Thema hat sich gelöst und ein neues zeigt sich an einer anderen Stelle deines Körpers.

Solange ein Referenzwert auf der Skala von 0 bis 10 noch über 3 liegt, gehen wir erneut durch den Prozess. Meist reichen bei einer Session 2 bis 3 Durchgänge, das heißt, eine Session dauert selten länger als 30 Minuten. Nicht selten wird danach eine ziemlich starke Müdigkeit bemerkbar – ein Zeichen dafür, dass wahrhaft viel geschehen ist und der Prozess nachwirkt; die Quelle arbeitet weiter an dir, so wie es im Augenblick gut für dich ist, so wie es dir und deiner Entwicklung dienlich ist.

Liebesblockaden hängen nach meiner Wahrnehmung sehr oft mit anderen Themen zusammen. Ich habe dir bereits kurz von Sabine erzählt, um deren Liebesblockaden wir uns im Rahmen von Clearings gekümmert haben. Als Folge davon löste sich bei ihr zugleich ein Geldthema. Ich staune immer wieder über die Beweise, dass letztendlich alles zusammenhängt.

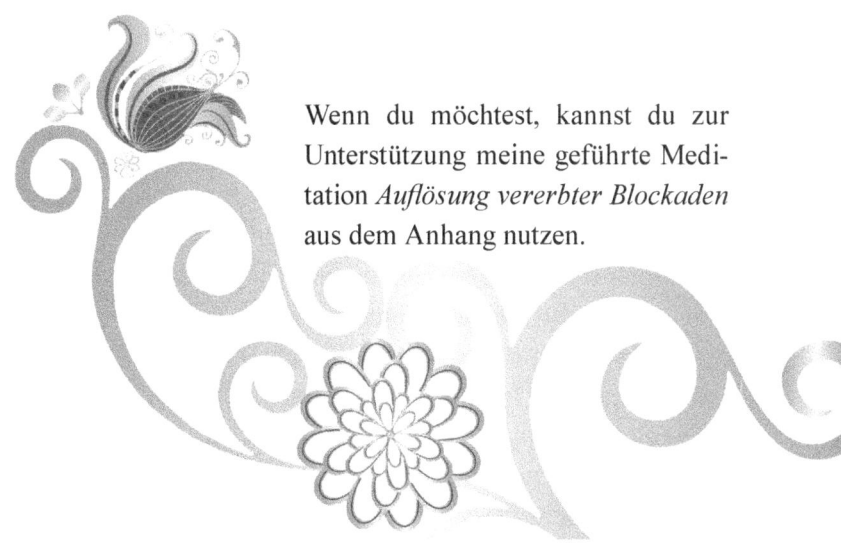

Wenn du möchtest, kannst du zur Unterstützung meine geführte Meditation *Auflösung vererbter Blockaden* aus dem Anhang nutzen.

Hypnose und NLP

Hypnose fasziniert mich schon sehr lange. In jungen Jahren ließ ich mich wegen meiner hartnäckigen Bronchitis des öfteren hypnotisieren. Sie tauchte immer dann auf, wenn ich kurz vor einem Auftritt stand und sie verhinderte, dass ich als Sängerin mein volles Potential auf die Bühne bringen konnte. Die Hypnosen wirkten und heute habe ich nie Probleme vor Auftritten. Allerdings kam es zu einer Symptomverschiebung, d.h., dass ich zwar keine Bronchitis mehr bekam, dafür aber zunahm. Der Grund dafür ist mir heute völlig klar. Bei der ›Old-School Hypnose‹, mit der meine damalige Therapeutin arbeitet, setzte sie Suggestionen ein, die mir eingeflößt wurden, als ich mich in tiefer Trance befand. Doch hatte mein Unterbewusstsein eigentlich nur eines im Sinn. Es wollte mich schützen, warum auch immer. Vermutlich vor den begehrlichen Blicken der Männer und deswegen war seine Strategie, mich krank werden zu lassen, damit ich nicht auf die Bühne konnte. Die Alternative war dann das Übergewicht, auch da war ich vor gefühlten Übergriffen geschützt.

Als ich dann meinen Hypnose- und NLP Lehrer Ali Campbell kennenlernte und meine Ausbildungen bei ihm machte, kam ich selbst in den Genuss einer Hypnose beim Meister selbst. Ali hilft Berühmtheiten wie Katie Perry oder anderen Rock- und Filmstars, selbst englische königliche Hoheiten nehmen seine Dienste in Anspruch. Und da ich gerne von den Besten lerne, war es ganz klar, wohin die Reise geht. Als Ali mich via Zoom hypnotisierte und ich mir die Session zusammen mit anderen Studenten ansah und er erklärte, was der Unterschied zur ›Old School Hypnose‹ ist, da war ich so berührt und dankbar, dass ich auch diesen Weg gewählt hatte und nun selbst die Menschen von Symptomen wie Schlaflosigkeit, Angst, Phobien, Abhängigkeiten usw befreien darf.

Ich konnte bei meiner eigenen Hypnose wahrnehmen, wie der Wächter meines Unterbewusstseins bildlich die Arme verschränkte und sagte: »Wie, du willst was verändern? Warum sollte ich das zulassen? Läuft doch alles gut, Tanja ist beschützt«. Doch liegt der Unterschied im Umgang mit dem

Unterbewusstsein. Bei der ›Old School Hypnose‹ wird dem Unterbewusstsein suggeriert, es soll das und das verändern, dabei kann schon Widerstand aufkommen oder eben eine Symptomverschiebung.

Wenn ich jemanden hypnotisiere, bedanke ich mich beim Unterbewusstsein für die Dienste und das Wohlwollen und bitte in Folge um einen neuen, gesünderen Weg, um dieselbe Absicht zu erfüllen. Der Umgang ist so respekt- und liebevoll, sodass Veränderung unweigerlich geschieht und wir müssen noch nicht mal wissen, welchen Weg das Unterbewusstsein wählt. Als ich bei meiner eigenen Hypnose sehen konnte, was geschieht, war sofort klar, dieses Tool nehme ich auf in meine Praxis. Als ich die erste Hypnose bei jemanden durchführte, fühlte es sich an, als hätte ich nie etwas anderes gemacht.

Bei NLP – Neurolinguistisches Programmieren – ist es ähnlich, auch hier hat Ali Campbell eine modernere Form kreiert, die ähnlich wie Hypnose funktioniert, nur, dass der Klient hier nicht in eine tiefe Trance geführt wird. Je nachdem, wie ein Mensch die Welt wahrnimmt – visuell, auditiv oder kinästhetisch – passe ich die Wortwahl und das Prozedere an den jeweiligen Menschen an und auch hier sind erstaunliche Transformationen bei Menschen zu bemerken.

Hypnose und NLP beziehen sich also auf dieses Leben, Ahnen-Clearing ist noch umfassender und holistischer. Alle drei Methoden sind unglaublich kraftvoll und effektiv, ohne dass der Klient das traumatische Erlebnis, das als Auslöser gesehen werden kann, nochmals erleben muss und somit auch nicht die Gefahr einer Retraumatisierung besteht.

Und der größte Vorteil liegt in der Effektivität und Schnelligkeit, in der Veränderung geschehen kann. Oft genügen nur ein bis drei Sessions, um eine tiefgreifende Transformation herbeiführen zu können.

FORMEN DER LIEBE

Bevor wir den Rapunzel-Turm vollends verlassen, um uns die Prinzen zu schnappen, wollen wir schauen, welche Liebestypen es gibt.

Das wohl bekannteste Modell zu diesem Thema stammt von John Alan Lee, einem emeritierten Soziologie-Professor der Universität Toronto. Sein berühmtestes Buch heißt *Colours of Love*[3]. Es ist nur ein Konzept von vielen, und tatsächlich vermischen sich die Stile, die ich im Folgenden kurz beschreibe, in den meisten Partnerschaften oder sie verändern sich im Lauf der Zeit.

Eros: Die leidenschaftliche und die romantische Liebe

Menschen, die sich zu dieser Form der Beziehung hingezogen fühlen, empfinden in der Partnerschaft oft eine starke körperliche, sexuelle Anziehung; die emotionale Bindung zum Partner ist sehr wichtig, die Sehnsucht nach körperlicher und seelischer Verschmelzung ist enorm groß. Eros ist übrigens der Lebens- und Liebesstil, der in der westlichen Gesellschaft am meisten gesucht wird.

Problematisch in der Partnerschaft ist allerdings, dass die Intensität der Anziehung im Lauf der Zeit abnimmt. Dennoch ist es möglich, dass sich diese Liebesform in eine andere transformiert bzw. sich auch eine sehr viel tiefere Liebe zwischen dem Paar entwickelt.

Aus meiner Sicht kann man dieses Prickeln leichter am Leben erhalten, wenn man nicht zusammenlebt und immer wieder dafür sorgt, dass die Sehnsucht nach dem Partner erhalten bleibt. Innerhalb eines gemeinsamen Haushaltes wäre es von Vorteil, aus denselben Gründen getrennte Schlafzimmer zu wählen, damit jeder die Gelegenheit hat, in seine eigene Energie zurückzukommen.

Storge: Die freundschaftliche Liebe, die auf einem tiefen Verständnis füreinander beruht

Dies ist wohl die harmonischste Form der Partnerschaft, weil sich die Partner sehr wertschätzen und auf einer tiefen Ebene verstehen. Die Herausforderung ist dabei die oft fehlende Leidenschaft. Die Partnerschaft kann hier sehr lange halten, eben weil sie so harmonisch ist.

Probleme gibt es meistens nur dann, wenn das Herz eines der beiden Partner für jemand anderen entflammt.

Agape: Die altruistische, aufopfernde Liebe

In diesen Partnerschaften geht es um die selbstlose Liebe, um die berühmte ›bedingungslose Liebe‹. Die Liebenden sehen sich gegenseitig als Segen und als Aufgabe. Das Sich-umeinander-Kümmern steht an erster Stelle. Solche Partnerschaften können sehr harmonisch sein.

Problematisch kann es werden, wenn das Gleichgewicht sehr verschoben ist, das heißt, wenn sich einer der beiden Partner sehr um den anderen kümmert, der diese Fürsorge mehr oder weniger ausnutzt.

Mania: Die obsessive, oft auch eifersüchtige Liebe mit extremen Hochs und Tiefs

Die Liebenden haben oft ein sehr geringes Selbstwertgefühl, weshalb Eifersucht und Besitzdenken in diesen Partnerschaften eine große Rolle spielen. Die Partner ›brauchen‹ einander und bringen das auch zum Ausdruck. Es ist quasi ein ständiges Auf und Ab der Gefühle. Tiefe Liebesgefühle und Verschmelzung wechseln sich ab mit Eifersucht und Verlustangst.

Mania-Liebende überwachen den Partner gerne und suchen nach Beweisen für seine Untreue. Diese Form der Beziehung kann sehr anstrengend sein, vor allem, wenn einer der beiden Partner weniger klammert als der andere.

Ludus: Die spielerische, unverbindliche Liebe, zu der auch die freie Liebe zählt

Ludus-Liebende wünschen sich so viel Spaß wie möglich. Meist suchen sie keine feste Beziehung, sondern Abwechslung, das heißt, ein Ludus-Liebender hat oft wechselnde Partnerinnen, womöglich sogar mehrere auf einmal. Der Vorteil einer solchen Beziehung ist die gelebte Leichtigkeit, der Nachteil ist eine gewisse Oberflächlichkeit und die Untreue. Solche Beziehungen halten meist nicht lange.

Dieser Liebesstil ist natürlich sehr aufregend und kurzweilig, allerdings fehlt den Liebenden oft die Tiefe, das heißt, das Herz sehnt sich eigentlich nach mehr. Manchmal entwickelt sich aus dieser Sehnsucht und der Unerfülltheit des Herzens eine Art Obsession bis hin zur Sexsucht.

Pragma: Die pragmatische Liebe, bei der die Partner aus materiellen oder sozialen Gründen zusammenbleiben

Dieser Liebesstil entwickelt sich oft aus dem Eros-Typus, wenn die Jahre vergangen sind und sich die Gewohnheit in der Beziehung breitmacht. Wie viele Paare bleiben zusammen, obwohl die Liebe und die Leidenschaft nicht mehr so groß sind? Oft werden für ein Zusammenbleiben rein pragmatische Gründe ins Feld geführt: das gemeinsame Haus, die Kinder, gemeinsame Schulden usw. Wobei nicht gesagt ist, dass es keine Liebe in der Beziehung mehr gibt – oft entdecken das die ehemaligen Partner erst nach einer eventuellen Trennung.

ALPHA- UND BETA-FRAUEN

Alpha-Frau oder Beta-Frau? Du wirst anhand meiner Beschreibung relativ schnell wissen, zu welcher Gruppe du gehörst.

Alpha-Frauen

Sie sind die geborenen Anführerinnen. Sie sind stark und autonom, sie nehmen sich, was sie wollen, und ihr Lebensstil ist oft luxuriös und aufregend. Alpha-Frauen neigen dazu, ihre männliche, karriereorientierte Seite zu leben. Dabei bleibt das typisch Weibliche auf der Strecke, was oft auch körperlich offensichtlich wird; das heißt, Alpha-Frauen können mitunter etwas unweiblich wirken, vor allem, wenn sie älter sind.

Wenn eine Alpha-Frau zu der ihr innewohnenden weiblichen Urkraft zurückfindet bzw. wenn sie sich mit ihrer Sexualität verbindet, kann sie durchaus sehr verführerisch sein. Alpha-Frauen sind gerne richtige Divas, sie lieben es, wenn ihnen die Männer zu Füßen liegen. Alpha-Frauen sind natürlich auch sehr raumeinnehmend, sie sagen, was sie denken, und sie ›brauchen‹ keinen Mann, um sich gut zu fühlen.

Insofern ist es für eine Alpha-Frau nicht immer ganz leicht, den passenden Partner zu finden, vor allem, wenn sie noch sehr unbewusst durchs Leben geht und ihr ihre Persönlichkeitsentwicklung nicht so wichtig ist. Dann erscheint ihr der Großteil der Männer, der vor allem aus Beta-Männern oder verkappten Alpha-Männern besteht, als zu schwach oder als zu dominant.

Die Männer hingegen wünschen sich als Partnerin oft eine anschmiegsamere Frau, die sich auch mal nach ihnen richtet. Die unbewusste Alpha-Frau tut sich diesbezüglich nicht so leicht. Ihr Credo lautet ja, sie brauche keinen Mann. Das, was sie braucht, nimmt sie sich, auch wenn es nur um Sex geht.

Leider tappen auch Alpha-Frauen – wie generell ihre Geschlechtsgenossinnen – gerne in eine bestimmte Falle: Sobald die Liebe zu einem Mann groß ist, neigen wir Frauen dazu, uns kleinzumachen, uns anzupassen, unser Licht zu dimmen und unsere Stärke nicht zu leben. Das ist für die Alpha-Frau besonders belastend, weil sie ihr natürliches Wesen einfach nicht lebt und sich für den Partner im Grunde total verbiegt. Oft geschieht diese Entwicklung unbewusst – was leider nichts daran ändert, dass die Psyche sehr darunter leiden kann. Daher kommt es dann oft zu einem tragischen Ereignis im Leben der Frau, womöglich ereilt sie ein Weckruf, der sie wieder auf ihre eigene Spur bringen soll. Dieses Signal sollte auf gar keinen Fall ignoriert werden; oft ist er allerdings oh-

nehin so geartet, dass es für die Frau unmöglich ist, in ihrer Komfortzone zu bleiben.

Bewusstere Alpha-Frauen, die bereits hinter die Schleier dieser Realität geschaut haben und sich selbst gut kennen, können sich dem Männlichen besser hingeben, weil ihre weibliche Seite mehr entwickelt ist. Trifft so eine Alpha-Frau auf einen Alpha-Mann und beide haben den entscheidenden Teil ihrer Heldenreise bereits hinter sich, kann diese Beziehung etwas ganz Besonderes sein. Beide begegnen sich auf Augenhöhe, der Austausch ist sehr tief und voller Verständnis füreinander, der Spaß groß, und die Liebesnächte sind hocherotisch, sinnlich und leidenschaftlich.

Beta-Frauen

Sie sind eher die Ruhig(er)en, die Schüchternen, sie spielen sich nicht in den Vordergrund und wünschen sich die starke Schulter zum Anlehnen. Beta-Frauen sind hingebungsvolle Ehefrauen und gute Mütter.

Was bei Beta-Frauen mitunter zu kurz kommt, ist die erotische Ausstrahlung. Oft fühlen Sie sich nicht schön genug, nicht gut genug und sind froh, wenn sie überhaupt einen Mann bekommen. Natürlich resultiert vieles aus dem schüchternen Verhalten in der Kindheit oder Jugend, meistens gab es weder ein ideales weibliches Vorbild noch eine sexuelle Aufklärung. Sexualität wurde nicht als etwas Kraftvolles empfunden, sondern als etwas ›Schmutziges‹, wofür man sich als Frau schämen muss. Gerade Beta-Frauen leiden oft unter einer solchen Prägung oder Programmierung.

Wird eine Beta-Frau allerdings vom richtigen Mann wach-geküsst, kann sie durchaus zu einer sehr erotischen Gespielin werden. Ich vermute sogar, dass es unter all den vielen Beta-Frauen viele verkappte Alpha-Frauen gibt. Wenn ich Frau-en im Coaching ermutige, mal etwas Neues auszuprobieren und zu wagen, fällt mir auf, dass sie an ihrer neuen Freiheit schnell Gefallen finden und Seiten an sich entdecken, von denen sie nicht einmal ahnten, sie zu haben.

Ich finde es unglaublich schön, eine Frau zu beobachten, die erblüht, während sie diese neuen, sinnlichen und spieleri-schen Seiten an sich entdeckt. Ich weiß ja selbst, wie es sich anfühlt, in seine urweibliche Kraft zu kommen, wenn man zuvor jahr(zehnt)elang mit einem Bein auf der Bremse stand und mit dem anderen Gas zu geben versuchte. Es ist überaus energieraubend, gegen seine eigene Natur zu leben. Welch ein Geschenk, endlich zu erkennen, dass wir uns der Liebe wegen so lange Zeit verbogen hatten.

***

Sonja ist gut unterwegs. Wir arbeiten nun etwa vier Monate zusammen, und sie blüht immer mehr auf. Ich bin begeistert. Step by step verfolgen wir gemeinsam den Strategieplan, den ich zu Beginn unserer Zusammenarbeit für Sonja entwickelt habe. Von Anfang an war es mir wichtig, ihr zu vermitteln, dass sie ihrer Vision jeden einzelnen Tag Leben einhauchen sollte und dass wir sehr viel an ihren vererbten Beziehungs-mustern arbeiten werden.

Sonja hat verstanden, dass es ohne die Befreiung von ihren Mustern nicht geht, dass es enorm schwierig, ja im Grunde unmöglich wäre, etwas im Außen zu verändern, solange die alten Muster in ihrem Unterbewusstsein eine so große Wirkung haben. Sonst würde sie immer und immer wieder an Männer wie Alfons und Stefan geraten.

Übrigens – Stefan ist aus dem Rennen. Die Ähnlichkeit mit Alfons war Sonja schließlich doch unheimlich, und so fehlt ihr die Lust, überhaupt auszuprobieren, ob Stefan ihrem Exmann auch im Bett ähnlich ist.

Ein paar Wochen, nachdem Stefan aus Sonjas Leben verschwunden ist, hat sie Markus kennengelernt, einen acht Jahre jüngeren Musiker. Sonja hat relativ schnell erkannt, dass Markus und sie einen grundverschiedenen Lebensstil haben. Ihr ist klar, dass er vermutlich nicht in ihr Leben gekommen ist, um zu bleiben.

Sonja hat sich in den letzten Wochen sehr mit ihrer Situation angefreundet; sie findet ihr Leben angenehm aufregend und spannend; Markus ist ihr als potenzielles Abenteuer willkommen. Er ist ein sehr attraktiver Mann mit einem tollen Body und einigen Tattoos, und wie es dem Klischee eines Rockband-Gitarristen entspricht, trägt er seine blonden Haare lang.

Markus ist ein ›Player‹, ein echter Alpha-Mann, der sich normalerweise einfach nimmt, was er will, und der weiß, wie er auf Frauen wirkt. Zum Glück ist er sehr nett – allerdings eben auch ein Mann, der sich nicht wirklich binden will, weil er die Gelegenheiten beim Schopf packt, die sich ihm bieten.

Sonja hat Markus in einer Musikkneipe kennengelernt. Alleine wäre Sonja niemals dorthin gegangen, doch ein paar neue Freunde haben sie an jenem Abend mit zum Konzert geschleift. Markus ist der Frontmann seiner Band, er hat eine männliche, raue Blues-Stimme, und er spielt seine Gitarre wie ein wahrer Star. Die Frauen liegen ihm – metaphorisch gesprochen – zu Füßen.

Sonja hat ihn von Anfang an unglaublich sexy gefunden, gleichzeitig stört sie der Altersunterschied doch ein wenig. Zum Glück hat sie kurz an mich gedacht und dass ich sie ermutigen würde, zu tun, worauf sie Lust hat. »So what?!«, ging es ihr durch den Sinn; sie hat einen großen Schluck aus ihrem Weinglas getrunken, eine verführerische Pose eingenommen, ohne zu übertreiben, und Markus beobachtet.

Wenn er auf der Bühne steht und seine Musik spielt, ist er total im Flow und nimmt außer seiner Band nichts wahr, auch nicht die Mädchen, die ihn anhimmeln. Aber an jenem Tag ist es irgendwie anders gewesen. Kurz vor der Pause hat die Band eine selbst komponierte Rockballade gespielt. Markus' rauchige Stimme hat Sonja direkt ins Herz getroffen. Er hat mit geschlossenen Augen den Song gesungen, den er offenbar sehr liebt. Aus irgendeinem Grund hat er nur kurz die Lider geöffnet ..., sein Blick ist auf Sonja gefallen, er ist in ihren Augen versunken und hat sie während des gesamten restlichen Songs immer wieder angeschaut.

Da ist etwas in der Luft gelegen – das haben auch die anderen gespürt. Es ist wie im Film gewesen: Sonja und Markus sind förmlich ineinander versunken, und die Mädchen haben mit eifersüchtigen Blicken reagiert. Als die Band in die Pause gegangen ist, hat Markus etwas getan, das er sonst sehr selten tut. Normalerweise geht er Backstage, um zu rauchen und Bier zu trinken. Doch diesmal hat er seine Gitarre abgestellt, ist von der Bühne gesprungen und direkt auf Sonja zugegangen.

Markus ist fasziniert von dieser schicken Lady, die eigentlich überhaupt nicht in diese Bar passt. Aber genau das findet er spannend. Sonja ist völlig anders als die Frauen, die sich normalerweise für ihn interessieren. Sie hat etwas Edles, etwas Besonderes. Er ist fast ein wenig schüchtern, als er vor Sonja steht, und bekommt kein Wort heraus.

Nachdem Sonja mittlerweile souverän auf Männer zugehen kann, macht sie den ersten Schritt und stellt sich ihm vor. Sie sagt: »Hi, ich bin Sonja. Ich war schon ewig in keiner Bar mehr. Ich liebe Musik, und ich finde deine Band klasse!«

Markus lächelt, er freut sich sehr über das Kompliment, weil er fühlt, dass Sonja es ernst meint. Er sagt: »Ich bin Markus ..., und ich finde, du bist unglaublich schön.«

Das Eis ist gebrochen, die beiden flirten miteinander. Sonjas Freunde ziehen sich etwas zurück; sie freuen sich für Sonja über die besondere Begegnung. Markus fragt Sonja, ob sie denn bleibe, bis das Konzert zu Ende ist, und Sonja antwortet: »Klar, das lasse ich mir doch nicht entgehen!« Während des restlichen Konzerts hat Markus nur Augen für Sonja, und sie ist ganz aufgeregt, weil sie ahnt, dass diese Nacht noch sehr aufregend werden könnte.

***

Nun wollen wir uns die Männertypen ansehen – hier reicht es aus meiner Sicht ebenfalls, zu wissen, dass es im Grunde zwei Typen von Männern gibt.

ALPHA- UND BETA-MÄNNER

Auch hier gilt: Die Grenzen sind oft fließend, und aus meiner Sicht sind jede Menge verkappter Alpha-Männer unterwegs, denen dieser Status schon in der Kindheit aberzogen wurde. Rebellische kleine Jungs werden von den Erziehenden gerne glattgebügelt, damit sie besser in die Gesellschaft passen. Womöglich sucht sich dieser nicht gelebte, versteckte Part einen anderen Kanal, um sich irgendwie Geltung zu verschaffen.

Alpha-Männer

Sie sind heiß und gefährlich. Und obwohl wir Frauen das wissen, finden wir sie unglaublich anziehend. Sie sind wild, und wir wollen sie zähmen, obwohl uns vielleicht bewusst ist, dass sie gezähmt eher langweilig sein werden.

Alpha-Männer nehmen sich, was sie wollen, sie lassen sich nicht gerne sagen, was sie tun sollen, und sie mögen keine Klammeraffen. Bedürftigkeit ist ihnen ein Gräuel, sie erobern am liebsten Frauen, die selbstsicher und gelassen darauf warten, erobert zu werden. In der Szene werden Alpha-Männer auch als ›Player‹ bezeichnet – natürlich gibt es unter ihnen viele Ausprägungen.

Der Alpha-Mann ist meist sehr charismatisch. Betritt er einen Raum, zieht er die Aufmerksamkeit sofort auf sich. Er ist ein Star, und er weiß es. Wenn dem Alpha-Mann eine Frau gefällt, will er sie unbedingt erobern; er fixiert sie mit Blicken und geht auf sie zu; sollte er irgendwie unsicher sein, überspielt er das. Früher nannte man so einen Mann auch ›Don Juan‹ oder ›Gigolo‹. Er weiß sich auszudrücken, ist selbstsicher und charmant. Die Premium-Version des Alpha-Mannes ist sehr gebildet und intelligent; in der schlichter gestrickten Form ist der Alpha-Mann eher ungebildet.

Es gibt auch die sehr nette Variante: Dieser Mann will grundsätzlich keine Frau verletzen; dennoch lebt er sehr im Moment und nimmt die Gelegenheiten wahr, die sich ihm bieten. Treue ist für ihn zwar kein Fremdwort, im Gegenteil, wenn er verliebt ist, hat er womöglich kein Interesse an anderen Frauen, und doch ist und bleibt er ein Jäger, der den Spaß und die Abwechslung liebt.

Sich mit einem Alpha-Mann einzulassen, kann sehr viel Spaß machen, langweilig wird es auf gar keinen Fall. Allerdings sollte man als Frau damit rechnen, dass er früher oder später anfängt, sich zu langweilen und wieder auf die Pirsch geht. Wenn du einen Player wirklich langfristig behalten willst, musst du selbst aufregend und vielseitig bleiben, dein eigenes Ding machen und dich immer wieder von ihm zurückziehen, damit er sich nach dir sehnt und ihm eure Beziehung nicht langweilig wird.

Solltest du selbst eine Alpha-Frau sein, kommt dir diese Herausforderung womöglich sogar entgegen, weil du im Grunde ähnlich tickst. Auch dir ist öde zumute, wenn alles zur Gewohnheit wird. Auch du sehnst dich nach dem magischen Tanz, nach dieser Polarität zwischen euch. Es ist dieses Weggehen – Zurückkommen – Weggehen ..., diesmal vielleicht sogar noch ein bisschen weiter, um ihn aus der Ferne mit diesem Sehnsuchtsblick anzusehen, und dann wieder langsam auf ihn zuzugehen. Sieh mal einem Paar zu, das das Tangotanzen perfekt beherrscht: Da kannst du dieses sinnliche Spiel sehen, das Alpha-Männer und Alpha-Frauen so lieben. Einen richtigen Alpha-Mann zu lieben, ist wie ein Spiel mit dem Feuer. Du kannst dich verbrennen – das muss dir bewusst sein, wenn du dich auf ihn einlässt. Trotzdem kann es ein unglaubliches Erlebnis sein, mit einem Alpha-Mann zusammen zu sein. Am besten wird es dir dabei gehen, wenn du es schaffst, deine Unabhängigkeit und Freiheit zu bewahren, obwohl du verliebt bist. Und wenn du die hohe Schule des Flirtens beherrschst und weißt, wie du ihn ›verrückt‹ machen kannst, wird er dir zu Füßen liegen.

Beta-Männer

Es gibt wesentlich mehr Beta-Männer als Alpha-Männer. Wie erwähnt, mag das vor allem daran liegen, dass viele Beta-Männer womöglich verkappte Alpha-Männer sind, die ihre Anlagen nicht leben, weil sie dazu erzogen wurden, Beta-Männer zu sein.

Je mehr Erfahrungen du sammelst, desto besser wirst du auf den ersten Blick erkennen können, mit welchem Typ Mann du zu tun hast. Natürlich gibt es auch hier Mischformen, und jeder Mann ist für sich völlig individuell und will auch so behandelt werden. Für dich ist es nur wichtig, zu wissen, wie du mit Beta-Männern umgehen kannst, weil sie sich grundsätzlich sehr als Beziehungspartner eignen. Sie besitzen oft viel Einfühlungsvermögen und auf Harmonie bedachte Charaktereigenschaften und sind sehr liebevolle und verantwortungsbewusste Väter.

Der Nachteil bei Beta-Männern ist, dass du ihnen womöglich auf die Sprünge helfen musst, damit sie sich trauen, mit dir in Kontakt zu gehen. Viele Beziehungsratgeber erzählen dir, dass der Mann derjenige sein sollte, der auf dich als Frau

zugeht. Und falls er das nicht tut, so erzählen sie dir, sei er nicht interessiert. Aber das stimmt meistens nicht. Außerdem geht das Spiel im Grunde ganz anders – wie du im Kapitel *Die hohe Kunst der Verführung in modernen Zeiten* erfahren wirst.

***

Wir treffen uns zu unserem wöchentlichen Coaching-Termin. Sonja strahlt mich an und erzählt mir mit verklärtem Blick von ihrer atemberaubende Nacht mit dem Musiker Markus:

»Nachdem sein Konzert aus war, sind wir in eine andere Bar gegangen, wo ihn nicht so viele Menschen kannten. Er wollte mit mir alleine sein, und das war ganz in meinem Sinne. Wir kamen uns schnell sehr nahe, na ja, wir hatten auch schon etwas getrunken und wurden so immer lockerer. Wir saßen an einem Zweiertisch, unterhielten uns und sahen uns tief in die Augen. Und plötzlich nahm er meine Hand in seine Hände und sagte, dass ihm meine Hände gefallen. Seine Berührungen fühlten sich so elektrisierend an! Ich bekam direkt Gänsehaut, und ein Lustschauer durchfuhr mich von oben bis unten. Ich fing an, meine Hand in der seinen zu bewegen, und er verlangte auch nach der zweiten. Ganz sanft bewegten sich unsere Hände ineinander, wie bei einem sinnlichen Tanz, und ich musste mich echt beherrschen, nicht zu stöhnen.

Und dann fing Markus an, die Innenseite meines Unterarmes zu streicheln. Oh wow, so sinnlich hatte ich mich seit ewigen Zeiten nicht gefühlt. Die Stimme der Vernunft meldete sich und meinte, dass es vielleicht ratsam sei, darüber nachzudenken, ob ich mich wirklich auf einen One-Night-Stand einlassen möchte. Ich wusste ja von dir, wie Männer dazu stehen und was sie von Frauen halten, die sich gleich darauf einlassen: Sie glauben dann, dass wir Frauen sofort mit jedem ins Bett springen.

Es war so, als würde auf einer meiner Schulter das Engelchen sitzen und auf der anderen das Teufelchen. Das Teufelchen machte mich heiß und flüsterte mir ins Ohr, ich solle mich ihm doch einfach hingeben. Das Engelchen dagegen riet, ich solle mir das gut überlegen, denn falls ich mich in ihn verliebe, wäre es vielleicht ein Fehler, gleich mit ihm zu gehen.

An diesem Abend siegte das Engelchen. Als er mich fragte, ob ich noch auf einen Drink mit zu ihm gehe, fielen mir deine Worte ein, und ich sagte diesen Satz, den ich von dir gelernt habe: ›Weißt du, ein Teil von mir würde wahnsinnig gerne, weil ich dich sehr attraktiv finde. Aber es ist nicht mein Stil, die Dinge so zu überstürzen. Ich freu mich allerdings sehr auf ein Wiedersehen, wenn du das möchtest.‹

Er lächelte, hielt meine Hände immer noch in den seinen, und ich konnte in seinem Blick lesen, dass diese Antwort genau richtig war. Wir verabredeten uns für Sonntag. Markus übernahm die Rechnung. Wir verließen das Lokal, und er bestellte mir ein Taxi. Zum Abschied küsste er mich. Ich kann mich nicht erinnern, jemals so geküsst worden zu sein. Und ich weiß, dass ich mir da einen richtig guten Liebhaber geangelt habe.«

Ich gratuliere Sonja zu ihrem Mut und ihrer Entscheidung, sich nicht gleich auf ein sexuelles Abenteuer einzulassen. Ich ermutige meine Klientinnen zwar gerne, auch als Single ihr

sinnliches Feuer nicht erlöschen zu lassen, weil das die Partnersuche wesentlich leichter macht. Aber zu einem Abenteuer
gehört vor allem das Spiel. Und Sonja fängt offensichtlich an,
das Spiel immer besser zu meistern. Noch ein halbes Jahr
vorher hat sie sich verraten und ausgetauscht gefühlt, weil Alfons sie wegen der jüngeren Frau verließ. Und nun hat sie sich
einen von vielen Frauen begehrten Alpha-Mann geangelt und
ist dabei, diesen Jäger etwas zu zähmen, indem sie ihn mit ihrer Art verrückt macht und ihn quasi um den Finger wickelt.

Ich wusste von Anfang an, dass Sonja im Grunde ein Naturtalent ist, ein Rohdiamant, der mit meiner Hilfe nur ein
bisschen geschliffen werden muss. Gemeinsam sehen wir uns
zum wiederholten Mal den Strategieplan an, den ich zu Beginn unserer Zusammenarbeit für sie erstellt habe, um zu rea-
lisieren, wo Sonja zu Beginn stand und wie weit sie schon gekommen ist. Wir betrachten auch gemeinsam das erste Foto,
das sie von sich gemacht hat, als wir uns kennenlernten. Dazu
fordere ich meine Single-Ladys auf, weil es überaus spannend
ist, die Veränderung auch äußerlich zu sehen. Jetzt macht sie
aus eigenem Antrieb ein Selfie, um es mit dem ersten Foto zu
vergleichen. Wir lachen und sind gleichzeitig sehr berührt.

Ich hake nach: »Kannst du jetzt erkennen, wie schön du
bist? Kannst du ahnen, was er in dir sieht – und was ich von
Anfang an in dir sehen konnte?« Sonja strahlt mich mit Tränen in den Augen an und meint: »Ja, ich fühle mich auch
ganz anders als damals. Aber ... ich glaube, Markus ist nicht
der Richtige, wir passen doch eigentlich überhaupt nicht zusammen.«

Da ist sie schon wieder, die Falle, in die wir Frauen so gerne
tappen: Wir fragen uns oft viel zu früh, ob er der Mann für

die Zukunft ist, anstatt dass wir im Hier und Jetzt sind und die Ereignisse genießen.

Ich ermuntere Sonja, ihr neu gewonnenes Selbstbewusstsein nicht gleich wieder zu verlieren, indem sie sich kleinmacht und darüber nachdenkt, ob Markus für sie der Richtige ist. Ich weise sie darauf hin, wie sehr Männer es an uns reiferen Frauen schätzen, dass es uns leichter fällt, gelassen und ausgeglichen zu bleiben, als jungen Frauen, die in einer Beziehung sehr schnell sehr bedürftig werden.

Ich sage: »Verliere deinen Zauber nicht, verliere lieber den Verstand mit ihm im Bett und genieße jede einzelne Sekunde! Wer weiß, was das Leben noch für dich parat hält, was du noch alles erleben darfst. Markus ist der Richtige … für den Augenblick. Und es wird sich zeigen, ob er in dein Leben gekommen ist, um zu bleiben, oder ob er dich eben nur wieder wachküssen darf.«

Sonja lacht laut – da ist sie wieder, die tolle, selbstbewusste Frau mit dieser unglaublichen Ausstrahlung, die die Männer lieben. Ich weiß, es ist an der Zeit, ihr das Geheimnis der magischen Frauen zu verraten.

DIE GEHEIMNISSE MAGISCHER FRAUEN

Bevor wir zur Magie kommen, will ich dir die archaischen Gesetze bewusst machen.

Die Menopause

Wusstest du, dass wir Menschen fast die einzige Spezies sind, die eine Menopause erlebt? Nur vier Zahnwal-Arten kennt man heute, bei denen ebenfalls eine Menopause nachgewiesen wurde. Natürlich haben sich Wissenschaftler mit der Frage nach der Sinnhaftigkeit der Menopause beschäftigt.

Eine Studie an Schwertwalen führte die Forscher zu folgender Erkenntnis: Durch das Ende der Fruchtbarkeit können sich die reiferen Wal-Damen besser ihrer neuen Rolle widmen. Dazu muss man wissen, dass eine Wal-Dame ein Alter von über 90 Jahren erreichen kann. Männliche Tiere hingegen werden nur um die 50 Jahre alt. Die Wissenschaftler gehen davon aus, dass die reifen Damen nach der Menopause die Hüterinnen der Weisheit sind, die vor allen Dingen in Notsituationen auf ihre Lebenserfahrung und Weisheit zurückgreifen können, auch um der Gruppe das Überleben zu sichern.

Diese Aussage bestätigt die sogenannte ›Großmutter-Hypothese‹ bei uns Menschen, die besagt, dass reife Frauen jenseits der Wechseljahre durch ihre Erfahrung und Weisheit zum Überleben der Sippe – und somit auch der eigenen Gene – beitragen. Anstatt selbst noch Kinder zu gebären, dienen sie der Gemeinschaft mehr, indem sie sich um ihre Kinder und Enkel kümmern, denn so können die jungen Frauen mehr Kinder bekommen, als wenn sie sich alleine um ihre

Nachkommen kümmern müssten. Die Rückschlüsse der Forscher auf den Sinn der Menopause bei uns Menschen anhand dieser Schwertwal-Studie lässt sich wissenschaftlich nicht untermauern, aber meines Erachtens klingt die Hypothese sehr schlüssig.

35 Jahre lang hat das US-amerikanische Center auf Whale Research in Friday Harbor Verhaltensforschung an 102 wild lebenden Schwertwalen durchgeführt. Eine besonders interessante Beobachtung wurde in mageren Jahren gemacht, als das Überleben der Sippe gefährdet war, weil es nur wenig Lachse gab. Zu der Zeit übernahmen die reifen Orca-Damen die Regie und führten die jüngeren Gruppenmitglieder, vor allem ihre Söhne, zu speziellen Jagdplätzen, in denen es viel mehr Lachse gab.[4]

Wir wissen von nativen bzw. indigenen Völkern, dass die älteren Frauen oft die Weisen der Sippe waren, und nur eine oder zwei Generationen zurück – einige von uns können sich vielleicht noch daran erinnern – war es in vielen Familien geradezu selbstverständlich, dass sich die Oma um die Enkel kümmerte, um die Eltern zu entlasten.

Unsere neue Sexualität
Nun zu einem sehr interessanten Aspekt der Menopause, der unsere Sexualität betrifft. Unsere Gesellschaft suggeriert uns, dass wir ab 50 irgendwie zum alten Eisen gehören. Wir leiden unter Wechseljahresbeschwerden, manche von uns werden depressiv, etliche nehmen an Körpergewicht zu, obwohl sie nicht unbedingt mehr essen als bisher. Frauen berichten von weiteren Symptomen wie Hitzewallungen,

Schlaflosigkeit, Reizbarkeit und Nervosität, abnehmender Leistungsfähigkeit, Schwindel und Herzrasen, Spannungen in der Brust, Haarausfall usw.; auf einer Apotheken-Seite im Internet fand ich die Wechseljahre sogar als ›Krankheit‹ beschrieben. Scheinbar belegen viele Fakten, dass die Gesellschaft recht hat.

Man suggeriert uns, dass es von jetzt an auch mit unserer Sexualität bergab gehe, weil die Hormone nicht mehr stimmen, weil wir die Lust auf Sex verlieren, weil unsere Vagina nicht mehr feucht genug wird, sodass Sex zur Qual wird, und daher sei es ganz natürlich, dass sich unsere Männer von uns abwenden und sich eine jüngere Frau suchen. Merkst du was? Wie absurd klingt denn das?!

Was, wenn wir gerade deshalb Wechseljahresbeschwerden bekommen, weil wir unsere archaisch angelegte Rolle nicht mehr leben dürfen? Was, wenn unsere Sexualität nach der Menopause nicht abnimmt, sondern förmlich explodiert, weil sie nur noch uns gehört und unser Körper nicht mehr damit beschäftigt ist, Kinder auszutragen, zu gebären und sie zu nähren?

Verkürzen wir den berühmten Spruch: »Achte auf deine Gedanken ..., denn sie werden dein Schicksal!«

Sollte die logische Schlussfolgerung nicht einfach lauten, dass wir den Bullshit, den uns die Gesellschaft erzählt, aus unseren Köpfen verbannen müssen; dass wir uns wieder mit unserer Sexualität verbinden und sinnlichen, leidenschaftlichen Sex genießen können? Wir sind doch nun viel freier, weil wir nicht mehr befürchten müssen, ungewollt schwanger zu werden!

Die magische Welt

Wie ich im Vorwort bereits beschrieben habe, habe ich persönlich ein sehr magisches Weltbild. Vor allem die Weltanschauung der Kahuna, der hawaiianischen Schamanen, fasziniert mich sehr; ich konnte viel von den sogenannten Stadt-Schamanen lernen, und im Grunde gehen die Ansichten der Schamanen sehr konform mit den Forschungen der Quantenphysiker.

Es ist allgemein nicht sehr bekannt, aber viele große, erfolgreiche Konzerne lassen sich von Schamanen beraten, und anerkannte Therapieformen wie die systemische Aufstellung entspringen dem Schamanismus. Die Tools, mit denen ich mit meinen Klientinnen arbeite, haben viel mit den schamanischen Weltanschauungen der verschiedenen Völker zu tun, und so möchte ich dir nun von einem Prozess erzählen, den ich in einer Phase durchlaufen habe, als ich noch an Liebeskummer litt, weil mich mein Mann verlassen hatte.

Normalerweise wird man durch so einen Prozess geführt, doch in Anbetracht eines fehlenden Gegenübers begab ich mich eines Tages alleine auf die Reise in meine Unterwelt. Man könnte es in gewisser Hinsicht mit einer schamanischen Reise vergleichen. Voller Vertrauen bat ich meine Seele um Führung und gelangte zum ersten Mal in die magischen Räume meines Unbewussten.

Ich wurde in verschiedene Räumlichkeiten geführt und hatte einige Aufgaben zu erledigen, die mich von diversen Programmierungen befreien würden. Und dann gelangte ich in einen Raum, an dessen Tür ›Zukunft‹ geschrieben stand. Ich ging hinein und begegnete dort unter anderem meinem Zukunfts-Ich, das mir dabei half, meinen Schutzpanzer auszuziehen. Und dann geschah etwas, das mich total überraschte.

Der Keuschheitsgürtel

Plötzlich konnte ich wahrnehmen, dass ich einen Keuschheitsgürtel trug! Mein wunderschönes Zukunfts-Ich half mir
dabei, diesen Keuschheitsgürtel auszuziehen. Danach wurde
ich von einem Gremium weiser alter Menschen auf Herz und
Nieren auf mein reines Herz geprüft und kehrte schließlich in
diese Realität zurück.

Von diesem Zeitpunkt an konnte ich fühlen, dass mein Körper wieder viel mehr in Balance ist: Mein Becken ist warm,
mitunter heiß, manchmal habe ich das Gefühl, dass jede einzelne meiner Zellen vibriert. Ich brauche weniger Schlaf und
bin viel energiegeladener als vor dieser Reise in meine eigene
magische Welt.

Mir wurde klar, wie wichtig es für uns Frauen ist, in dieser
Ganzheit zu leben und unsere Sexualität auch dann zu praktizieren, wenn wir Single sind. Und so wie Sonja hatte auch
ich meine erste sinnliche Begegnung mit einem Mann, die
tatsächlich alles veränderte.

Das Experiment

Mir war vorher überhaupt nicht klar, dass das, was sich in
einem übermütigen Moment wie von selbst ergab, überhaupt
geht. Ich besuchte alleine ein Restaurant, in dem ich früher
oft mit meinem Mann war. Es ging mir sehr gut an diesem
Abend und ich leistete mir ein nobles Essen mit gutem Wein.
Im Lokal waren natürlich vor allem junge Paare.

Neugierig darauf wie es funktioniert, aktivierte ich meine
sexuelle Energie und konzentrierte mich auf mein Becken.
Außerdem spielte ich etwas mit meinen Beckenbodenmus-

keln und flirtete in meiner Phantasie mit einem imaginären Verehrer. Ich fand dieses Experiment super spannend und beobachtete, was rund um mich geschah. Vor allem die Männer begannen, unruhig auf ihren Stühlen rumzurutschen. Es war unglaublich, ich hatte das Gefühl, jeder im Raum konnte fühlen, dass jetzt etwas anderes mitschwang. Die Köpfe drehten sich zu mir, und ich musste lachen, weil es so gut funktionierte.

Der Download

Eines Nachts hatte ich ein tiefes mystisches Erlebnis, das ich am nächsten Morgen schriftlich festhielt, sonst wäre es mir wieder entschwunden:

Ich wachte gegen 5 Uhr auf und konnte nicht mehr schlafen, weil mein Verstand Sorgen produzierte. Also meditierte ich und fiel in diese Leere, ins Quantenfeld, da, wo Veränderung so leicht geschehen kann, wo man quasi einen wirklichen Quantensprung machen kann. Ich konnte mich echt gut fallen lassen, den Verstand abschalten, und so badete ich in dieser Leere und wurde durchflutet von der Erkenntnis, dass ich tief in mir – auch über das kollektive Feld – ein magisches Wissen berge über Weiblichkeit, wie sie ursprünglich angedacht war.

Wenn wir Frauen mittels unseres Körpers, durch unsere Sexualität, die ja die pure Schöpferkraft darstellt, in unsere Kraft kommen, können wir tatsächlich Realitäten verändern sowie Räume öffnen und halten – für die Veränderung von uns selbst und von anderen. Wir können Menschen inspirieren, weil wir mit unserem inneren Wissen verbunden sind und genau das Richtige sagen, was gerade passt; wir sind zur

richtigen Zeit am richtigen Ort; wir wissen, wir können dem Leben vertrauen, weil wir uns den Ereignissen hingeben können.

Und ... wir können Männer bezaubern – nicht manipulieren mit irgendwelchen aufgesetzten Flirt-Strategien oder so –, ja, wir bezaubern sie, weil sie fühlen, dass sie es bei uns gut haben, und dann brauchen wir im Grunde keine Strategien.

MAGIC SECRET
Übung: Dankbarkeit und Selbststärkung

Ich möchte dir eine Übung näherbringen, die du auch als Meditation auf meinem YouTube-Channel findest. Sie heißt *Das Schönheitsgeheimnis der hawaiianischen Schamanen*[5]. Es geht darum, eine innere Reise durch den Körper zu machen und Danke zu sagen für das Wunder, das du bist.

Die Hawaiianer kennen eine sehr simple, aber unglaublich wirkungsvolle Methode, die Liebe zu sich selbst zu entfalten. Versuche es einfach – möglichst jeden Tag –, und du wirst sehen, welch unglaubliche Effekte diese Übung auf dein Wohlbefinden haben kann.

Setze dich entspannt hin, schließe deine Augen ... Sag deinem Körper, du möchtest seine Aufmerksamkeit; du möchtest dich bei jedem einzelnen Organ, bei jeder einzelnen Zelle bedanken.

Beginne bei deinen Füßen. Sie tragen dich durchs Leben und machen dich unabhängig. Fühle jeden Zentimeter deiner Füße. Bedanke dich bei deinen Zehen, die alles so gut ausbalancieren. Mach dich im Geiste auch eigenständig auf die

151

Entdeckungsreise – du wirst staunen, was dir alles bewusst wird.

Geh in Gedanken deine Beine hoch, ganz langsam, bis du bei deinem Unterleib ankommst. Vielleicht hat er Leben erschaffen – was für ein Wunder! Wandere in Gedanken weiter zu deinen Organen und bedanke dich bei ihnen. Danke deiner Wirbelsäule, die dich aufrecht durchs Leben gehen lässt, bei deinem Herzen, das unermüdlich schlägt; du kannst auch eine Weile bei deinem physischen Herzen bleiben und dich fragen, dank welcher Kraft es eigentlich so rhythmisch schlägt.

Dann geh zu deinen Schultern, den Armen, weiter zu deinen Händen, die so geschickt sind; fühle, wie geschmeidig sie sind und was sie alles tun können.

Erzähle dir selbst, was du an dir magst und schätzt – das können charakterliche Eigenschaften sein oder körperliche oder auch kleine, scheinbar unwichtige Details. Nimm dir dafür mindestens eine Minute Zeit.

Dann erinnere dich an all das, was dir schon richtig gut gelungen ist, was deine Stärken sind. Konzentriere dich nur auf deine Stärken und sei dir gewiss, dein ganzer Körper, dein Unterbewusstsein, alles hört mit; daher sprich aus, was dir Gutes einfällt, nur das Gute! Nimm dir dafür mindestens eine Minute Zeit.

Dann mach mit deiner Umgebung weiter: Du hast dir all das erschaffen, dein Dach über dem Kopf, deinen vollen Kühlschrank, dein warmes Bett ... Freu dich über jedes kleine Detail, vor allem über die Menschen, die dich lieben. Nimm dir dafür mindestens eine Minute Zeit.

Mit dieser Übung erhöhst du deine Energie – und das ist enorm wichtig. Und wenn du alles in dir und um dich herum

ausreichend gelobt hast – die Hawaiianer sagen: gesegnet –, dann komm wieder ins Hier und Jetzt zurück. Bewege deine Zehen, deine Füße und Hände, öffne die Augen und nimm bewusst wahr, wie es dir nach dieser Übung geht.

Das sexuelle Feuer schüren

In diesem Kapitel will ich dir vermitteln, wie wichtig es ist, dein sexuelles Feuer auch in deiner Single-Zeit nicht erlöschen zu lassen. Es gibt alle möglichen Wege, dies zu tun – das wirst du gleich sehen.

Falls du dich schlaumachen möchtest, was in puncto Partnersuche online möglich ist, empfehle ich dir die Seite www.singleboersen-vergleich.de, da findest du unter anderem Testberichte über die einzelnen Börsen.

Frivole Geheimnisse

Als ich damals entdeckte, welche Angebote es allein im Internet gibt, wurde mir klar, dass ich mit meiner Annahme, Männer wollten nur jüngere Frauen, völlig falsch lag. Es gibt sogar Sexkontakt-Portale – nicht nur eines –, die sich darauf spezialisiert haben, ältere Frauen mit jüngeren Männern für ein bisschen Spaß im Bett zusammenzubringen.

Was diese jüngeren Männer an reiferen Frauen schätzen, ist zum Beispiel die Erfahrenheit oder auch die Gelassenheit, mit der die Frauen bei sogenannten Cougar-Treffs auf jüngere Männer zugehen.

Ob ›so etwas‹ dein Stil ist, musst du selbst entscheiden. Es ist zumindest eine Möglichkeit, sich zu vergnügen. Da diese Börsen gut genutzt werden, gibt es offensichtlich auch den Bedarf dafür; nur spricht niemand darüber.

Escort-Service für Frauen

Seit ich das letzte Mal Singles ›verkuppelt‹ habe, damals in meiner Radioshow, wo ich fast eineinhalb Jahrzehnte lang im Auftrag der Liebe unterwegs war, hat sich viel getan. Damals gab es noch kaum Escort-Service-Dienstleister für Damen. Heute ist das vollkommen anders.

Wenn du irgendwo eingeladen bist – z.B. zu einer Hochzeit, wo es besonders unangenehm sein kann, alleine hinzugehen –, könntest du dir einen schicken, niveauvollen Mann buchen, der dich zu dieser Veranstaltung begleitet. Ob du dir darüber hinaus noch mehr Spaß mit ihm gönnst, kannst du später entscheiden.

Freundschaft plus

Viele Frauen haben heutzutage einen guten Freund, mit dem sie ab und zu Sex haben – ›Freundschaft plus‹ nennt man das. Und tatsächlich weiß man ja nie, was sich aus der einen oder anderen Gelegenheit ergibt.

One-Night-Stand

Du erinnerst dich, dass ein Drittel aller One-Night-Stands zu einer Beziehung führen ... Ich fand das Ergebnis dieser Stu-

die schon sehr erstaunlich. Dennoch würde ich dir nur dann zu einem Abenteuer für eine einzige Nacht raten, wenn du dir sicher bist, dass du den Typen zwar ›scharf‹ findest, aber genau weißt, mehr als eine Nacht mit ihm brauchst und willst du nicht.

Auch wenn wir in modernen Zeiten leben, so gilt nach wie vor, dass ein Mann vermutet, du würdest mit jedem gleich ins Bett steigen, weil du es ja auch mit ihm so spontan tust. Wenn du auf Nummer sicher gehen möchtest, weil du zu diesem Zeitpunkt nicht wissen kannst, ob deine neue Eroberung nicht auch deine große Liebe sein wird, dann lass dich lieber nach allen Regeln der Kunst erobern und warte eine angemessene Zeit lang, bist du dich ihm hingibst.

Diskretion bitte!

Und noch etwas: Wenn du in deiner Single-Zeit entdeckst, dass du eine Abenteurerin bist und dass es dir Spaß macht, dich mit ein paar Männern zu vergnügen, dann tue das diskret! Mach nicht den Fehler, deinem zukünftigen Liebsten oder sonst irgendeinem Mann von deinen wilden Zeiten zu erzählen. Am besten hältst du es grundsätzlich wie in diesem abgewandelten, ›feminisierten‹ Sprichwort: »Die Lady genießt und schweigt.«

Und noch etwas sollte dir bewusst sein: Abenteuer helfen dir zwar, dein sexuelles Feuer am Lodern zu halten. Auf Dauer werden sie aber nicht deine Seele und dein Herz nähren. Wenn du das weißt und wenn du vor allem gut für dich sorgst – und dich auch regelmäßig von den energetischen Verbindungen befreist, die beim Sex automatisch entstehen! –, kannst du eine Zeit lang sicherlich viel Vergnügen haben. Wie du die entstandenen Energiefäden, die dich mit einem Lover verbinden, lösen kannst, erfährst du im Kapitel *Bonus 2*.

Wellness für Body und Spirit

Solltest du kein Faible für außergewöhnliche Abenteuer haben, besteht die Möglichkeit, deine Sehnsucht nach Sinnlichkeit und Berührung anders zu befriedigen. Hier ein paar Ideen:

Gönne dir eine Lomi-Lomi-Nui-Massage. Sie kommt aus der hawaiianischen Tradition und ähnelt in ihrer Ursprungsform der therapeutischen Körperarbeit. Sie soll dabei helfen, nicht nur den Körper zu reinigen, sondern auch die Psyche. Vielleicht hast du Glück und findest jemanden, der sich der Huna-Tradition verbunden fühlt.[6] Auch jede andere Massageform ist gut, achte aber darauf, wen du an deinen Körper und in dein Energiefeld lässt.

Wenn du ein weiteres magisches Tool nutzen möchtest, erschaffe dir in deiner tagtraumartigen Unterwelt eine ›Vision‹ von einem wundervollen, sinnlich eingerichteten Raum, wo du alles erleben kannst, was du möchtest. Stell dir vor, du bist die Königin deines Reiches. Vielleicht nimmst du zunächst ein Bad in Milch und Honig, so wie Cleopatra es angeblich getan hat. Du lässt dich umsorgen von vertrauten Frauen – oder deinen Dienerinnen, wenn du die Königinnenrolle einnehmen kannst –, die dir Gutes tun wollen. Nach deinem himmlischen Bad kannst du dich in weiche Badetücher einwickeln lassen, vielleicht möchtest du dich auch eincremen lassen. Was auch immer du dir einfallen lässt, genieße es, und

wenn du dem Ganzen noch die Krone aufsetzen möchtest, lade doch deinen zukünftigen Liebsten in deinen Tempel der Sinnlichkeit ein. Erkunde mit ihm gemeinsam sinnliche Stellen an deinem Körper.

Vielleicht ist dein Hals besonders empfindlich und sensibel, vielleicht auch die Innenseiten deiner Unterarme. Du kannst dir vorstellen, wie er ganz zart deinen Körper erkundet, deine Haut streichelt – unterstütze die Vorstellung gerne, indem du selbst ganz sanft deine Haut berührst, oder nimm eine Feder zu Hilfe, und wenn du weiter gehen möchtest, erkundet gemeinsam eure sinnliche, erotische Zweisamkeit. Der Fokus liegt hier nicht auf Selbstbefriedigung, sondern beim FÜHLEN, bei deiner Sinnlichkeit. Erkunde deinen Körper und genieße, und wenn dich doch die Lust so richtig überkommt, dann genieß auch das.

Sollte dir das Visualisieren nicht gleich gelingen, schau auf meine Webseite, da findest du eine geführte Meditation *Tempel der Sinnlichkeit*.

***

Sonja hat mittlerweile ihr zweites Treffen mit Markus hinter sich gebracht, und ich bin schon sehr gespannt, ob sie mir erzählen möchte, was passiert ist. Wie üblich treffen wir uns online, und ich brauche sie nur anzusehen, da weiß ich, was passiert ist. Sie grinst übers ganze Gesicht, ihre Augen strahlen, und sie sieht um zehn Jahre jünger aus. »Tanja – das war fantastisch! Markus ist ein unglaublicher Liebhaber! Ich kann mich nicht erinnern, mit Alfons jemals etwas Ähnliches erlebt zu haben.«

Ich freue mich sehr für Sonja und hoffe zugleich für sie, dass sie stabil bleibt. Denn nun beginnt ein neues Kapitel für die beiden, und die Frage ist, ob Markus weiterhin an Sonja interessiert bleibt. Ich rate ihr deshalb dringend, nicht gleich in die ›Ist er es jetzt?‹-Falle zu tappen, sondern so entspannt wie möglich zu bleiben.

Oxytocin – verliebt durch Sex

Ich weiß, entspannt zu bleiben, ist in dieser Phase nicht so leicht, da Sonjas Körper von Hormonen geflutet ist, vor allem mit Oxytocin, dem Kuschelhormon. Die Natur hat das schon sehr schlau eingefädelt; die Hormone sorgen dafür, dass wir Frauen bereit sind für eine Empfängnis – was bei Sonja gleichwohl nicht mehr möglich ist. Trotzdem ist sie ziemlich verliebt.

Behutsam bereite ich Sonja darauf vor, dass Markus nun aus ihrem Leben verschwinden könnte. Sie entgegnet, das sei ihr schon bewusst gewesen, bevor sie sich mit ihm das zweite Mal getroffen hat. Wie auch immer die Geschichte weitergehen würde: Die Erfahrung sei so wichtig für sie gewesen, weil sie einfach wieder begehrt werden und sich in den Augen dieses tollen Mannes wiedererkennen wollte und weil es an der Zeit war, endlich mal wieder tollen Sex zu haben.

Ich empfehle Sonja, für dieses schöne Erlebnis dankbar zu sein, möglichst entspannt zu bleiben und einfach mal zu sehen, was nun passiert. Sie solle die Zeit mit ihm genießen. Vielleicht ist Markus in ihr Leben gekommen, um die Phase ihrer sexuellen Enthaltsamkeit zu beenden, vielleicht ist er nicht gekommen, um zu bleiben, aber was bringt es, jedes

seiner Worte oder jede seiner Taten bis ins kleinste Detail zu analysieren und daraus zu schließen, wie es mit ihnen beiden weitergeht? Sie verderbe sich dabei nur selbst den Spaß.

Sollte sich Markus melden – prima. Sollte er sich nicht melden – auch vollkommen okay. Außerdem soll sie grundsätzlich die Augen offen halten, weil es da draußen immer noch viele wunderbare Männer gibt. Ich rate Sonja, nicht den großen Fehler zu machen, Markus mit Textnachrichten zu bombardieren, denn das würde sie nur bedürftig aussehen lassen, und eine bedürftige Frau wirkt auf einen Mann ziemlich unsexy. Falls er sich nicht mehr melden sollte, würde ich ihr einen Weg zeigen, wie sie sich schnell wieder emotional lösen und die energetischen Bande zwischen sich und Markus durchtrennen könne, die automatisch beim Sex entstehen. Das würde ihr das Ent-Lieben wesentlich erleichtern.

Außerdem könnte es sein, dass Markus sich sammeln muss. Als Jäger und Alpha-Mann ist er es gewohnt, eigentlich über den Dingen zu stehen. Was, wenn auch er sich in sie verliebt hat? Dann muss ihm das zunächst bewusst werden ..., und er muss es sich auch ehrlich eingestehen; dazu braucht er Zeit und ein wenig Abstand.

Ich kann in dieser Coaching-Sitzung Sonjas Ambivalenz wahrnehmen. Einerseits ist sie ein bisschen verliebt und möchte mehr dieser aufregenden Stunden mit Markus erleben; andererseits macht sie sich Sorgen, dass sie sich zu sehr in ihn verliebt, weil sie ahnt, dass eine Beziehung mit Markus wegen ihrer verschiedenen Lebensstile schwierig sein könnte. Doch da gibt es noch eine dritte Sache.

»Irgendwie ist es schon verrückt«, sinniert Sonja, »ich fühle mich so lebendig wie lange nicht mehr, und fast bin ich dankbar, dass Alfons mich verlassen hat. Im Gegensatz zu früher ist mein Leben jetzt ein einziges Abenteuer, und das gefällt mir sehr! Und eigentlich möchte ich noch mehr erleben, bevor ich mich wieder auf eine fixe Beziehung einlasse. Was soll ich tun? Soll ich mir selbst sagen, dass ich mit Markus meine Zeit verschwende? Dass es besser ist, das Ganze zu beenden?« Sie schaut mich aus ihren großen blauen Augen an, und ich muss mir ein Grinsen verkneifen, weil ich mir denke, wenn sie einen Mann, der sie toll findet, mit diesem Blick ansieht, ist er sofort in sie verliebt. Ich sage ihr das auch, und sie muss lachen.

»Weißt du«, sage ich, »ich verstehe deine Ambivalenz nur zu gut. Ich kenne das von mir selbst und von anderen Frauen, die von demselben Phänomen berichten. Was uns verrückt macht, ist unser ständig plappernder Verstand ...«

Ich umschreibe in den folgenden Abschnitten für dich, was ich Sonja noch mitgeteilt habe.

Das archaische Programm

Unser Verstand kreiert Zukunftsszenarien und geht alle Möglichkeiten durch, was alles passieren könnte. Genau das ist seine archaische Aufgabe. Er will uns vor Schaden bewahren – als würden wir wie unsere frühen Vorfahren in Höhlen leben. Sie waren ständig in Gefahr, vom Säbelzahntiger angefallen und gefressen zu werden. Und so geht der Verstand alle Möglichkeiten durch, das heißt, er erkennt überall Probleme, um sie zu lösen.

Dieses archaische Programm läuft unbewusst ab. Unser Stammhirn, das auch Reptiliengehirn genannt wird, reagiert

auf Neues und Überraschendes reflexartig, also rasch und un-
willkürlich. Innerhalb von Millisekunden wird die Situation,
die wir gerade erleben, analysiert und ausgewertet, und wenn
unser Verstand uns suggeriert, dass uns z.B. ein Mensch gefährlich werden könnte, wird die gesamte Situation pauschal
als gefährlich eingestuft.

Nun kommt die sogenannte ›Fight or Flight Response‹ – die
Kampf-oder-Flucht-Reaktion – zum Tragen: Unser Gehirn
sendet mithilfe von Neurotransmittern, den Botenstoffen,
die gewonnenen Erkenntnisse an weitere Organe, z.B. an die
Nebennieren, die aufgefordert werden, die nötigen Hormone
zu produzieren, um das Überleben zu sichern.

Unser Reptiliengehirn weiß nicht, dass wir in modernen
Zeiten leben, und so meint unser Verstand, überall Probleme
zu erkennen, aber nur, um alle möglichen Gefahren auf dem
Schirm zu haben und entsprechend reagieren zu können. Am
Beispiel von Sonja: Ihr Instinkt wittert Gefahr im Zusammenhang mit Markus, ihr Verstand will sie auf alle möglichen Szenarien vorbereiten, damit sie nicht verletzt wird.

Alle großen spirituellen Lehren empfehlen, sich des Ge-
plappers unseres Verstandes bewusst zu werden und es zu
beobachten sowie völlig im Hier und Jetzt zu sein. Stell dir
vor, nur 3–4 Prozent all der Gedanken, die wir den ganzen
Tag über produzieren, sind uns bewusst, alles andere läuft
unbewusst ab.

Das macht es auch so schwierig, uns zu verändern, weil
wir gar nicht wissen, welche Programme in unserem Unterbewusstsein ablaufen. Oft sind diese Programme nicht mal
unsere eigenen, sondern wir haben sie von unseren Vorfahren
›geerbt‹. Die Wissenschaft der Epigenetik widmet sich die-

sem Thema – sehr empfehlenswert und sehr aufschlussreich, sich damit zu befassen.

Sei entspannt, so gut es geht, auch mit all den Zweifeln, wirren Gedanken und fiktiven Zukunftsszenarien. Du kannst lernen, deine Gedanken zu beobachten. Ich selbst finde es sehr faszinierend, was manchmal in mir abgeht: Dann sage ich innerlich laut: »STOPP!«, und mache mir bewusst, wie absurd manche Gedanken sind.

Hör auf mit der Gedankenleserei

Und mal ehrlich, wie oft ertappen wir uns dabei, für andere zu denken. Du weißt schon: »Ach, er hat das und das gesagt – er findet mich sicher nicht attraktiv genug, nicht klug genug, nicht sexy genug, beim nächsten Mal wird er mich sicher verlassen ...«

Merkst du, wie absurd solche Gedankengänge sind? Fakt ist, du hast keine Ahnung, was in jemand anderem vorgeht, Punkt. Tatsache ist: Wir können nicht wissen, was ein anderer Mensch denkt oder empfindet.

Wir leben also grundsätzlich wesentlich entspannter, wenn wir aufhören, für andere zu denken und ihr Verhalten zu interpretieren. Das ist so, als hörten wir zwei Menschen die gleiche Geschichte erzählen: Du wirst zwei verschiedene Varianten hören ..., und beide Versionen stimmen.

Kümmere dich um deine eigene positive Ausrichtung, tue alles dafür, dass es dir gut geht und dass du dir deine Bedürfnisse so gut wie möglich erfüllst, dann kannst du entspannt durchs Leben gehen, ohne bedürftig zu sein. Ein bedürftiger erwachsener Mensch ist nicht sexy, sondern strahlt ein gewisses Opferbewusstsein aus.

Sei frei und unabhängig

Männer mögen Frauen, die einerseits Unabhängigkeit und Freiheit ausstrahlen und andererseits wissen, was ein Mann braucht, damit er seine Männlichkeit leben kann – und das meine ich nicht nur in sexueller Hinsicht. Nein, es geht darum, den Mann auch mal ›Held‹ sein zu lassen, ihm zu zeigen, dass du ihn nicht brauchst, sondern dass du ihn willst.

Eine Frau, die die psychologischen Hintergründe männlichen Verhaltens kennt sowie wohlwollend und klug damit umzugehen weiß, ist gegenüber einer unbewussten Frau deutlich im Vorteil. Letztendlich geht es um den sinnlichen Tanz zwischen dem Männlichen und dem Weiblichen, zwischen Eroberung und Hingabe; das alles gehört zu dem aufregenden Spiel zwischen Mann und Frau, daher wäre es ideal, wenn wir uns voller Vertrauen und Spaß dem Spiel hingeben könnten.

Wir können nicht wissen, was geschieht. Wir wissen nur, dass nichts geschieht, wenn wir vor lauter Angst in unserer Komfortzone verharren. Dort können wir alt und grau werden und haben am Ende nichts erlebt. Wenn wir etwas erleben möchten, müssen wir mit der Angst gehen, deswegen ist es auch wichtig, so viel wie möglich zu flirten, um lockerer zu werden.

Die einzige Konstante im Leben ist die Veränderung

Das Leben hat viele Eiscremesorten für uns parat; wir sollten mehr als nur Vanille- und Schokoladeneis kennen. Als Single stehen dir alle Möglichkeiten offen: Du kannst dich durch die gesamte Eisdiele kosten – und mal ehrlich, wenn nicht jetzt,

163

wann dann? Möchtest du dich nicht ausprobieren und neue Seiten an dir kennenlernen?

Sei neugierig und schau, welche Möglichkeiten dir das Leben vorsetzt. Mit dieser Einstellung kannst du viel erleben, viele Erfahrungen in dein Lebensköfferchen packen, und eines Tages wirst du sagen können: »Yes!, was war das für ein fantastisches Leben, sehr lehrreich, bunt, schräg, lustig, zuweilen auch traurig, auf alle Fälle sehr lebendig und alles andere als eintönig. Ich hab das Beste aus meinem Leben gemacht und hatte ein erfülltes Dasein!«

***

Sonja erlebt also gerade ihre erste Romanze mit ihrem heißen Alpha-Mann Markus. Nachdem sie all ihre Bedenken in dieser Sitzung ausgesprochen hat, ist ihr leichter zumute, sie sieht nun entspannt aus und freut sich auf das, was da kommen mag. Und so machen wir beide uns nun auf den Weg, neue Bekanntschaften zu schließen.

RAN AN DEN MANN!

Bevor wir schauen, wo du heutzutage Männer kennenlernen kannst, lass es mich zum wiederholten Mal sagen: Du solltest das Kommunizieren üben, üben, üben! Und zwar mit jedem Menschen, der dir begegnet. Je selbstsicherer du im Umgang mit anderen Menschen bist, desto leichter wird dir das Flirten mit interessanten Männern fallen.

FLIRTEN ALS LEBENSFORM

Hast du Angst, auf Männer zuzugehen? Hast du das Gefühl, dir eine Blöße zu geben, wenn du Interesse an einem Mann zeigst? Nun, dieses Gefühl kannst du am besten loswerden, wenn du auf alle Menschen zugehst, egal, ob Mann oder Frau. Sei nett, mache ernstgemeinte Komplimente, biete Hilfe an, suche Kontakt – du wirst sehen, je offener du bist, desto leichter wird dir die Kommunikation allmählich fallen.

Übe immer und überall

Du wirst zugeben, dass das Flirten mit Menschen, an denen du höchstens ein durchschnittliches Interesse hast, viel leichter ist, eben, weil du nichts ›willst‹ und es dir relativ egal sein kann, falls so ein Mensch nicht auf dein Kontaktangebot eingehen möchte.

Nimm einen Korb nicht persönlich

Tatsächlich riskierst du, eine Abfuhr zu bekommen, wenn du auf Menschen zugehst, aber dein Leben hängt nicht von ihrer Wertschätzung ab. Genauso sollte es im Idealfall bei interessanten Männern sein: Solange du locker bleiben kannst, nimmst du die Zurückweisung nicht persönlich: Möglicherweise hat eine Zurückweisung deines Flirt-Angebots gar nichts mit dir zu tun.

Ich habe auch schon des Öfteren mit Männern geflirtet, bei denen sich schließlich herausgestellt hat, dass sie z.B. vergeben waren und deswegen nicht auf meine indirekte Aufforderung zum tieferen Flirt eingegangen sind. Und weißt du was, ich habe mich für die Partnerin des jeweiligen Mannes gefreut, einfach, weil er zu ihr stand; diese Treue ist doch wunderbar, und seine ›Beständigkeit‹ hatte nichts mit mir persönlich zu tun.

Es kann viele Gründe geben, warum ein Mann nicht auf ein Flirt-Angebot eingehen möchte. Du könntest zu dir selbst sagen: »Es wird schon einen höheren Grund geben, warum wir uns nicht näher kennenlernen – vielleicht wartet um die nächste Ecke ein viel besserer Kandidat, den ich versäumen würde, wenn ich mich auf den Mann fixieren würde, der jetzt eben kein Interesse zeigt.«

Diese Sicht der Dinge stellt sich ein, sobald man auf alle Menschen offen zugeht. Natürlich wird es immer Menschen geben, die nicht mit uns kommunizieren möchten – ehrlich gesagt, umgekehrt geht es uns ja genauso. Wir lernen mit einer offenen Haltung, uns mehr über Begegnungen zu freuen, aus denen sich zunächst einfach ›nur‹ ein nettes Gespräch ergibt.

Um Missverständnisse zu vermeiden, möchte ich im nächsten Kapitel noch genauer darauf zu sprechen kommen, was ich unter ›auf Männer zugehen‹ verstehe. Zuvor möchte ich mit einem Mythos aufräumen, den auch ich lange geglaubt habe, der aber so gar nicht stimmt. Es geht dabei um die folgende Frage: Wo und wie soll ich in meinem Alter noch jemanden kennenlernen?

Ja, es ist ein Unterschied, ob man mit 25 Single ist oder mit 60. Je reifer wir werden, desto festgefahrener ist unser Weltbild, das durch unsere Erfahrungen immer mehr zementiert worden ist. Das ist ziemlich problematisch; wir glauben, etwas sei so und so – und fertig. Wir können uns kaum vorstellen, dass wir mit unseren Erwartungen vielleicht völlig falsch liegen. Sie reflektieren unsere Prägungen und Programmierungen, und leider kommen wir hier alleine oft schlecht weiter.

Insofern solltest du dich unbedingt hinterfragen: Glaubst du, dass man es von einem gewissen Alter an wesentlich schwerer hat, jemanden kennenzulernen? Falls das ein Glaubenssatz von dir ist, könnte es sein, dass das Leben deinen Glauben bestätigt.

MÄNNER KENNENLERNEN UND AUF SIE ZUGEHEN

Wo sind die Männer? Fakt ist, dass in den Mittvierzigern die Karten oft neu gemischt werden. Viele Partnerschaften gehen auseinander, und so gibt es tatsächlich auch viele ›neue‹ Single-Männer in der zweiten Lebenshälfte. Solltest du trotz dieser logischen Schlussfolgerung noch Zweifel hegen, kümmere dich um deine Glaubenssätze.

Wir bewegen uns in unserer kleinen, persönlichen Realitätsblase und sehen nur das, was wir uns vorstellen können. Und wie erwähnt, sind unsere Glaubensmuster oftmals nicht einmal unsere eigenen; wir übernehmen so vieles von unseren Eltern, von den Menschen, die uns erzogen haben, von der Gesellschaft, und wir fragen uns eher selten, ob das, was wir über die Welt und unser Leben glauben, überhaupt der Wahrheit entspricht.

Wo also kannst du den diversen Traummann-Kandidaten begegnen? Kurz gesagt: ÜBERALL!

Die Liebe kommt oft auf seltsame Weise

Hunderte von Paaren haben sich einst über meine damalige Radiosendung kennen und lieben gelernt. Seit 2014 bin ich auch als freie Traurednerin tätig und kreiere für meine Paare eine wunderschöne Zeremonie, wenn sie aus irgendwelchen Gründen nicht kirchlich heiraten wollen. Ich kenne jede einzelne Liebesgeschichte meiner Paare.

Viele lernten sich online kennen, über Partnerbörsen oder Sex-Kontaktanzeigen, über Facebook oder diverse Dating-Apps. Es gab sogar richtige ›Pretty Woman‹-Storys, wo ›sie‹ für einen Escort-Service arbeitete und ›er‹ sie buchte. Bei ei-

nem Paar war es umgekehrt: Er war – und ist! – ein professioneller männlicher Begleiter, sie buchte ihn, und sie haben sich verliebt und sind noch immer zusammen, obwohl er nach wie vor auch andere Frauen beglückt. Solche Geschichten sind sicherlich Ausnahmen, aber sie zeigen, dass die Liebe überall zu finden ist.

Viele ›meiner‹ Paare haben sich auch über den Job oder über Freunde kennengelernt, bei einer Party, bei der beide – zugegeben: hemmungslos betrunken – schon am ersten Abend im Bett landeten und sich erst im Lauf der Zeit kennen und lieben lernten.

Wie du auf Männer zugehen kannst, ohne dir eine Blöße zu geben oder als Flittchen dazustehen

Viele Dating-Spezialisten sagen: »Wenn du ihm gefällst, wird er auf dich zugehen.« Sorry, aber das stimmt einfach nicht. Ja, falls du an einen Alpha-Mann gerätst, der sich nimmt, was er will, kannst du davon ausgehen, dass er dich anspricht. Aber wie weiter vorne beschrieben, brauchen Beta- oder verkappte Alpha-Männer eine indirekte Aufforderung, damit sie sich ermutigt fühlen, mit dir in Kontakt zu gehen.

Auf einen Mann zugehen – was meine ich damit? Nicht, dass du einfach zu ihm gehst und ihm sagst, dass du ihn kennenlernen willst. So nicht, nein, wirklich nicht! Das Spiel findet auf einer ganz anderen Ebene statt. Zur Erläuterung machen wir einen kleinen Ausflug in die Vergangenheit.

Die hohe Kunst der Verführung in früheren Zeiten

Besonders beim Hochadel war es üblich, Ehen aus wirtschaftlichen Gründen zu schließen; die Liebe hatte da oft keinen Platz. Da die Menschen höherer Schichten meist nicht arbeiten mussten, vertrieben sich einige von ihnen die Zeit mit außerehelichen Romanzen.

In Zeiten, als die Dame noch Reifröcke trug und offiziell nicht viel in der Gesellschaft zu sagen hatte, wäre es undenkbar gewesen, offensiv auf einen Mann zuzugehen und ihm zu sagen, dass er ihr gefällt. Also musste die Lady subtil vorgehen. Im Grunde funktioniert das Spiel zwischen Mann und Frau heute noch genauso.

Das Taschentuch

Eine Lady wollte einen Mann dazu auffordern, sich ihr zu nähern. Was tat sie? Ein beliebter Griff in die Trickkiste einer Dame bestand darin, wie zufällig ihr Taschentuch zu verlieren, wenn sie an einem Mann vorüberging. Er hob das Tuch auf, eilte ihr nach, reichte es ihr und sagte: »Madame (oder Mademoiselle), Sie haben Ihr Taschentuch verloren ...« Und sie antwortete mit gespielter Überraschung: »Oh, habe ich das? Wie aufmerksam von Ihnen!« Und schon konnte sich ein Gespräch entspinnen.

Der Fächer

Je nach Land und Zeit gab es noch andere Hilfsmittel, deren Symbolsprache so manche geheime Nachricht an den Gelieb-

ten vermittelte. Dazu gehört die Symbolsprache des Fächers, der – je nachdem, wie er gehalten wurde – zur geheimen Kommunikation diente. Bedeckte die Dame mit dem offenen Fächer die untere Hälfte ihres Gesichts, sodass es nur von den intensiv blickenden Augen an aufwärts zu erkennen war, hieß das: »Ich mag dich.« Hielt sie den geschlossenen Fächer in der einen Hand und legte bzw. klopfte die zusammengeklappte Spitze des Fächers auf die andere Hand, so sollte dies signalisieren: »Ich bin eifersüchtig.« Schützte der geöffnete Fächer die Brust, teilte dies dem Gegenüber mit: »Ich bin vergeben.« Sollte ein Rendezvous vereinbart werden, zählte die Dame langsam die Rippen des Fächers ab, um dem Verehrer mitzuteilen, um welche Uhrzeit es ihr angenehm wäre.

Das Dekolleté

Am Hof des französischen Sonnenkönigs Ludwig XIV. war es angeblich üblich, dass die Damen Floh-Attrappen in ihrem Dekolleté platzierten, damit sie von ihren begehrten Verehrern vor den Flöhen ›gerettet‹ werden konnten.

Die Schönheitspflaster

Auch soll es üblich gewesen sein, mithilfe dunkler Schönheitspflaster, die aufs Gesicht oder ins Dekolleté geklebt wurden, zu kommunizieren. Je nachdem, wo das Pflaster klebte, übermittelte es lüsterne Botschaften.

Schriftliche Liebesbotschaften

Und natürlich schrieben sich Liebende Briefe, die durch Kuriere überbracht wurden und die uns heute schwülstig, allzu ›himmelhoch‹ oder dick aufgetragen erscheinen.

Ich weiß ja nicht, wie es bei dir ist, aber ich habe noch so einige Liebesbriefe aus meiner Jugend. Eigentlich schade, dass heutzutage kaum noch Briefe mit der Hand geschrieben werden. Heute stehen wir vor der großen Herausforderung, kurze Text-Messages zu schreiben ... und auf diese Art und Weise zu flirten. Ich denke aber, viele Menschen in der zweiten Lebenshälfte ziehen es vor, zumindest zu telefonieren oder sich so bald wie möglich persönlich kennenzulernen, wenn sie sich z.B. über eine Dating-Seite kennengelernt haben.

DIE HOHE KUNST DER VERFÜHRUNG IN MODERNEN ZEITEN

Heute lassen wir Ladys zwar keine Taschentücher mehr absichtlich fallen und senden erst recht keine Botschaften via Fächer – die würde vermutlich keiner mehr verstehen –, aber wir können den Männern immer noch auf charmante Art und Weise Starthilfe in Sachen Flirten geben.

So kannst du einen Flirt beginnen, ohne dich lächerlich zu machen

Was auch immer du tust, um einem Mann dein Interesse zu signalisieren: Es geht immer darum, dass du es indirekt vermittelst.

Face to face

Jemanden im realen Leben kennenzulernen, nicht erst online, ist natürlich ideal. Egal, ob im Café, in einer schicken Bar, bei einer Weinverkostung (oder Whiskey-Verkostung, denn da gibt es mehr Männer ...), bei der nächsten Party, zu der du eingeladen bist, auf der Parkbank, wo auch immer – hier ist es relativ leicht, Kontakt zu knüpfen.

Um überhaupt die Chance zu haben, Männer von Angesicht zu Angesicht kennenzulernen, musst du natürlich ... – wer hätte es gedacht? – (R)AUSGEHEN! Sag Ja zu Einladungen, obwohl du müde bist oder keine Lust hast. Du weißt nie, wen du kennenlernst. Und selbst, wenn bei der Geburtstagsparty einer guten Bekannten kein männliches Wesen dabei ist, das dir gefällt – du weißt nie, ob du dort nicht jemanden triffst, der jemanden kennt, der einen kennt, der dein Traummann sein könnte.

Lerne so viele Menschen wie möglich kennen, besuche einen interessanten Kurs, tue Dinge, die du noch nie getan hast, erweitere deinen Horizont – und vor allem: flirte, was das Zeug hält. Erinnere dich an meine Definition von ›Flirten‹ und übe mit jedem Menschen, der dir begegnet.

Unternimm vor allem auch mal alleine etwas, denn wenn du nur mit deinen Freund(inn)en unterwegs bist, haben manche Männer vielleicht größere Scheu, dich anzusprechen. Ich weiß, am Anfang kann es sein, dass du dich nicht so wohlfühlst, aber glaube mir, du gewöhnst dich daran und es kommt der Tag, an dem du es genießt, alleine unterwegs zu sein.

Der ideale Face-to-face-Erstkontakt

Angenommen, du bist ohne Begleitung in der Stadt, es ist Frühling, die Sonne scheint, und man kann endlich wieder draußen sitzen. Es geht dir gut, du hast eine super Ausstrahlung, du siehst umwerfend aus und bist gestylt, und du beschließt, dir einen Latte macchiato bei deinem Lieblingsitaliener zu gönnen. Wenn du eine schicke Sonnenbrille aufhast, kannst du noch im Schlendern auf den letzten Metern vor dem Café unbemerkt sondieren, ob an einem der Tische ein ›Solo‹-Mann sitzt, der dir gefällt.

Idealerweise drehen sich alle Köpfe nach dir um, weil deine charismatische Ausstrahlung kombiniert mit deiner attraktiven Erscheinung gar nichts anderes zulässt. Also hat auch ›er‹ dich bereits wahrgenommen. Such dir einen Platz in seiner Nähe und so, dass du ihn gut sehen kannst. Setz dich elegant hin, bestell äußerst freundlich deinen Latte, nimm deine Brille ab und halte dein Gesicht in die Sonne. Genieße die Wärme auf deinem Gesicht und schließe die Augen, so gibst du ihm die Gelegenheit, dein Gesicht auch ohne die Brille zu betrachten.

Nach einer kurzen Zeit öffnest du wieder deine Augen und siehst dich um, immer noch ohne Brille. Jetzt kann er auch deine wundervollen Augen sehen, deren Schönheit durch dein perfektes Make-up optimal unterstrichen werden. Wie durch Zufall wandert dein Blick zu ihm, du schaust ihm in die Augen und lächelst ihn nett an.

Wenn er sich durch dein Lächeln noch nicht aufgefordert fühlt, dich anzusprechen, hab Geduld und nimm es nicht persönlich. Vielleicht will er nicht plump erscheinen, vielleicht wartet er auf die richtige Gelegenheit. Schau einfach wieder

woanders hin, lies ein Buch, das du für solche Gelegenheiten immer dabei hast. Nach einer gewissen Zeit kannst du ja mal wieder hinsehen und lächeln, und sollte er einfach nicht in die Gänge kommen, geh über zu Plan B, und der sieht folgendermaßen aus:

Steh auf, nimm deine Handtasche, aber lass deine Jacke und dein Buch liegen, geh zu ihm hin und sage: »Entschuldigen Sie, Sie sehen so vertrauenswürdig und nett aus« (alternativ: »Sie haben so ein nettes Lächeln«, oder: »Sie sehen so sympathisch aus«), »könnten Sie bitte kurz auf meine Jacke und mein Buch sehen? Ich komme gleich wieder« (oder wenn du witzig sein möchtest: »Ich muss nur schnell die Welt retten«, oder: »Francesco hat angeblich seit Neuestem Tequila-Eis, ich möchte nur schnell nachsehen, ob das stimmt, ich will wissen, ob man davon betrunken wird«). Und wenn er bejaht, gehst du aufs Klo oder zur Eistheke.

Nach zwei oder drei Minuten kommst du zurück. Vielleicht plauderst du vorher noch nett mit Francesco über sein Tequila-Eis und lachst dein unwiderstehliches Lachen, das deine neue Bekanntschaft natürlich hören kann. Bitte Francesco um eine (bezahlte) Eis-Kostprobe und bring deinem Helden ebenfalls eine Kostprobe mit. Überreiche sie ihm mit den Worten: »Danke fürs Aufpassen! Wenn das Eis wirklich beschwipst macht, bin ich am helllichten Tag wenigstens nicht allein betrunken.« Du lachst charmant und gehst an deinen Tisch zurück.

Nun hat er allen Grund, an deinen Tisch zu kommen. Ihr könnt über das Eis Witze machen, und somit ist das erste Eis gebrochen (wie passend). Falls er keine Anstalten macht, etwas zu unternehmen, kann das viele Gründe haben: Vielleicht ist er schon in einer Beziehung, oder er ist verabredet und wartet auf die Person. Was auch immer – nimm es nicht persönlich, sieh es als gute Übung an, und weiter geht's.

Wenn du Bedenken hast, ob dir überhaupt was Witziges einfällt, weil du nicht schlagfertig genug bist, dann vertrau darauf, dass du auch in dieser Hinsicht durch Übung immer besser wirst. Je entspannter und selbstbewusster du im Lauf deiner Entwicklung wirst, desto schlagfertiger wirst du auch.

Bei ›meinen‹ Ladys staune ich immer wieder, wie sehr sie sich im Lauf der Wochen und Monate entwickeln. Aus grauen Mäusen werden strahlende Paradiesvögel, aus bedürftigen Opfern werden selbstbewusste, herzliche und strahlende Powerfrauen.

Szenenwechsel

Diesmal bist du mit Freund(inn)en in einer schicken Bar. Ihr seid gerade angekommen, habt einen Stehtisch gefunden, und nachdem dein Blick sogleich auf einen interessanten Mann an der Bar gefallen ist, übernimmst du die Bestellung, wartest aber nicht auf den Service, sondern gehst zur Bar. Vielleicht hast du einen Blazer an, dann lass ihn an, geh an die Bar – direkt neben ›ihn‹ – und gib beim Barkeeper deine Bestellung für dich und deine Freunde auf.

Natürlich flirtest du mit dem Barkeeper, das heißt, du bist supernett, lächelst, und dann ziehst du deinen Blazer aus und sagst: »Puh, ganz schön heiß hier. Entschuldigen Sie, dürfte ich Sie um einen Gefallen bitten? Könnten Sie bitte meinen Blazer kurz halten, damit ich zahlen und die Drinks zu meinen Freunden bringen kann?«

Er wird dir gerne behilflich sein, und so hast du die Möglichkeit, nochmals zurückzugehen, um dein Kleidungsstück zu holen. Vielleicht ergibt sich daraus ein nettes Gespräch. Wenn es ganz gut läuft, kannst du ihn auch zu euch an den Tisch bitten. Sei entspannt und schau, was passiert.

In beiden Fällen hast du die Initiative ergriffen – du hast das Taschentuch fallen lassen –, auf charmante Art und Weise. Du hast ihm signalisiert, dass du an ihm interessiert bist, ohne dir die Blöße zu geben, ihn unbeholfen anzubaggern. Er erkennt an deiner Frage nach Unterstützung, dass du auch Hilfe in Anspruch nehmen kannst – das ist weiblich und sexy.

Crashkurs: Die Psychologie des Mannes
Die meisten Männer machen gerne Komplimente, allerdings sind sie vielleicht verunsichert, weil viele Frauen gar nicht mehr richtig mit Komplimenten umgehen können. Frauen sagen dann so was wie: »Das wäre doch nicht nötig gewesen«, oder: »Ich brauche keinen Mann, der mir die Tür aufhält (den Nagel in die Wand schlägt, meine Winterreifen wechselt …).« Im schlimmsten Fall sagen Frauen zu ihren Freundinnen auch Dinge wie: »Wer braucht schon einen Mann?«, wohlwissend, dass das sarkastisch und aus der Verzweiflung heraus geboren ist.

Beachte: Männer mögen es, Frauen zu unterstützen, wenn sie um einen Gefallen gebeten werden, und sie wissen selbst, dass die meisten Frauen heute allein einen Nagel in die Wand schlagen können. Männer mögen es auch, eine Frau zum Lächeln zu bringen oder mit ihr in eine witzige und später vielleicht tiefgründigere Konversation einzutauchen.

Wichtig ist auch, wirklich zu signalisieren, dass du grundsätzlich interessiert bist, indem du z.B. dezent die Initiative ergreifst, ohne dass du ihn gleich anhimmelst.

Ein Mann verliert jedoch schnell das Interesse an einer Frau …,

... die in der Konversation kein Profil zeigt – sprich: sie findet alles toll, was der Mann sagt, den sie gerade kennengelernt hat; sie himmelt ihn sofort an und signalisiert viel zu viel Bereitschaft oder im schlimmsten Fall auch Bedürftigkeit.

... wenn sie zu kühl und unnahbar wirkt. Manche Flirt-Ratgeber empfehlen Frauen, sich als sehr wertvoll und ›schwer zu haben‹ zu positionieren, weil sie das angeblich sehr viel interessanter macht und den Jagdtrieb des Mannes anstacheln soll. Fakt ist aber, sich kühl und distanziert zu geben, erweckt auch schnell den Eindruck von Arroganz, und das ist nicht anziehend.

... wenn sie zu sexy ist. Das kann schon mit dem Outfit beginnen: zu kurzer Rock, zu tiefes Dekolleté, zu viel Schminke, zu lange Krallen, zu aufgesetzte Flirt-Strategien (übertriebenes Mit-den-Haaren-Spielen, zu erotischer Blick) – du weißt schon, diese ganz Verführungspalette. Natürlich macht einen Mann so viel sexy Getue an. Vielleicht macht eine Frau ihn auf diese Art und Weise sogar verrückt nach ihr. Anfangs zumindest. Sobald er sein Ziel erreicht hat, verliert er schnell das Interesse, weil die Verbindung nur auf sexueller Basis geknüpft wurde.

Es ist wie bei Kindern, die sich sehnlichst ein bestimmtes Spielzeug wünschen: Haben sie es endlich, verlieren sie bald das Interesse und das einstmals so begehrte Spielzeug landet in irgendeiner Ecke.

... wenn sie zu kumpelhaft ist und die anderen Komponenten außen vor lässt. Wenn kein Funke sexueller Energie zwischen zwei Menschen ist, kann aus der Begegnung Freundschaft werden, aber kaum eine Liebesbeziehung.

... wenn sie zu bedürftig ist; wenn sie anfängt, sich kleinzumachen, weil sie denkt, dass sie ›ihn‹ endlich gefunden hat; wenn sie anfängt, ihr gesamtes Leben auf ihn auszurichten, und aufhört, ihr eigenes Leben und ihren eigenen Freundeskreis zu pflegen.

... wenn sie zu schnell zu viel will; wenn sie sich zu schnell – von den Verliebtheitshormonen überwältigt – zu emotionalen Ausbrüchen hinreißen lässt; wenn sie zu schnell »Ich liebe dich sagt«, bevor er es sagt oder zumindest ausdrückt, dass er sich eine feste Beziehung wünscht.

Ein Mann gewinnt schnell das Interesse an einer Frau, wenn sie …

... suggeriert, dass er sich um sie bemühen muss, und sie zugleich signalisiert, dass sie Interesse an ihm hat
... herzlich und mitfühlend ist
... flirty und sexy ist (aber nicht aufgesetzt sexy)

... integer ist, eine eigene Meinung hat und sie auch vertritt

... eine gewisse Unabhängigkeit ausstrahlt

... sich über Komplimente und Gefälligkeiten freuen kann

... ohne äußeren Grund glücklich ist

... selbstsicher ist und nicht alles persönlich nimmt

... über sich selbst auch mal lachen kann

... witzig und spontan ist

... auch mal ihre Grenzen aufzeigt

Das alles sind Eigenschaften, die Männer an Frauen lieben, doch geht es nicht um die einzelnen Eigenschaften an und für sich, sondern um die Kombination der einzelnen Komponenten.

Wenn ein Mann beim Kennenlernen fühlt, dass er in der Beziehung mit seiner Angebeteten Spaß haben kann; wenn er mit ihr lachen und netten Blödsinn machen kann; wenn er gleichzeitig fühlt, dass sie gefühlvoll, mitfühlend und herzlich ist, und wenn sie ihn später nach allen Regeln der Kunst verführt und sich ihm als eine Liebesgöttin präsentiert, dann ist diese Kombi für ihn unglaublich attraktiv.

Das Geheimnis einer erfolgreichen ersten Begegnung liegt in der Fähigkeit beider, eine Verbindung aufzubauen, die über den üblichen Smalltalk hinausgeht. Wenn er fühlt, dass diese Frau auf allen Ebenen eine Bereicherung für ihn darstellt, dass sie einzigartig und unverwechselbar ist und dass er mit ihr etwas erleben kann, das er noch nie zuvor erlebt hat, dann zieht ihn das magisch an.

Was aber, wenn du nicht die Möglichkeit hast, ihn gleich in persona kennenzulernen? Dann brauchst du zunächst eine andere Taktik, z.B., wenn du ihn online kennenlernst.

Online

Egal, ob auf Facebook, Instagram, Twitter oder was auch immer es in Zukunft geben wird: Hier hast du diverse Möglichkeiten.

Lass uns Facebook als Beispiel nehmen, weil die Jugend mittlerweile hauptsächlich auf Instagram vertreten ist, wohingegen wir, die wir uns in der Blüte unseres Lebens befinden, zum Zeitpunkt, da ich dieses Buch schreibe, (noch) eher Facebook nutzen.

Als Single-Lady erhältst du sicher viele Freundschaftsanfragen – viele sind inzwischen leider Fake-Profile. Mit der Zeit bekommst du ein Gefühl dafür, ob ein Profil echt ist oder nicht. Schau dir die Freundesliste an, falls es überhaupt eine gibt, scrolle durch ›seine‹ Timeline: Falls dort außer Fotos kein Text zu finden ist, nimm die Anfrage nicht an.

Solltest du jemanden entdecken, der dir gefällt, sende ihm eine Freundschaftsanfrage. Nimmt er sie an, kannst du das eine oder andere Foto von ihm liken und einen netten, unverfänglichen Kommentar dazuschreiben. Postet er z.B. ein Foto von sich mit Freunden, könntest du so was schreiben wie: »Du scheinst ja nette Freunde zu haben!« Oder wenn er gerne Sport treibt und ein Foto postet, auf dem er in der Natur ist, frage unverbindlich, wo er gerade ist (falls er es nicht schon dazugeschrieben hat) oder wie lange er braucht, um rund um den See zu joggen. Du weißt, was ich meine: Es geht um die unverfängliche Kontaktaufnahme.

Wenn er antwortet – gut! Wenn nicht oder wenn er deine(n) Kommentar(e) nur liked, und das mehrmals, dann lass es wieder. Du hast ihm signalisiert, dass er dich näher kennenlernen darf; wenn er nicht darauf anspringt, geh einfach weiter. Sollte er dir je gar nicht mehr aus dem Kopf gehen, versuche es nach ein, zwei Wochen noch mal mit einer unverbindlichen Frage oder einem Kommentar, und falls dann wieder nichts zurückkommt, ist die Sachlage wohl klar.

Falls er wirklich mit dir Kontakt knüpft und sogar anfängt, dir auf dem Messenger zu schreiben, bleib trotzdem vorsichtig, bis du ihn persönlich kennengelernt hast. Dazu später mehr; siehe *Der Erstkontakt – und dann?*

Dating-Apps wie Tinder & Co

Willst du locker flirten, registriere dich einfach bei einer der vielen kostenlosen Dating-Apps. Wichtig ist hier ein schönes Profilbild, sonst wirst du leicht ›weggewischt‹. Wenn ich Menschen beobachte, die z.B. bei einer Dating-App ihre ›Matches‹ ansehen, also die Menschen, deren Profil mit dem eigenen am besten übereinstimmt, wird mir immer ganz komisch zumute: So schnell kann ich gar nicht zusehen, wie die Fotos ›weggewischt‹ werden. Aber natürlich gibt es auch hier Erfolgsgeschichten wie überall sonst.

Was auch immer du unternimmst: Willst du auf einen Mann zugehen, erinnere dich an das Taschentuch! Du gibst dir keine Blöße, wenn dein Kontaktangebot indirekt stattfindet. Angenommen, du siehst online jemanden, der dich interessiert, dann kontaktiere ihn auf sympathische Art und Weise. Schreib was Nettes über sein Foto, seine Frisur, seine Sonnenbrille, seine Freunde, seinen Hund, whatever ... Je lockerer und origineller, desto besser.

Don'ts

Bitte mach auf gar keinen Fall den Fehler, ihm zu schreiben, du hättest ihn sofort als deinen Seelenpartner erkannt, du könntest seine Aura lesen, er sei dir so vertraut und du seist dir sicher, dass ihr zwei zusammengehört!

Glaube mir, du kannst gar nicht so schnell schauen – weg ist er!

MAGIC SECRET

Manipulation? Verboten!

Menschen manipulieren sich gegenseitig ständig, das lässt sich gar nicht vermeiden. Allerdings solltest du darauf aus sein, die Männer, die du datest, nicht bewusst zu manipulieren. Was meine ich damit?

Du hast die Übungen gemacht, die ich dir ans Herz gelegt habe, und die berühmte Traummann-Liste erstellt. Ich habe dir empfohlen, dass du deinem Traummann kein bestimmtes Gesicht geben sollst. Wenn du ein Foto eines Mannes nimmst, den du schon kennst und dessen Herz du erobern möchtest, greifst du unerlaubt in seinen freien Willen ein. Womöglich funktioniert das auch, aber du wirst nie wissen, ob er sich wirklich aus freien Stücken für dich entschieden hätte. Das wiederum würde dich immer wieder beschäftigen und in letzter Konsequenz verunsichern, einfach weil du weißt, dass deine bewusste Manifestation nicht ganz sauber war. Jedes Herz muss sich frei entscheiden dürfen!

Deine Partnerschaft mit einem Mann, der sich frei für dich entscheidet, wird sich ganz anders anfühlen, als wenn du mit jemandem zusammen bist, den du mit unlauteren Mitteln ›verzaubert‹ hast.

Abgesehen davon weißt du dann auch nicht, ob der ›Verzauberte‹ tatsächlich der Richtige für dich ist. Vielleicht wurde er dir nur geschickt, um noch ein wenig zu üben oder etwas zu lernen. Der Richtige aber, der wirklich zu dir passt, wartet womöglich im nächsten Café, und du versäumst ihn.

Lass dem Leben den Spielraum, das zu entfalten, was wirklich zu dir gehört! Ich sage es noch einmal: Nutze die Zeit des Alleinseins, um dich zu entwickeln und dich von deinen hinderlichen Programmierungen zu befreien. Je mehr du zu deiner ureigenen Essenz gelangst, desto besser wird der Mann zu dir passen, den du wie magnetisch in dein Leben ziehst und der doch freiwillig den Kontakt mit dir sucht.

Lass die Finger von jeglicher bewusster Manipulation. Dazu gehören auch alle möglichen magischen Rituale, alles, was mit unsauberem Liebeszauber zu tun hat. Je mehr du dem Leben vertrauen kannst bzw. dem ›Höheren‹, woran du glaubst – dem Göttlichen, der universellen Kraft, der Quelle, dem Quantenfeld –, desto größer ist die Chance, dass du eine Liebe erleben wirst, von der du jetzt nicht mal ahnst, dass es so etwas Wundervolles für dich geben könnte.

Die Garantie für deinen Erfolg liegt in der gesunden Mischung aus bewusster Manifestation, Klärung deiner (eventuell teilweise geerbten) Programmierungen und deiner Bereitschaft, dem Göttlichen Raum für seine Überraschungen zu geben.

DAS WAHRE GEHEIMNIS DEINER AUSSTRAHLUNG

Erinnere dich an deine weibliche Urkraft

Gerade als erfolgreiche Frau lebst du vielleicht sehr stark deine männliche, karriereorientierte Seite, und es ist wunderbar, dass wir heutzutage diese Möglichkeit haben. Oftmals bleibt jedoch das Urweibliche, Verführerische auf der Strecke – so wie heutzutage auch viele Männer das Gefühl haben, nicht mehr ihre Männlichkeit leben zu dürfen. Das archaische Bild, was weiblich und was männlich ist, ist schwammig geworden, und das macht es uns allen in Sachen Liebe nicht unbedingt leichter.

Die Quintessenz jener magischen Nacht, die ich in Phase 2 *Der Download* beschrieben habe, war die Erkenntnis, wie ich dich an deine innere Kraft erinnern kann, die nur durch allen möglichen Müll, durch Blockaden, vererbte Muster oder was auch immer verschüttet ist.

Tief in dir weißt du ganz genau, wie du den Mann, für den du dich interessierst, verzaubern kannst; das Urweib in dir weiß, wie es geht.

Die Komponenten deiner Urkraft

Deine Urkraft besteht aus mehreren Komponenten: deiner kraftvollen Sexualität; den magischen Kenntnissen, an die wir nur erinnert werden müssen, weil sie schon in uns wohnen; und deinem Herzen – der Liebe, die du geben kannst.

1. Deine Sexualität

Natürlich verändert sich in den Wechseljahren körperlich sehr viel, aber es gibt z.B. gute Möglichkeiten, den Hormonhaushalt zu regulieren. Wir können uns auf der körperlichen Ebene sehr gut helfen oder uns unterstützen lassen.

Noch viel wichtiger ist aus meiner Wahrnehmung unsere mentale und emotionale Einstellung zu dieser neuen Lebensphase. Es gibt so viele Vorteile, deren wir uns nur bewusst werden müssen:

1. Wir müssen nicht mehr verhüten und können daher unsere Sexualität sehr viel freier genießen.

2. Wir können auf unsere breit gefächerten Lebenserfahrungen zurückgreifen.

3. Wir sind oft viel gelassener als die jungen Frauen.

4. Diese Gelassenheit wirkt sich im Idealfall auf viele unserer Lebensbereiche aus.

5. Wir nehmen die Dinge nicht mehr so persönlich.

6. Wir gehen mit unseren eigenen vermeintlichen Fehlern besser um.

7. Wir sind so viel weiser. Weisheit basiert nach meiner Wahrnehmung auf der emotional entkoppelten Lebenserfahrung. Wir haben viel gelernt aus dem, was uns widerfahren ist, und sind durch die emotionale Entkoppelung nicht mehr so leicht triggerbar. Im Gegenteil, wir haben etwas Wichtiges gelernt und das Gelernte umgesetzt.

8. Wir sind nicht mehr die Zielscheibe männlicher, sexueller Fantasien. Das macht uns freier. Es kann nämlich auch sehr stressig sein, ständig angebaggert zu werden, wenn wir nicht als Mensch gemeint sind.

Als sensitiver Mensch konnte ich immer fühlen, wenn sich Männer durch ihre sexuellen Fantasien energetisch an mich hefteten, und ich konnte gerade als junge Frau ganz schlecht damit umgehen. Ich fühlte mich einfach nicht gesehen, wenn ein Mann auf meine Brüste starrte, anstatt mir in die Augen zu sehen.

Ich nahm das immer persönlich, bis mir ein weiser Mann erklärte, dass Männer evolutionsbedingt einfach so sind, dass es aber gar nichts mit mir als Person zu tun habe. Das hat mich beruhigt. Trotzdem denke ich, dass ein bewusster Mann mit Sicherheit eine Frau ganzheitlich wahrnehmen will und kann. Schließlich geht es in einer Beziehung nicht nur um Sex.

Dennoch ist unsere Sexualität enorm wichtig. Es ist auch nicht so, dass wir irgendwann aufhören, sexuelle Wesen zu sein. Tatsache ist, das hört nie auf. Selbst in Altersheimen geht es mitunter noch ziemlich rund – darüber wird nur nicht geredet. Sex im Alter ist ein Tabu-Thema. Eigentlich schade.

Schneiden wir uns von unserer Sexualität ab, dann geht uns ein wichtiger Part unserer Ganzheit verloren. Unser Becken ist das Zentrum unserer weiblichen Schöpferkraft. Hier kann Leben entstehen. Über diese Tatsache zu meditieren oder sich über eine längere Zeit damit zu beschäftigen, kann Wunder bewirken.

Allein durch unsere Aufmerksamkeit aktivieren wir unsere unteren Energiezentren – du weißt: »Energie folgt der Aufmerksamkeit.« Und natürlich können wir diese Aktivierung unterstützen: durch unseren Atem, durch sinnliche Massagen, durch das ›Segnen‹ unseres Beckens, durch unsere Fantasie, durch Selbstbefriedigung, was auch immer dir einfällt. Oft reicht es schon, deine warmen Hände auf deinen Unterbauch zu legen und dich zu bedanken – dafür, dass dein Becken dir schon viel sexuelle Freude bereitet hat, dass dein Körper gesund ist, dass alles funktioniert wie angedacht usw.

Einige Frauen haben sich darauf spezialisiert, anderen dabei zu helfen, ihre Sexualität über Körperarbeit zu heilen. Dies geschieht oft durch sogenannte ›Yoni-Massagen‹. Dabei können sich so viele Energien lösen, die in der Vagina bzw. im Becken abgespeichert sind: Verletzungen, die wir in unserem eigenen Leben erfahren haben, sowie kollektive Verletzungen, die Frauen über die Jahrtausende erfahren haben – oft durch das männliche Kollektiv, durch Unwissenheit und Verblendung.

Der Ausgewogenheit zuliebe muss ich aber auch hinzufügen, dass Männer viele Verletzungen durch das Weibliche erfahren haben. Die Gründe sind oft dieselben. Denke z.B. an eine Mutter, die ihren kleinen Sohn unbewusst als Partner-Ersatz missbraucht. Oder wenn eine Mutter total dominant und übergriffig ist – nicht unbedingt im sexuellen Sinn, sondern indem sie im Leben ihres Sohnes zu viel Raum einnimmt. Oder denke an eine Mutter, deren Liebe erdrückend ist, die eifersüchtig verhindern möchte, dass eine andere Frau einen Platz im Herzen ihres Sohnes einnimmt. Solche Frauen erziehen Männer zu Muttersöhnchen oder zu bindungsunfä-

higen Männern, die sich aus dem Staub machen, sobald seine neue Eroberung ihn nur annähernd an seine Mutter erinnert. Oder nimm eine Mutter, die ihren Sohn nicht lieben kann, aus welchen Gründen auch immer. Es könnte sein, dass sich aus so einem Jungen ein Mann entwickelt, der unbewusst alle Frauen hasst, weil die erste Frau in seinem Leben ihn emotional nicht nähren konnte.

Du weißt, was ich meine. Die Beispiele mögen klischeehaft sein; mir geht es nur darum, darauf aufmerksam zu machen, dass sowohl das weibliche als auch das männliche Kollektiv zutiefst verletzt sind.

Auch aus diesem Grund empfinde ich meine Arbeit als sinnerfüllt, weil ich Frauen dabei helfe, diese Verletzungen zu heilen. Eine geheilte Frau, die ganzheitlich in ihrer weiblichen Urkraft ist, wird einen Mann in ihr Leben ziehen, der sich ebenfalls um seine Verletzungen gekümmert hat. Stell dir vor, was für unglaublich reife und schöne Partnerschaften dann entstehen können! Deswegen ist die Heilung und die Aktivierung unserer Sexualität so wichtig.

2. Deine natürliche Spiritualität – deine Magie

Weil es so wichtig ist, will ich es noch einmal betonen: Mit magischen Kenntnissen meine ich nicht irgendwelchen schwarzmagischen Hokuspokus! Und mal ehrlich, möchtest du einen Mann an deiner Seite haben, der nur bei dir ist, weil du ihn quasi verhext und manipuliert hast?

Auf diese Weise hast du sein Herz nicht wirklich gewonnen und musst im Grunde immer energetisch nachlegen, damit er nicht aufwacht und dich verlässt. Lass die Finger davon! Ich vermute, dass manipulative Vorgehensweisen nicht gut fürs Karma sind.

Wir alle sind spirituelle Wesen, da können wir noch sosehr lauthals verkünden, dass wir nicht an Gott glauben. Wenn ich von Spiritualität spreche, meine ich keine religiösen Glaubensrichtungen, Sekten oder Ähnliches. Ich meine einfach die Verbindung mit der Quelle allen Lebens.

Ich selbst war 13 Jahre lang in katholischen Klosterschulen, und neben ganz reizenden Klosterschwestern habe ich auch ziemlich frustrierte, nahezu böse Ordensschwestern erlebt. Meine eigene Spiritualität war durch das Erlebte sehr verschüttet, und das Wort ›Gott‹ hatte für mich eher etwas Bedrohliches, weil es mich an einen strafenden Gott erinnerte und an diese unsägliche Schuld, die wir laut der katholischen Kirche seit dem Rausschmiss aus dem Paradies angeblich tragen. Einige der weniger netten Klosterschwestern vermittelten mir unterschwellig, dass ich als junge Frau mit diesem üppigen weiblichen Körper, deren Sexualität sehr früh erwachte, die Schuld in Person sei, nur weil ich zur Frau erblühte. Kein Wunder, dass meine Menstruationsbeschwerden in dieser Zeit die Hölle waren.

Also rebellierte ich, fand alles an der katholischen Kirche einfach nur blöd und sang in meinem Zimmer lauthals mit Nina Hagen: »... Gott ist tot!« Dieses ganze Geschwafel von Schuld, das Knien in der Kirche, die ›bösen‹ Schwestern, die fühlbare unterdrückte Sexualität der Ordensschwestern und die insgeheim ausgesendeten ›sündigen Gedanken‹ eines Priesters in meine Richtung – das entfernte mich eher von diesem ›katholischen‹ Gott. Zum Glück entfernte sich das Göttliche niemals von mir – was in Wahrheit ohnehin nicht möglich ist. Dennoch fühlen sich viele Menschen von Gott getrennt, aber das gehört mit zum menschlichen Spiel auf dem Planeten Erde.

Aus meiner Sicht ist diese Abtrennung von der Quelle und somit auch von unserer eigenen Göttlichkeit das große Problem der Menschheit. Menschen, die sich (wieder) verbunden fühlen, wandeln auf leisen Sohlen auf Mutter Erde, sie sind demütig und dankbar für das Leben. Wären wir alle bewusst über unser offenes Herz mit der Quelle verbunden, würden wir uns gegenseitig – bzw. den Tieren und unserem Heimatplaneten – nicht so unglaubliche Gräueltaten antun.

Ich möchte dir an dieser Stelle eine Anregung mitgeben, einen Gedanken, der mich immer wieder beschäftigt und staunen lässt: »Wer oder was lässt mein Herz so unermüdlich schlagen – und wer oder was bestimmt, wann es zu schlagen aufhört?«

Das ist das Mysterium deines Lebens. Niemand außer du selbst kann dir diese Frage beantworten. Dein Herz kennt die Antwort!

3. Dein Herz

Dein spirituelles Herz ist die Verbindung zwischen Himmel – also deiner natürlichen Spiritualität – und Erde – also deiner Sexualität. Dein Herz ist der Ort, wo deine Träume wohnen.

Wir alle denken an unsere Herzen, wenn wir von der Liebe sprechen. Wir meinen aber nicht nur unser physisches Herz, sondern unser viertes Energiezentrum, das vierte Chakra, das offen ist, wenn wir wirklich lieben. Wer liebt, verschenkt sein Herz an (einen) andere(n) Menschen.

Die meisten von uns bauen im Lauf ihres Lebens eine Mauer um ihr Herz, damit sie nicht mehr verletzt werden können. Wir sprechen dann von verschlossenen Herzen. Werden wir verlassen und enttäuscht, fühlt es sich an, als litten wir unter einem gebrochenen Herzen, das später Narben davontragen wird. Die Wahrheit lautet: Unsere energetischen Herzen können weder brechen noch Narben davontragen.

Dennoch wollen wir diesen Schmerz nie wieder erleben und bauen deswegen unsere Mauern auf, die so hoch sind, dass wir uns irgendwann sehr schwertun, sie wieder einzureißen. Das Problem ist: Durch unsere Mauern geht weder etwas raus noch rein. Wenn wir wirklich glücklich sein und lieben wollen, müssen wir uns dafür entscheiden, unsere Herzmauern einzureißen.

Unser Herz ist ein Magnet; damit ziehen wir die Liebe in unser Leben. Wäre es da nicht schlau, die Liebe, die wir uns wünschen, auch auszusenden?

Wissenschaftler des *HeartMath Institute*[7] haben herausgefunden, dass das vom Herzen erzeugte elektromagnetische Feld das stärkste Energiefeld unseres Körpers darstellt. Ist diese Energie wirklich ›liebevoll‹, dann beeinflusst sie nicht nur unsere Mitmenschen, sondern alles, den gesamten Planeten. Deswegen ist es so wichtig, immer wieder unsere Energie zu erhöhen. Wenn du z.B. in einem Raum bist, in dem die ›dicke Luft‹ für jeden spürbar ist – Wissenschaftler sprechen von der ›Feldenergie‹ –, so hast du die Macht, mit ein paar wenigen Menschen die Energie des Raumes zu verändern, indem ihr gemeinsam eure Energie erhöht. Auch das ist ein Phänomen: Wenn sich ein paar Menschen über einen gewissen Zeitraum in einem Raum befinden, fangen ihre Herzen irgendwann an, im gleichen Rhythmus zu schlagen.

Was heißt in diesem Zusammenhang ›Die Energie erhöhen‹? Du kannst deine Energie bzw. deine Schwingung erhöhen, indem du innerlich ruhig, friedvoll, zufrieden wirst. Du bist so machtvoll, dass du dich bewusst dafür entscheiden kannst, dich abzuregen, runterzukommen und Harmonie bzw. Gleichklang in dir zu erzeugen. Du kannst dich entscheiden, dein Herz zu öffnen.

Du musst keine Angst haben, dass du nur noch mit einem offenen Herzen durch dein Leben gehst und deswegen umso leichter verletzt werden kannst. Es gibt sehr wenige Menschen, die dauerhaft ihr Herz offen haben. Bei den meisten von uns öffnet und schließt es sich abwechselnd.

Klar, wenn wir von Menschen umgeben sind, bei denen wir spüren, dass sie nichts Gutes im Schilde führen, ist es ratsam, sich zu schützen. Und da unser Herz sehr feinfühlig ist, sorgt es von selbst dafür, dass unsere Emotionen uns warnen. Unser System automatisiert alle Vorgänge, damit wir in den Alarm-Modus gehen, sobald Gefahr droht. Falls wir in freier Wildbahn eine Puma-Mutter aufscheuchen, die ihre Jungen beschützt, bringt uns ein offenes Herz, das sich für die flauschigen Kleinen begeistert, eher ins Grab. Wir sind so konzipiert, dass in einer derartig gefährlichen Situation unser Reptiliengehirn die Führung übernimmt und uns durch automatisierte Reflexe – wie den Fluchtreflex – in Sicherheit zu bringen versucht. Unser Herz hat in einer solchen Situation Sendepause – das ist von der Natur perfekt arrangiert.

Wir erleben allerdings auch genügend Situationen, wo wir unser Herz öffnen sollten, um ihm die Führung zu überlassen.

Wir können unser Herz bewusst öffnen, selbst wenn es schon sehr lange hinter den Herzmauern versteckt war. Jeder Mensch, sei er auch noch sosehr verletzt, sei er noch so abgestumpft oder sogar willentlich böse, jeder Mensch lässt sich von irgendetwas berühren. Vielleicht ist es das Lächeln eines Babys, die berühmten Katzenfotos, ein erhebendes Musikstück oder die Erinnerung an einen schönen Moment im eigenen Leben.

Solange wir unser verletztes Herz hinter hohen Mauern verstecken, wollen wir uns an manch schöne Erinnerung womöglich nicht herantasten, weil sie zu sehr wehtut. Was uns schmerzt, ist aber nur der Verlust und die Angst, dass so ein vollendet schöner Moment nie mehr wieder kommt. Wer glücklich sein will, muss mutig sein. Denn tatsächlich können uns solche Momente nur dann im Herzen erreichen, wenn es offen ist. Und sobald unser Herz offen ist, kann es gar nicht anders sein, als dass wir neue, wundervolle Momente erleben – schließlich sendet unser offenes Herz pure Liebe aus.

In jedem Moment unseres Lebens haben wir die Möglichkeit, die Schönheit und die Wunder des Lebens zu sehen. Ein wundervoller Sonnenuntergang kann unser Herz vor lauter Glück zum Überquellen bringen ..., oder er kann an uns ungesehen vorüberziehen.

Wir können uns entscheiden, durch welche Brille wir die Welt sehen wollen: durch die mit dem Grauschleier – oder durch jene, die die Farben unseres inneren Prismas verstärkt und uns das Gute in allem und jedem sehen lässt. Mit der bunten Herzensbrille auf der Nase wird das Leben so viel beglückender!

3. Die Vereinigung der drei Komponenten

Wenn wir frisch verliebt sind und alles gut läuft, fällt es uns leicht, alle drei Komponenten zu vereinigen. Stell dir vor, du hast Sex mit deinem absoluten Traummann, der alles hat, was auf deiner Wunschliste steht; er ist unglaublich sexy und kommt dir wie der begnadetste Liebhaber der Welt vor. Ihr liebt euch, und ihr drückt diese Liebe sexuell aus. Du bist verrückt vor Lust, ihr seht euch in die Augen, euer Orgasmus fühlt sich kosmisch an, für einen Augenblick verschmelzt ihr.

Das ist der Moment, wo dein Herz wie von selbst aufgeht, dein Körper, deine Seele, dein Herz sind durchdrungen von Liebe und Lust, und du hörst dich leidenschaftlich flüstern: »Ich liebe dich.«

Über deine Sinnlichkeit bist du mit deinem Körper verbunden, mit deinem Becken, deinem Schöpferinnen-Zentrum. Diese Energie schießt hoch in dein Herz, es ist weit offen, und du könntest sogar heulen vor lauter Glück. Diese Energie verbindet dich aber auch mit deiner natürlichen Spiritualität, denn in diesem Moment der Verschmelzung löst du dich auf. Oder besser gesagt, dein Ego löst sich auf. Denn in Wahrheit fühlst du dich nicht nur mit deinem Liebsten verbunden, sondern mit allem, was ist. Ein Orgasmus, der in Liebe stattfindet, erschüttert den Kosmos. Du bist eins mit der Liebe, dessen Ausdruck dein Liebster ist, er spiegelt DEINE LIEBE.

Liebe ist mystisch, sie ist magisch, sie verändert die Welt. Doch benötigt sie in diesem Hologramm die drei genannten Komponenten: deinen Körper, dessen höchster Ausdruck deine Sexualität ist, deine natürliche Spiritualität und als die Verbindung all dessen: DEIN HERZ.

Diese Zeilen schreiben sich geradezu von allein, und ich staune selbst wegen der Aussage über den Körper: »... dessen höchster Ausdruck deine Sexualität ist ...« Ich sage zur Quelle: »Damit ich diesen Satz im Buch lassen kann, muss ich ihn verstehen. Wieso ist meine Sexualität der höchste Ausdruck meines Körpers?« Prompt kommt die Antwort durch die Stimme, die stets die reine Wahrheit spricht:

> »Höchster Ausdruck deswegen, weil Sex
> DER SCHÖPFUNGSAKT schlechthin ist.
> Dabei entsteht normalerweise Leben, das aus
> der Liebe geboren ist.
>
> Es ist euer höchster Ausdruck, weil ihr damit
> direkt mit der Quelle verbunden seid,
> ob es euch bewusst ist oder nicht.«

Ich fühle: Die Quelle meint nicht den herzlosen Sex, den viele heutzutage praktizieren, Sex, der nur dazu dient, sich zu entladen. Gemeint ist vielmehr die heilige Vereinigung des Weiblichen und des Männlichen – der heilige Sex.

Mein Verstand bedankt sich: Ja, das klingt durchaus sinnvoll.

NATÜRLICHE WEIBLICHE KRAFT UND WEIBLICHES GESPÜR

Es ist so wichtig, dass du in deine natürliche weibliche Kraft kommst! Mag sein, dass du Unterstützung bzw. ein Coaching brauchst, um den in dir steckenden Diamanten zu schleifen. Dann bekommst du nach und nach immer mehr Verbindung zu deiner urweiblichen Essenz, die auch so anziehend für Männer ist.

Du wirst dann wissen, wie du dich auf ›ihn‹ einschwingen und wie du auf ›ihn‹ zugehen kannst, ohne dass er zurückweicht. Dank deiner erwachten natürlichen weiblichen Kraft wirst du auch fühlen können, wann es besser ist, dich ein wenig zurückzuziehen, weil ihr beide mehr Freiraum braucht, ein wenig Abstand, damit die Sehnsucht nacheinander wieder entflammt wird. Du wirst es fühlen können, falls du dazu neigst, dich selbst zu verlieren, weil du dich in ihm verlierst – was uns Frauen leider viel zu oft passiert; wir bemerken es meist gar nicht.

Ich kenne das von mir selbst zur Genüge. Mittlerweile weiß ich aber: Wenn ich in meiner satten Weiblichkeit meines Körpers präsent bin und es durchschaue, dass mein ständig plappernder Verstand absurde Probleme produziert, dann kann ich mich bewusst dafür entscheiden, wieder bei mir anzukommen; ich kann in den Moment atmen, mich sicher und kraftvoll fühlen, und ich weiß, alles ist gut und alles, was mir scheinbar Schlimmes auf meinem Weg passiert ist, ist von einer höheren Warte aus betrachtet von Sinn durchdrungen.

Warum es in diesem Buch dennoch Flirt-Tipps gibt
Ganz einfach, weil wir in der Schule nicht die Kunst der Kommunikation lernen. Ein kleiner, unbedachter Satz kann alles kaputtmachen.

Die Entwicklungen in den letzten Jahren haben unsere Kommunikationsmöglichkeiten sehr eingeschränkt. Nur ein Beispiel aus meiner Radiozeit: In etwa 12 von insgesamt 14 Jahren riefen die Hörer und Hörerinnen im Studio an. Ich liebte es, ›on air‹ mit ihnen zu plaudern, über die Liebe zu reden, egal, ob ich einen der Singles vorstellte oder ob jemand Liebesgrüße ausrichten wollte. Das war die Zeit, als Facebook in unser aller Leben immer präsenter wurde. Die Leute riefen immer seltener an, stattdessen fingen sie an, E-Mails zu schreiben oder Facebook-Messages zu schicken. Dadurch war nach und nach immer weniger der persönliche Kontakt im Moment möglich. Mir fehlte dieser Austausch sehr, und mir wurde sterbenslangweilig in meinem Job. So nahmen die Dinge ihren Lauf, bis der Sender und ich uns schließlich trennten.

Viel später erfuhr ich, dass mittlerweile viele Menschen an einer Telefonphobie leiden. Sie wollen nicht mehr telefonieren, und tatsächlich schicken wir uns heutzutage viel mehr Text-Messages, als dass wir direkt miteinander telefonieren.

In unserem Alter haben wir wenigstens das Glück, Zeiten erlebt zu haben, in denen es weder Computer noch Smartphones gab. Wenn ich mit meiner besten Freundin kommunizieren wollte, musste ich sogar warten, bis unser Viertelanschluss frei war, erst dann konnte ich ihr von dem Jungen erzählen, in den ich gerade verliebt war.

Heute ist alles anders – unsere technischen Möglichkeiten sind Segen und Fluch zugleich. Was aber mit Sicherheit auf der Strecke geblieben ist, ist unsere verbale Kommunikationsfähigkeit. Wir lernen nicht mehr, wie wir einen Mann ansprechen können, damit sich ein Flirt leicht und fröhlich gestaltet und wir uns zueinander hingezogen fühlen. Deswegen gibt es in diesem Buch sowie in meinen Videos Flirt-Tipps, die wirklich funktionieren. Du lernst, wie Männer im archaischen Sinn ticken, wie du sie locken kannst oder ... wie du sie total verscheuchst.

Dein Erscheinungsbild

Alles wirkt! Wenn ich dich nun über dieses Buch einen gewissen Zeitraum begleite, liegt zwar der Fokus auf der inneren Entwicklung, doch natürlich hat dies einen sehr starken Effekt auf die Ausstrahlung einer Frau. Zusätzlich kümmern wir uns gezielt um das Äußere. Es ist immer wieder erstaunlich, wie ein neues Styling eine Frau verändern kann. Eine schicke Frisur, eine andere Haarfarbe, das passende Outfit in typgerechten Farben, ein dezentes Make-up, um die Vorzüge zu unterstreichen und die Problemzonen zu kaschieren – all das kann Wunder bewirken.

Einige Frauen sagen, sie sind eher der natürliche Typ. Sie fühlen sich womöglich nicht wohl mit Make-up. Am liebsten kleiden sie sich in Jeans und Turnschuhen – und ja, es gibt Naturschönheiten, die so gut wie keine äußerliche Unterstützung brauchen. Meist sind diese Frauen aber jung.

Je reifer wir werden, desto ratsamer ist es, der Natur ein wenig nachzuhelfen. Eine Frau, die sich das erste Mal neu gestylt sieht, fühlt sich meistens gleich viel attraktiver und verhält sich dementsprechend. Für manche fühlt sich die Verwandlung zunächst fremd an, aber wenn sie ›dranbleiben‹, wird dieser neue Look bald zur Selbstverständlichkeit.

Manchmal kommt diese Phase der äußerlichen Verwandlung oft erst nach ein paar Wochen oder Monaten an die Reihe. Die innere Verwandlung ebnet den Weg für ein neues Styling, und manchmal machen wir dabei nur Baby-Steps, je nach Typ. Dennoch finde ich es immer faszinierend, was geschieht, wenn sich die Ladys in die Hände begnadeter Stylist(inn)en begeben.

Ich hoffe, ich kann dir Lust machen auf ein neues Styling. Gewöhne dir am besten an, stets gut auszusehen, denn du weißt nie, wo und wann ›er‹ dir begegnet. Wäre es nicht schade, wenn er dich übersieht, nur weil du ausgerechnet an diesem Tag keine Lust auf Make-up und gute Kleidung hattest? Sobald du gepflegt und schick aussiehst, bewegst du dich ganz anders, du wirkst anders, und du verhältst dich anders, als wenn du im Gammel-Look unterwegs bist.

»Ja aber ..., wichtig sind doch die inneren Werte und die Ausstrahlung«, entgegnest du vielleicht. Klar ist das vorrangig bei der persönlichen Begegnung. Aber damit es überhaupt zu einem Kennenlernen kommt, solltest du glänzen und von Anfang an vermitteln, dass du eine ganz besondere Frau bist. Auch wenn es der Rebellin in dir – oder sei ehrlich: vielleicht auch bloß der Bequemen, die zu faul ist für ein Styling? – nicht gefällt: Wir Menschen sind ›Augentiere‹.

Und Hand aufs Herz: Du lernst bestimmt lieber einen gut aussehenden, gepflegten Mann im passenden Outfit kennen als einen, der scheinbar ungewaschen, mit fleckigem, ungebügeltem Shirt und ausgebeulter, fadenscheiniger Trainingshose versucht, deine Aufmerksamkeit zu ergattern. Also werde zu der unwiderstehlichen Frau, die in dir steckt, und präsentiere dich und deinen Luxuskörper im besten Erscheinungsbild, und zwar immer.

Ein ganz wichtiger Faktor – neben deiner Ausstrahlung, deinem Aussehen und deiner ganz persönlichen Art, mit dem Leben, mit Situationen und mit Menschen umzugehen – ist deine Stimme, der wir uns im nächsten Kapitel widmen.

DEINE STIMME

Mit deiner Stimme die Männer betören

Erinnere dich: Markus hat sich mit seiner rauen Stimme in Sonjas Herz gesungen. Hätte er nicht so sexy gesungen und so begnadet Gitarre gespielt, wäre sie wahrscheinlich nicht so von ihm hingerissen gewesen.

Ich selbst habe mich auch mal in das Herz eines Mannes gesungen. Es war an meinem 30. Geburtstag, den ich mit Freunden gebührend feierte, und so kam es, dass ich mit einer Freundin einen zweistimmigen Song zum Besten gab. Ich kann mich noch genau an den Moment erinnern, als es passierte; ich konnte es in seinen Augen sehen. Und dann begann eine sehr aufregende Zeit mit diesem wilden und freien Mann.

Du musst dich nicht in das Herz eines Mannes singen, aber du kannst ihn trotzdem mit deiner Stimme betören. Daher stelle dir selbst eine wichtige Frage:

Bist du dir des Klanges deiner Stimme bewusst?
Viele Menschen erschrecken oder sind total verblüfft, wenn sie das erste Mal eine Stimmaufnahme von sich hören. Wir selbst hören uns vor allem über unsere Knochen und über unsere eigenen Resonanzräume, was zur Folge hat, dass unsere Stimme für uns selbst tiefer und satter klingt. Erst beim Anhören einer Sprachaufnahme lernen wir den speziellen Klang kennen, den unsere Mitmenschen mit uns verbinden.

Als zertifizierter, ganzheitlicher Stimm-Coach arbeite ich mit meinen Klientinnen selbstverständlich auch an ihrer Stimme. Gut hörbar für alle transportiert sie nämlich auch unsere Befindlichkeit. Geschulte, sensible Ohren hören so viel aus einer Stimme heraus, und zwar nicht nur über die Ohren, sondern auch über die eigenen Stimmbänder.

Wenn ich spreche, gehen deine Stimmbänder mit meinen in Resonanz, das heißt, sie fangen an, mit meinen gleichzuschwingen, so wie eine Gitarrensaite zu schwingen anfängt, wenn sie mit einer anderen resoniert, obwohl nur diese zweite Saite angeschlagen wurde. Du als meine Zuhörerin kannst über deine Stimmbänder und natürlich auch über dein Gehör wahrnehmen, wie es mir wirklich geht.

Wann klingt eine Stimme angenehm?
Die Antwort ist einfach: Wenn deine Stimme frei durch die Resonanzräume deines Körpers schwingen kann, wenn du wirklich deinen Körper bewohnst, wenn du präsent bist, dann klingt deine Stimme ruhig und entspannt, eher tiefer als zu hoch. Ein Mensch, dessen Stimme gepresst oder zu hoch klingt, hat vielleicht sehr unschöne Dinge erlebt, sodass der

Stress zu einer Dauerverspannung in bestimmten Regionen seines Körpers geführt hat.

Als ganzheitlicher Stimm-Coach und vor allem als Musikerin kann ich über eine Stimme feine Nuancen wahrnehmen: Sie teilen mir auf vielen Wegen mit, wie ich einem Menschen helfen kann, seine Blockaden zu erlösen, die sich oft schon körperlich in Form von diversen Verspannungen manifestiert haben und die man wiederum über den Klang der Stimme wahrnehmen kann.

Ist dir schon mal aufgefallen, dass vor allem manche ältere Frauen dazu neigen, von der Brust- in die Kopfstimme zu fallen? Oft findet dieser Wechsel mehrmals innerhalb eines Satzes statt. Mein Gefühl sagt mir, dass hier kaum noch Verbindung zum eigenen Unterleib besteht.

Auch wenn wir zu lange am Computer oder vor dem Fernseher sitzen, bewohnen wir unseren Körper nicht wirklich, höchstens vom Kopf bis zum Hals. Unsere gesamte Energie fokussiert sich auf den Kopf, und so klingt dann auch die Stimme.

Nicht umsonst spielt der Atem bei der Meditation in allen spirituellen Traditionen eine so wichtige Rolle. Also atme tief und langsam in deinen Unterleib und bleib dort mit deiner Aufmerksamkeit so lange wie möglich. Spüre deinen Körper, bewohne ihn wirklich! Deshalb an dieser Stelle eine kleine Profi-Übung, die ich selbst vor Sprachaufnahmen anwende.

Magic Secret

Übung: Wie deine Stimme sofort angenehmer klingt

Setze dich aufrecht hin, beide Füße parallel auf dem Boden, am besten ohne Schuhe, und schließe deine Augen. Atme Spannung oder Nervosität – oder was auch immer dich gerade belastet – beim Ausatmen aus deinem Körper und atme Ruhe ein (du kannst auch Licht oder Entspannung einatmen oder welche Qualität dir auch immer guttut). Mit jedem Atemzug lenkst du deinen Atem tiefer in deinen Körper, zunächst bis in den Bauch, später bis in den Unterleib und dann noch bis in die Beine und die Füße.

Konzentriere dich nun auf dein Becken. Fühle die Wärme und nimm deine inneren Organe so gut wie möglich wahr. Sag »Hallo« zu deiner Gebärmutter, zu deinen Eierstöcken; sei dir bewusst, dass dein Becken der Ort der Schöpfung des Lebens ist. Deine Gebärmutter bildet eine deiner weiblichen Verbindungen zum Göttlichen. Mach dir bewusst, welch ein Wunder dein Körper ist, ja, welch ein Wunder du bist. Bleib so lange wie möglich mit deiner Aufmerksamkeit in deinem Becken und atme dabei tief, ruhig und langsam weiter.

Dein Atem ist eines deiner magischen Instrumente; er verbindet dich mit dem Feld, über das wir alle verbunden sind. Der Atem bringt dich unmittelbar ins Hier und Jetzt, nur hier kann die Magie geschehen; sie ereignet sich nicht in den wirren Gedanken unseres Verstandes über die Zukunft oder die Vergangenheit.

Also bleib im Körper, bewahre die Verbindung zu deinem Becken, während du gleichzeitig zurück in deine 3-D-Realität kommst. Und nun sage etwas, z.B.: »Jeder Atemzug schenkt mir neue Energie.«

Ist deine Stimme nicht viel dunkler, kraftvoller, ruhiger und gelassener? Klingt sie nicht sexy? Wenn du richtig atmest, bist du mit deinem Becken verbunden und somit mit deiner Sexualität. Durch tägliche Übung – sie dauert ja nur wenige Minuten – wirst du den Klang deiner Stimme deutlich verbessern, sodass sie deine Ausstrahlung fantastisch unterstützt.

Nun hoffe ich für dich, dass du alle deine weiblichen Attribute einsetzen kannst, um spannende Männer kennenzulernen, bis der Richtige kommt. Dann bist du geübt und kannst entspannt sein Herz erobern. Idealerweise wirft deine pure Präsenz ihn gleichsam vom Hocker, sodass er sich Hals über Kopf in dich verliebt, in dich als natürliches Gesamtkunstwerk.

PARTNERVERMITTLUNG

Wer ernsthaft auf Partnersuche ist, sollte sich bei einer kostenpflichtigen Online-Plattform wie Parship oder ElitePartner registrieren. Die Chance, hier ebenfalls seriöse Partnersuchende zu treffen, ist wesentlich größer als auf den kostenlosen Portalen. Warum? Ganz einfach: Wer bereit ist, für sein Liebesglück Geld auszugeben, der meint es wohl ernst. Außerdem ist das System im Hintergrund mittlerweile sehr ausgefeilt; du kannst davon ausgehen, dass du dir die vorgeschlagenen Männer unbedingt ansehen solltest. Und bei den großen, seriösen Partnerbörsen bist du viel besser vor Fake-Profilen oder Internetbetrügern geschützt.

Andererseits solltest du beachten, dass die Partnersuchbörsen daran interessiert sind, dich längerfristig zu binden. Dein

Profil sollte deshalb so attraktiv wie möglich sein, damit du schnell und gut gefunden wirst.

Viele Paare, die ich als freie Traurednerin in den Beginn ihres Eheglücks begleitet habe, haben sich auf diesem Weg kennen und lieben gelernt. Ich finde, das ist eine großartige Möglichkeit, neue Bekanntschaften zu schließen.

Das ist wichtig bei der Erstellung deines Profils
Bedenke: Wir alle werden extrem mit ständig aufploppenden Informationen überflutet. Die meisten Menschen besitzen nur noch eine Aufmerksamkeitsspanne von 3 Sekunden! Rein theoretisch hast du also nur 3 Sekunden Zeit, um aufzufallen. Um Aufmerksamkeit zu erregen, ist daher dein Profilfoto am wichtigsten.

1. Dein Foto
Geh zum Profifotografen und lass ein paar schöne Porträtfotos von dir machen, wo du gut gekleidet (nicht zu sexy) in die Kamera lächelst. Wenn du vermitteln willst, dass du eine außergewöhnliche Frau bist, sollte man das auf deinen Fotos sehen.

2. Dein Profil
Sei in der Beschreibung deines Profils ehrlich! Schreib nicht, dass du sportlich bist, wenn du dich höchstens einmal pro Woche mit Mühe dazu aufraffen kannst, dich sportlich zu betätigen. Du willst dich doch später nicht verbiegen und irgendeiner Sportskanone hinterherhecheln, oder?

Mach es kurz und knackig! Eine gute Headline und ausdrucksstarke, pointierte Aussagen sind viel besser als ellenlange Erklärungen. Je mehr Details du in deinem Profil verrätst, desto weniger Grund gibst du potenziellen Interessenten, dich überhaupt anzuschreiben. Interessante Männer werden dich nicht wegen deiner detaillierten Beschreibung kontaktieren, sondern wegen der Vorstellung, die sie von dir bekommen.

Das heißt, du solltest die wichtigsten Infos über dich so attraktiv verpacken, dass sie neugierig machen. Wenn ein Interessent von den 5–10 Prozent, die du von dir preisgibst, angetan ist, komplettiert er die restlichen 90–95 Prozent in seiner Vorstellung selbst – auf eine positive Art und Weise.

Sei außergewöhnlich und zeig das auch. Mach es anders als alle anderen! Wie findest du z.B. Folgendes: »Ich bin offen, ehrlich, humorvoll, romantisch und für jeden Spaß zu haben.« Zieht dich so eine langweilige Aufzählung an? Anstatt solche Attribute aufzuzählen – wie wäre es, zu erzählen, warum du so bist? Zum Beispiel so: »Ich liebe es, die Geschichten interessanter Menschen zu hören und mit ihnen zu lachen. Das Leben ist viel zu kurz, um keinen Spaß zu haben. Ich kreiere gerne kleine Glücksmomente und freue mich auch über Kleinigkeiten. Einen Sonnenuntergang kann ich natürlich auch alleine sehr genießen – trotzdem ist es noch viel schöner, die besonderen Momente des Lebens mit einem besonderen Menschen zu teilen.«

Verstehst du, was ich meine? Der Text zeigt, dass du gut alleine sein kannst und das Dasein genießt, dass du fröhlich, offen und positiv durchs Leben gehst. Er signalisiert aber auch, dass du dich über einen interessanten Menschen an deiner

Seite freust. So strahlst du keine Bedürftigkeit aus, sondern eine gewisse Leichtigkeit und Freude über neue Bekanntschaften.

Übrigens habe ich fast den gleichen Text bereits selbst verwendet. Mach dir die kleine Mühe, dich bestmöglich zu beschreiben. Stell dir vor, alle Leserinnen dieses Buches würden den Text für ihre Annonce kopieren: Was würde das über ihre Integrität aussagen? Du bist eine Marke! Nimm dir gerne ein Beispiel, aber kopiere nicht eins zu eins. Schreib in deinem eigenen Stil einen Text, der dich unverwechselbar macht.

Und noch was: Schreib nicht in dein Profil, dass du keinesfalls an einem One-Night-Stand und schon gar nicht an ›Freundschaft plus‹ interessiert bist. Diese Botschaft kannst du bei einem eurer ersten Gespräche auf charmante Art und Weise vermitteln.

Ich weiß, es ist deprimierend, unseriöse Angebote zu bekommen. Doch wenn du beim Ausfüllen deines Profils sehr achtsam bist und das, was du dir wünschst, auch wirklich ausstrahlst, ist die Wahrscheinlichkeit groß, dass sich nur Männer melden, die das Gleiche wollen wie du. Wenn du in dein Profil schreibst, was du nicht willst, zieht das womöglich gerade jene Männer an, die dir solche Angebote unterbreiten Energie folgt der Aufmerksamkeit!

Damit der potenzielle Dating-Partner ein Gespür für dich bekommt, erzähle ihm also nicht nur, was du machst, sondern vor allem, warum. Wenn du z.B. auf Soul Music stehst, beschreibe, was sie mit dir macht (z.B. dass du dich beschwingt fühlst und am liebsten gleich nach New York düsen würdest, dass du Lust hast zu tanzen usw.). Oder wenn es um deinen Job geht, beschreibe, was du daran liebst.

Für dein Profil reichen die Highlights; Hauptsache, sie machen die Männer neugierig, dich kennenzulernen. Alles andere lässt sich im persönlichen Gespräch ergänzen.

3. Zeig Profil, versuche nicht, Everybody's Darling zu sein

»Ich liebe Rosamunde-Pilcher-Filme, aber auch Action- und Horrorfilme, ich lese die ›Vogue‹, aber auch die neuesten Fußballmagazine. Ich liebe Romantik und bin ein Punk, und ich stehe auf alle Musikrichtungen ...« Du verstehst, was ich meine? Das eine schließt das andere zwar nicht komplett aus, aber der Mix wirkt so, als wolltest du auf Nummer sicher gehen und eine möglichst große ›Zielgruppe‹ abdecken. Ich fürchte, da springt bei Männern der ›Bullshit-Detektor‹ an. Mach dich interessant, indem du Profil zeigst!

4. Hau nicht auf den Putz

Ja, du bist eine wundervolle Frau, und jeder darf es wissen, aber versuche nicht, zu prahlen – das macht dich nicht unbedingt sympathisch. Erzähle von deinen Vorzügen lieber indirekt, z.B.: »Meinen Freundinnen und Freunden ist es ein Rätsel, dass ich Single bin. Danke für die Komplimente! Aber ich will nicht den Erstbesten, sondern einen wundervollen Mann, der wirklich zu mir passt.« Das suggeriert, dass du eine besondere Frau mit einem hohen Standard bist und dass du dir jemanden wünschst, der sich auf demselben Niveau befindet wie du.

5. Beschreibe ›ihn‹

Schreib in dein Profil, was dir bei deinem zukünftigen Partner wichtig ist. Viele vergessen das vor lauter Konzentration auf das eigene Profil. Du weißt mittlerweile genau, wie dein Traumpartner sein soll, also nimm die wichtigsten Passagen aus deiner Liste und benenne sie im Zusammenhang mit dir.

»Ich wünsche mir einen Mann, der sich auch an den kleinen Dingen des Lebens erfreuen kann (suggeriert, dass er ein positiver Mensch ist). Er sollte Ziele im Leben haben (das sagt schon sehr viel aus, denn die wenigsten kennen ihre Ziele), die zu den meinen passen. Ich liebe z.B. das Landleben, weil ich hier die Ruhe für meine kreative Arbeit finde; außerdem stehen auf meiner Herzens-to-do-Liste Reisen nach Hawaii und Neuseeland ...«

Mit so einer Beschreibung zeigst du, dass du weißt, was du willst, dass du kreativ und weltoffen bist und dass du weder einen Langweiler noch einen pessimistischen Couchpotato kennenlernen möchtest.

Der Perspektivenwechsel

Sonja hat schon vor längerer Zeit mit meiner Hilfe ein Profil erstellt (noch bevor sie Markus kennengelernt hat). Bei unserem wöchentlichen Online-Coaching frage ich sie danach. Sie sagt, anfangs hätten sich ganz viele Männer bei ihr gemeldet, doch die meisten seien sehr einfallslos und auf den ersten Blick uninteressant gewesen. Mit zweien sei sie in losem Kontakt, sie schrieben sich hin und her. Auf meine Frage, warum sie sich denn nicht mal träfen, meint Sonja, sie habe gerade kein Interesse, weil sie Markus weiterhin datet; außerdem habe sie nicht so viel Zeit für die Schreiberei. Ich schlage vor, Markus mal außen vor zu lassen und sich bei einem der beiden Herren zu erkundigen, ob er Interesse an einem Telefongespräch hat – oder noch besser: ob er sie online via Zoom oder Skype treffen möchte. Ich habe dabei im Hinterkopf, dass es riskant ist, sich ausschließlich zu schreiben.

Jeder entwirft in seiner Fantasie ein Bild vom jeweils anderen. Solange man den anderen nicht live erlebt hat, entstehen ›Illusionen‹ vom Gegenüber, die womöglich absolut nichts mit der Realität zu tun haben.

Sonja ist von der Idee nicht sonderlich begeistert; zuerst möchte sie wissen, wie es mit Markus weitergeht. Unsere Session geht ans Eingemachte. Ich frage sie nach ihrem Ziel für die heutige Sitzung, und sie antwortet, sie möchte Klarheit bezüglich Markus: Darf sie sich Hoffnungen machen oder soll sie ihn abschreiben?

Ich stelle Sonja ein paar Fragen, die ihr helfen, Antworten zu finden. Obwohl ich Ahnungen habe, stecke ich nicht in ihrer Haut; keine von uns beiden kann wissen, was Markus empfindet und wie die Geschichte weitergehen könnte. Sonja ist hin- und hergerissen, einerseits ist sie ein bisschen verliebt in Markus, andererseits weiß sie, dass er ihr Herz brechen könnte. Ihr Verstand sucht nach einem Ausweg, kann aber keinen finden, also steht Sonja unter Stress.

Wie so oft biete ich Sonja zum Schluss unserer Coaching-Session ein Clearing an, bei dem ich sie durch diesen sehr simplen, aber kraftvollen Prozess führe. In Phase 2 *Liebesblockaden* habe ich ihn bereits beschrieben. Dieser Part dauert diesmal etwa 20 Minuten, danach ist Sonja wie ausgewechselt; sie lächelt wieder. Als ich sie frage, ob wir das Ziel unserer heutigen Sitzung erreicht haben, sagt sie mit fester

Stimme: »Ja, ich fühle mich viel entspannter, und ich habe das Gefühl, meine Macht wieder an mich genommen zu haben. Ich fühle mich getragen und geführt, und ich bin jetzt auch viel lockerer, was Markus anbelangt. All das wird irgendeinen Sinn haben.«

Sonja ist mittendrin in ihrer Heldinnenreise, und es erfüllt mich mit Freude, zu wissen, sie wird ihren Schatz finden. Sie hat sich nun dafür entschieden, neben ihrem Abenteuer mit Markus auch mit anderen Verehrern zu flirten. Das stärkt ihre Selbstsicherheit; sie weiß, auch andere Männer finden sie äußerst interessant und wollen sie näher kennenlernen. Es ist doch ein schönes Gefühl, die Wahl zu haben. Und noch etwas kommt hier zum Tragen ...

Ihr macht euch gegenseitig ein Geschenk

Indem du einem Mann deine Zeit und deine Aufmerksamkeit widmest, machst du ihm ein Geschenk – und er dir. Er schenkt dir sein Interesse; das zeigt dir, dass du eine interessante Persönlichkeit bist. Er schenkt dir womöglich auch sein sexuelles Interesse; das zeigt, dass du sexy bist.

Umgekehrt schenkst du dem Mann, den du datest, durch deine Zuwendung das Gefühl, dass er attraktiv ist und es sich lohnt, zweimal hinzusehen. Dein Interesse schmeichelt ihm, so wie seines dir schmeichelt. Aus dieser Perspektive betrachtet, könnten deine Flirts noch viel mehr Spaß machen. Denn auch, wenn es deinem Gegenüber nicht bewusst ist – du bereitest ihm eine Freude.

Mach nicht den Fehler, diese Erkenntnis jedem deiner Dates unter die Nase zu reiben, denn das mag für sie verwirrend

sein. Es reicht, wenn du dir dessen bewusst bist. Es ist wie ein Perspektivenwechsel, der wahre Wunder bewirken kann.

Eines meiner kleinen Wunder

Damit du noch mehr nachempfinden kannst, was ich mit dem Perspektivenwechsel meine, lass mich dir eine kurze Geschichte erzählen:

Als ich mich damals mühsam aus meinem emotionalen Schlammloch raus ans Licht kämpfte, entdeckte ich irgendwo auf YouTube ein Video eines Poetry Slammers namens IN-Q, der in den USA sehr bekannt ist. Poetry Slammer sind moderne Dichter, die ihre Werke selbst vortragen und im besten Fall damit die Herzen der Menschen berühren. IN-Q hat diese Gabe, er ist ein begnadeter Wort-Akrobat, hat Songtexte für berühmte Sänger und vor allem für Rapper geschrieben und tritt auch selbst viel auf. Er versteht es, seine Wort-Kunstwerke mit einer derartigen Präsenz und Wahrhaftigkeit vorzutragen, dass er sein Publikum mitten ins Herz trifft.

Das Werk, das mir damals ›zufällig‹ präsentiert wurde, heißt *Sunset* und besteht aus wenigen Worten. In IN-Qs Buch *Inquire Within*[8] wird das Gedicht durch eine kleine, fast schon hingekritzelte Zeichnung illustriert. Man schaut halb von hinten auf eine Frau mit nacktem Rücken; sie sitzt nach vorne gebeugt auf dem Boden, hinter ihr ist ihr langer Schatten. Offensichtlich ist sie am Strand mit Blick auf das Meer, wo gerade die Sonne untergeht. Daneben sind folgende Worte zu lesen:

Sunset

You're so beautiful
the sunset
watches
you

Als ich dieses Werk zum ersten Mal sehe, als ich die Worte das erste Mal höre, bekomme ich Gänsehaut. Irgendwas macht ›Klick‹ in mir; ich bin zutiefst berührt, mein Herz ist weit offen, mir kommen die Tränen. Ich stelle mir vor, wie ich selbst am Strand sitze wie diese Frau, und nicht nur ich betrachte den Sonnenuntergang, dieses Kunstwerk der Natur, sondern die Sonne zeigt sich in dieser Schönheit für mich persönlich ... und noch viel mehr: sie sieht mich! Die Vögel singen für mich. Die Welt präsentiert sich in ihrem schönsten Gewand ... für mich!

Ja, ich weiß, es gibt jede Menge Schnulzen, die genauso klingen: »Die Sterne leuchten nur für dich, die Erde dreht sich nur um dich ...« So was haben wir alle schon mal gehört und es kitschig gefunden. Aber wenn wir uns auf die Tiefe der Worte, z.B. jene von IN-Q, einlassen; wenn wir Sätze wie diese einfach in uns hereinlassen können, dann kann sich in uns wirklich ein Schalter umlegen. Die Welt aus dieser Perspektive zu betrachten, macht mich persönlich sehr dankbar und demütig.

Wow, die Sonne sieht mich, sie scheint für mich, sie macht mir eine Freude. Nicht nur ich sehe und bewundere ihre Herrlichkeit, sondern auch sie sieht meine Schönheit. Welch eine

perfekte Form der Kommunikation! Welch ein schöner Flirt zwischen der Natur und mir. Totale Präsenz auf beiden Seiten. Genauso sollten wir unsere Dates mit Männern gestalten ...

DER ERSTKONTAKT – UND DANN?

Die Gefahr des Hin- und Herschreibens

Du hast jemanden kennengelernt, vielleicht hat sich jemand auf deine Kontaktanzeige gemeldet, die du auf einer seriösen Partnerbörse erstellt hast. Im Idealfall hast du sogar mehrere Verehrer, und nun musst du eine Auswahl treffen. Leichter gesagt als getan, nicht wahr? Vor allen Dingen online. Da ist es schon einfacher, jemanden beim ersten Mal face to face zu sehen, dann bekommt man gleich ein Gefühl für die neue Bekanntschaft.

Beginnen wir mal von vorne und gehen davon aus, dass du nun mit deinen Verehrern zu kommunizieren anfängst, wo auch immer du sie kennengelernt hast. Vielleicht schreibt ihr euch E-Mails oder nur kleine Text-Messages. Mal ehrlich, das kann ewig so gehen. Es gibt Frauen, die verlieben sich in ein virtuelles Gespenst.

Das virtuelle Gespenst

Warum der Name? Solange du von einem Menschen bestenfalls ein Foto kennst, vielleicht gerade noch seine Stimme am Telefon, fehlen dir wichtige Informationen, die du für eine begründete Einschätzung und vor allem für dein Gefühl brauchst.

Rein theoretisch könnte das Foto aus einem Katalog geklaut sein, und das, was die Person schreibt, kann alles erfunden sein. Tatsächlich solltest du wissen, dass es Betrüger gibt, die es genau so machen. Sie erschleichen sich das Vertrauen eines Menschen durch schön geschriebene E-Mails und mit Telefonaten, wo dir ganz warm ums Herz wird. Nach ein paar Wochen oder Monaten kommt überraschend die Bitte um finanzielle Hilfe, dann ist auf einmal die Mutter dieser neuen Liebe krank, oder sonst eine Katastrophe ist schuld an der finanzielle Misere.

Überweise nie, niemals Geld an eine Person, die du im Grunde nur vom Schreiben oder Telefonieren oder von wenigen Begegnungen kennst! Nicht, dass dir das unbedingt passieren muss und dass jeder, der dich anschreibt, ein Betrüger ist, aber du solltest wissen, dass es so was gibt.

Selbst wenn du an keinen Betrüger gerätst, sondern einen wirklich netten Mann kennenlernst: Erinnere dich, dass die Gefahr beim Schreiben darin besteht, eine eigene Vorstellung von dem Menschen aufzubauen, Dinge hineinzuinterpretieren und sich im Grunde ein Luftschloss zu bauen.

Seit über 20 Jahren rate ich meinen Single-Kundinnen, sich so schnell wie möglich mit den infrage kommenden Männern zu treffen. Daher: Wenn dir ein Mann von seinem Schreibstil her gefällt, warte nicht zu lange und schreib nicht ewig hin und her. Auch wenn es schön sein kann, seine Abende so zu verbringen und gewisse Illusionen zu hegen, vor allem, wenn die Entfernung zwischen euren Wohnorten größer ist: Bleib neugierig und beweg ihn dazu, dass ihr euch näher kennenlernt.

Besser: Telefonieren

Der Vorteil: Du hörst seine Stimme; sie sagt dir unterbewusst schon sehr viel. Erinnere dich, was ich dir über den Klang unserer Stimme erzählt habe. Wenn du gerne mit ihm telefonierst und ihr euch viel zu erzählen habt, wenn es sogar schon etwas flirty wird am Telefon, dann ist die nächste Stufe fällig, nämlich …

Noch besser: Online treffen

Hier seht ihr euch, und es ist fast wie im richtigen Leben. Gerade in Zeiten des Social Distancing – dieses Buch ist während des zweiten Corona-Lockdowns entstanden – ist das vorerst oft die einzige Möglichkeit, jemanden etwas näher kennenzulernen. Also triff dich mit ihm online via Zoom oder Skype o.Ä. Achte darauf, dass deine Umgebung einladend wirkt, dass der Raum angenehm hell ist, was dich in ein gutes Licht setzt, zeig dich von deiner besten Seite – entspannt, flirty, locker – und achte gleichzeitig darauf, dass er erkennt, welche Werte und Vorstellungen du vom Leben und von der Liebe hast. Und wenn das alles gut läuft, dann geht baldmöglichst auch physisch aufeinander zu.

Am allerbesten: Ein Date im richtigen Leben

Was du alles bei einem Date wahrnehmen kannst (und was dir bei einem Onlinetreffen zum Großteil fehlt), ist offensichtlich:

- Der direkte Augenkontakt – unsere Augen sind das Fenster zu unserer Seele.

- Der direkte Klang der Stimme – ohne technische Verzerrung. Findest du seine Stimme wohltuend und harmonisch oder klingt sie unangenehm, knarzig oder gepresst?

- Der Geruch – auch wenn sich dieser (hoffentlich) nicht gleich aufdrängt: Kannst du ihn gut riechen? Magst du sein Aftershave?

- Die körperliche Berührung – wie fühlt sich sein Händedruck an, wie seine sanfte Berührung deiner Haut, wenn er zufällig deinen Arm streift? Bekommst du dann Gänsehaut?

- Die Art der Bewegung – geht er steif wie ein Klotz oder ist er geschmeidig wie eine Katze? Blockaden zeigen sich oft im Bewegungsapparat.

- Die Mimik – lacht er viel, glänzen seine Augen? Wie groß sind seine Pupillen, wenn er dich ansieht (die Größe der Pupillen ist nicht nur vom Lichteinfall abhängig, sondern sagt unter anderem einiges über die Emotionen aus)?

- Die Wortwahl und die zum Ausdruck gebrachten Gedanken – sind sie wertschätzend oder herablassend? Ist er gebildet, charmant und witzig?

- Ist er ein Gentleman – wie ist er dem Leben gegenüber eingestellt: eher positiv oder eher negativ? Sieht er in

deiner Gegenwart anderen Frauen hinterher oder hat er nur Augen für dich? Ist er präsent, wenn er mit dir spricht, oder hast du das Gefühl, er ist nicht wirklich anwesend?

Es gibt so vieles, was du andauernd unterbewusst wahrnimmst. Je bewusster du es tust, desto mehr Informationen bekommst du über ›ihn‹ auf einer übergeordneten Ebene. Je magischer dein Weltbild wird, je mehr du in deine weibliche Urkraft kommst, desto besser ›weißt‹ du instinktiv, ob es sinnvoll ist, ihn wiederzusehen.

Oft gibt es bereits zu Beginn Hinweise auf den Verlauf eurer Beziehung. Das kann ein einziger Satz sein oder sonst eine Kleinigkeit, die dir auffällt. Öffne deine Sinne, ob es Zeichen gibt, die dir ein dickes, fettes »Go for it!« geben oder eher das Gegenteil.

***

Sonja und ich treffen uns online zu unserem wöchentlichen Coaching. Ich bin begeistert von ihr: Sie macht fleißig ihre Hausaufgaben, sie meditiert, arbeitet jeden Tag an ihrem Ziel und hat sich unglaublich entwickelt. Sie trifft sich regelmäßig mit Markus und genießt die sinnlichen, leidenschaftlichen Nächte mit ihm, das heißt, sie ist körperlich genährt und strahlt keine Bedürftigkeit aus.

Trotz ihrer heißen Affäre bleibt sie für neue Bekanntschaften offen. Um es kurz zu machen, Sonja ist zu einer richtigen Flirt-Queen geworden. Natürlich wissen die verschiedenen

Männer nichts voneinander, und das soll auch so bleiben.

Ich bin neugierig und frage Sonja, wie es ihr denn zurzeit mit Markus geht. Sie sagt, sie habe das Gefühl, je entspannter sie ist und je weniger sie über die Zukunft mit ihm nachdenkt, desto interessierter ist er an ihr. Und wenn sie gerade mit einem ihrer beiden anderen Verehrer in Kontakt ist, kann sie fix damit rechnen, dass sich Markus ganz von selbst meldet. »Als würde er es spüren«, sagt Sonja, und ich lache und bestätige ihr: »Genauso ist es, er kann fühlen, dass du entspannt bist und nicht klammerst.«

Wilde Männer wie Markus lassen sich nicht gerne zähmen. Genau das versuchen wir Frauen aber so oft; wir wollen diese Kerle zähmen, und dabei ist uns gar nicht bewusst, dass gezähmte Männer langweilig werden.

Zugleich gilt: Wenn sich wilde Frauen wie wir in einen Mann verlieben, neigen wir dazu, uns selbst zu zähmen und uns kleinzumachen. Wir dimmen unser Licht und passen uns an, damit unsere Beziehung Bestand hat. Ich weiß, wovon ich spreche, denn genau das habe ich z.B. in meiner Ehe gemacht. Daher weiß ich aus Erfahrung, wie viel Energie es uns kostet, (unterbewusst) unsere Wildheit zu unterdrücken: Wir werden in diesem schleichenden Prozess immer unglücklicher.

Sonja war in ihrer Beziehung mit Alfons gezähmt, und nun, ohne ihn, entdeckt sie ihre Wildheit wieder und lebt sie auch. Wenn sich eine wilde Frau wie Sonja und ein wilder Mann wie Markus treffen, ist das natürlich eine hocherotische, explosive Begegnung. Ich bin gespannt, wie es mit den beiden weitergeht.

Nun steht Sonja aber zunächst vor einem ersten Date mit einem ihrer neuen Verehrer. Er wird sie am kommenden Wochenende besuchen kommen, und so besteht ein Ziel dieser Coaching-Sitzung darin, möglichst gut vorbereitet zu sein. Sonja wünscht sich von mir noch ein paar Flirt-Tipps; sie hat richtiggehend Gefallen an ihrem neuen Leben als begehrte, umworbene Diva gefunden.

DAS ERSTE DATE

Sei anders

Woran denkst du bei dem Wort ›Date‹? Wahrscheinlich an ein Essen bei Kerzenschein in einem schicken Restaurant, oder?

Weißt du, was die große Herausforderung bei diesem Szenarium ist? Ihr sitzt euch zwei bis drei Stunden gegenüber, seid vielleicht beide etwas nervös, im schlimmsten Fall so sehr, dass ihr nicht wisst, was ihr sagen sollt. Außerdem gibt es in diesem Setting kaum die Chance, sich ›zufällig‹ zu berühren; einer von euch müsste den ersten Schritt tun und z.B. die Hand des anderen nehmen, doch das ist für ein erstes Date schon ganz schön viel. Abgesehen davon – was, wenn es so überhaupt nicht passt, eben weil alles so verkrampft ist? Dann müsst ihr die Zeit irgendwie hinter euch kriegen und seid nur noch froh, wenn das Ganze endlich vorbei ist.

Ich empfehle ›meinen‹ Singles, lieber etwas anderes zu unternehmen. Schon ein netter Kaffee-Talk beim Lieblings-italiener um die Ecke lässt sich lockerer gestalten, und sollte es nicht passen, ist der Cappuccino schnell getrunken und ihr geht – jeder für sich – eurer Wege.

Zugegeben, das Kaffee-Date ist auch nicht besonders einfallsreich. Wenn du ihm signalisieren möchtest, dass du anders bist als alle anderen, dann lass dir was Besonderes einfallen. Es ist z.B. immer gut, in Bewegung zu sein; hier können sich auch zufällige Berührungen ergeben, schließlich ist es wichtig, herauszufinden, ob die Chemie stimmt.

Wenn ihr schon so weit seid, dass ihr wisst, ihr haltet es gut miteinander aus und habt genug Gesprächsstoff, weil ihr z.B. bereits viel telefoniert habt, dann könnt ihr gern etwas unternehmen, das ein paar Stunden dauert; ansonsten würde ich ein längeres Arrangement erst für ein späteres Date empfehlen.

Im Sommer könntet ihr euch z.B. für ein Picknick treffen; vielleicht dauert es so lange, dass ihr abends gemeinsam Sternschnuppen zählen könnt. Oder ihr geht gemeinsam wandern, überquert schmale Brücken über Wildbäche oder macht sonst was Außergewöhnliches.

Gut zu wissen: Gewisse Gefahren gemeinsam zu meistern, schweißt enorm zusammen. Dafür sorgt ein Hormon-Cocktail aus Noradrenalin und Dopamin; das sind eigentlich Stresshormone, die auf Dauer ausgeschüttet ungesund sein können. In unserem Fall sorgen sie allerdings dafür, dass ihr höchst präsent und aufmerksam seid. Das Herz schlägt schneller, wenn ihr gemeinsame Abenteuer meistert, und die Erfahrung, etwas gemeinsam geschafft zu haben, fördert euer Gefühl, ein Team zu sein; ihr fühlt euch miteinander verbunden, und ihr könnt einander schlecht etwas vorspielen. Insofern erkennst du auch schneller, wie dein potenzieller Verehrer tickt.

Hier ein Beispiel aus meiner eigenen Geschichte: Ich war mal mit meinem damaligen Freund auf Mallorca, und wir buchten eine Segeltour auf einer eher kleinen Jolle. Der Wind war stark, dementsprechend hoch war der Wellengang. Ich fand das sehr aufregend und hatte Spaß. Außer uns waren neben dem Captain und seinem Gehilfen noch drei weitere Männer an Bord, die wir nicht kannten.

Mein damaliger Freund rutschte aus und fiel so unglücklich, dass er eine größere Platzwunde davontrug, die später genäht werden musste. Spannend waren besonders die Reaktionen der anderen Passagiere: Einem wurde richtig schlecht – was auch an dem hohen Wellengang gelegen haben mag –, und den anderen beiden ging es nicht viel besser. Keiner der drei war imstande, zu helfen. Also kletterte ich mit dem Gehilfen unter Deck, wo wir meinen Freund versorgten. Mir ging es zum Glück gut. Das war eine der Gelegenheiten, bei denen ich erkannte, dass ich in Stresssituationen anpacken kann. Etwas in mir schaltet dann um, und ich bin da und helfe, so gut es geht.

Übertragen auf deine Dates heißt das: Wenn du mit dem Mann, den du datest, etwas Abenteuerliches unternimmst, kannst du an seinem Verhalten so einiges erkennen: Ist mit ihm zu rechnen, wenn es brenzlig wird? Steht er dir bei? Oder ist er eher der Typ, der in erster Linie um seine eigene Sicherheit besorgt ist?

Doch sei auch gnädig: Wenn er seekrank wird oder auf der schwankenden Holzbrücke hundert Meter über dem Abgrund schlotternde Knie und Schweißausbrüche bekommt; wenn er kein Blut sehen kann oder sonstige Phobien oder Ängste ans Tageslicht treten, dann heißt das nicht, dass er grundsätzlich kneift und ein Anti-Held ist. Es bedeutet nur, dass da unerlöste Themen in ihm schlummern – und ehrlich, die haben wir doch fast alle. Du musst ihn nicht gleich in die Wüste schicken, nur weil er ein paar hinderliche Themen mit sich herumschleppt, aber es ist grundsätzlich gut, zu wissen, wie jemand mit Stresssituationen umgeht.

Bleib locker

Das ist noch wichtiger, als du es für möglich hältst! Es wirkt überaus attraktiv für Männer, wenn es eine selbstbewusste Frau versteht, einerseits Interesse an ihnen zu zeigen und gleichzeitig eine gewisse Unabhängigkeit auszustrahlen; damit suggeriert sie, dass sie alles andere als bedürftig ist und dass sie für ihn eine tolle Herausforderung darstellt.

Vielleicht kennst du das: Wenn uns ein Mann richtig gut gefällt, werden wir nervös, sobald wir in Kontakt mit ihm sind, und hören auf zu flirten ... und werden irgendwie langweilig, weil wir so darauf bedacht sind, gut rüberzukommen, dass wir völlig unsere charmante Natürlichkeit im Umgang mit ihm verlieren. Paradoxerweise erreichen wir damit das Gegenteil dessen, was wir uns eigentlich wünschen! Vielen Ladys ist dieses Muster kaum bewusst, deswegen erzähle ich dir davon, denn ich kenne das von mir selbst.

Und ich verrate dir noch ein Geheimnis. Der Grund, warum wir uns verbiegen, ist unsere Angst vor Ablehnung, und diese Angst ist meist größer als unser Mut, auch mal eine Zurückweisung auszuhalten.

Nachdem mich mein Exmann wegen einer Jüngeren verlassen hatte, war ich echt am Boden. Für mein Gefühl habe ich es trotzdem mithilfe einiger mächtiger Tools relativ schnell geschafft, dass es mir besser und besser ging. Dennoch: Die Angst, wieder abgelehnt zu werden, ist nach solchen Erlebnissen natürlich größer denn je, und genauso groß ist die Angst, niemanden mehr zu finden und alleine bleiben zu müssen. Dann sitzt uns endlich wieder einer gegenüber, der infrage käme, sodass die Angst vor Ablehnung nur natürlich ist; sie ist tatsächlich auch archaisch in uns angelegt, denn als Babys wären wir gestorben, wenn uns unsere Eltern bzw. andere ›Ernährende und Kümmernde‹ abgelehnt hätten.

Wie schaffst du es, nicht in diese Falle zu tappen, dich kleinzumachen? Nun, den ersten Schritt hast du bereits gemacht, weil du jetzt diesen Mechanismus kennst. Und die einzige Möglichkeit, mit dieser Angst umzugehen, besteht in einer Desensibilisierung. Wie das geht? Einfach durch Übung und die Entscheidung, auf möglichst viele Menschen zuzugehen und flirten zu üben, bis du wirklich eine Flirt-Queen bist.

Es ist noch keine Meisterin vom Himmel gefallen, und man kann so gut wie alles lernen, auch das Flirten. So wie du im Fitnessstudio deine Muskeln stärkst, so trainierst du beim Flirten deinen Kontakt-Muskel. Nach und nach wirst du immer selbstsicherer im Umgang mit Männern, die dir wirklich gefallen.

Beim Coaching ist dieser Punkt in unserer Strategie nicht wegzudenken: Step by step so unwiderstehlich flirten zu lernen, dass die Erfolgserlebnisse, die sich einstellen müssen, so viel mächtiger sind als die Angst vor Zurückweisung. Und weißt du, was dich augenblicklich automatisch selbstsicherer macht? Kommuniziere von Anfang an deinen Wert und deine Erwartung, wie er dich sehen soll. Du solltest genau um deinen hohen Wert wissen – vor allem, wenn es um einen Mann geht, der dich ernsthaft interessiert. Dazu musst du dir bewusst sein, was für dich okay ist und was nicht: Was darf er in der Kennenlernphase tun und was nicht? Was genau suchst du und wie willst du von ihm behandelt werden? Falls du ihm z.B. vermitteln möchtest, dass du nicht leicht zu haben bist und dass er sich schon anstrengen muss, damit er dich erobern darf, dann kommuniziere das auf charmante Art und Weise.

Sex beim ersten Date?

Angenommen, du sitzt ihm bei einem Date gegenüber, alles läuft super, und plötzlich will er austesten: Geht da was und vor allem wie schnell? Dann wäre es gut, auf eine solche Situation vorbereitet zu sein und charmant zu kontern, ohne aggressiv oder beleidigt rüberzukommen im Sinne von »Wie kannst du nur glauben, dass ich so leicht zu haben bin?«.

Wenn euer Date gerade gut läuft, ihr flirtet und er dich heiß findet, dann gehen vielleicht die Pferde mit ihm durch, und im Geiste sieht er sich schon mit dir im Bett. Mach dir bewusst, dass das zunächst gar nichts mit dir persönlich zu tun hat; er folgt vielmehr seinem archaischen Programm, er schaut einfach, ob er dich jetzt gleich verführen kann oder eben nicht. That's it.

Vielleicht gefällt dir nicht, was er gerade tut – dann ist es jetzt total wichtig, dass du in der Kommunikation klar bist, ohne ihn vor den Kopf zu stoßen. Deinen Wert und die Erwartung zu vermitteln, wie du behandelt werden willst, ist so sexy und anziehend für ihn, wenn du es richtig machst! Mach ihn verrückt, indem du ihm vermittelst, dass du ihn anziehend findest, er sich aber mehr anstrengen muss, um dich zu erobern.

Die gleiche Szene wie vorher: Am Ende eures ersten Dates fragt er dich, ob du noch auf einen Drink zu ihm kommen willst. Dir ist klar, dass er dich verführen will. Nun kannst du z.b. aggressiv reagieren: »Spinnst du? Glaubst du, ich bin so eine, die gleich mit jedem in die Kiste springt? Ich bin doch keine neue Kerbe für deinen Bettpfosten!« Du kannst fühlen, wie die Stimmung innerhalb einer Sekunde im Keller ist, nicht wahr? Wenn du so reagierst, ist er innerlich sofort weg und wird dich sicherlich nicht mehr kontaktieren, weil er sich nur an dein Gekeife erinnern wird, sooft er an dich denkt, und nicht an die schönen Stunden vorher.

Aggressivität bringt also gar nichts, übrigens auch nicht die folgende Reaktion: Du sagst gar nichts und gehst beleidigt aufs Klo, dann kommst du mit verheulten Augen zurück, und er denkt sich nur: »Oh Gott, was für eine Mimose, mit der kann man keinen Spaß haben« – und weg ist er.

Oder du bist zu nett, weichst einfach aus und sagst. »Ach, weißt du, ich muss morgen früh raus, aber vielleicht sehen wir uns bald wieder ...« Sein Bullshit-Detektor springt an, er weiß, dass du lügst, aber nicht stark genug bist, die Wahrheit zu sagen. Sein Begehren sinkt, und im Normalfall ist er weg.

Oder du lässt dich auf seinen Vorschlag ein und gehst mit ihm nach Hause, obwohl du das noch gar nicht willst. Du möchtest ihn nicht vor den Kopf stoßen und ihm beweisen, dass du die Richtige für ihn bist. Merkst du was? Du machst dich klein und kannst davon ausgehen, dass er nach dem One-Night-Stand weg ist, weil du so leicht rumzukriegen warst; natürlich geht er jetzt davon aus, dass du sofort mit jedem ins Bett hüpfst – auch wenn das absolut nicht stimmt.

Mit Reaktionen wie den vorher genannten vergibst du dir eine unglaubliche Chance, ihm zu vermitteln, welch eine wunderbare Frau du bist und dass er mit dir den Lotto-Sechster knackt. Und vor allem sinkt sein Respekt vor dir, wenn du zu aggressiv, verletzt, beleidigt oder ›zu nett‹ reagierst.

Indem du bei seiner Anmache beleidigt oder aggressiv reagierst, bist du wie eine bittere oder versalzene Speise; dann hat er keine positive Assoziation mehr, wenn er an dich denkt. Wenn du zu nett bist, bist du wie ein stark übersüßtes Dessert; du zeigst ihm keine Grenzen auf und bist keine Herausforderung für ihn, und im schlimmsten Fall findet er dich sterbenslangweilig.

Zu den Geheimnissen eines Fünf-Sterne-Kochs gehört es, seine Kreation so zu würzen, dass die Mischung zwischen süß und salzig stimmt. So ein Gericht kann dich süchtig machen, du willst immer mehr davon. Genauso ist es bei der Partnersuche: Es geht darum, das Richtige zum richtigen Zeitpunkt zu sagen, in der perfekten Mischung aus süß und salzig. So wirst du für ihn reizvoll unberechenbar bleiben, und das ist einfach sexy.

So hast du ihn schon beim ersten Date an der Angel
Wie wäre es, wenn Folgendes passieren würde: Ihr hattet ein schönes Date, romantisch und auch ein kleines bisschen sexy, und er fragt dich am Ende, ob du noch mit zu ihm kommst. Du lächelst ihn an und sagst: »Ein Teil von mir würde wahnsinnig gerne, weil ich dich sehr anziehend finde, aber ... es ist nicht meine Art, die Dinge so zu überstürzen. Ich freue mich allerdings sehr auf ein weiteres Date, wenn du möchtest.«

Mit dieser Antwort suggerierst du ihm, dass du grundsätzlich interessiert bist und ihn attraktiv und sexy findest – das ist die Schokoladenfüllung in deiner Kreation. Dann kommt eine Prise Salz dazu, indem du indirekt zum Ausdruck bringst, dass du nicht so leicht zu haben bist. Und zum Schluss wird das Sahnehäubchen obendrauf gesetzt, indem du ihn einlädst, dich ein anderes Mal wiederzusehen.

Damit schaffst du eine Spannung zwischen euch, die sexy ist: Er weiß, ja, du willst ihn, aber er muss sich anstrengen, du bist eine Herausforderung (du weißt ja, Männer lieben Herausforderungen). Und er wird sich denken: »Wow, was für eine Frau, so geheimnisvoll und nicht zu durchschauen – ich muss sie wiedersehen!«

Schon hast du ihn an der Angel. Er weiß einfach, mit dir wird es nicht langweilig. Du bist vielversprechend und wahrst deine Grenzen ohne Angst, ihn zu verlieren. Er ahnt, du bist etwas ganz Besonderes, und wenn du dich ihm eines Tages hingibst, dann nur, weil du es wirklich willst und weil du weißt, dass er sich mittlerweile in dich verliebt hat. Dann beginnt ein neues Kapitel in deinem Leben – und wer weiß, vielleicht hast du die große Liebe gefunden.

Textnachrichten zwischendurch

In der heutigen Zeit kommen wir nicht umhin, uns Text-Messages zu schicken. Natürlich gibt es auch hier einiges zu beachten.

Die Fakten

Eine Textnachricht kann im schlimmsten Fall falsch verstanden werden. Denn du siehst nur einen Text; dir fehlen all die anderen Informationen, die du face to face sehr wohl mitbekommst und die ich bereits erläutert habe. Emotionen kannst du beim Schreiben nur mithilfe von Emojis ausdrücken, außer du bist eine begnadete Wort-Jongleurin und weißt dich sehr gut auszudrücken.

Zu den bereits aufgeführten Gefahren des Hin- und Herschreibens gehört z.B. auch, dass sich die Menschen heutzutage nicht mehr so gerne verbindlich festlegen, wenn es um einen Termin geht. Je interessanter du für einen potenziellen Interessenten bist, desto öfter wird er sich bei dir melden, und im Idealfall wird er auch lieber mit dir telefonieren, als zu texten – außer er leidet an einer Telefonphobie.

Was du auf keinen Fall tun solltest: ihn mit deinen Nachrichten zu überschwemmen. Natürlich kannst du mal eine Konversation beginnen, doch wenn er nicht gleich antwortet, hüte dich vor dem großen Fehler, ihm virtuell hinterherzulaufen, indem du ihn fragst, ob er deine Nachricht nicht bekommen hat. Es kann viele Gründe geben, warum er nicht gleich antwortet. Wenn du ihn mit Nachrichten bombardierst, fühlt er sich verpflichtet – und rate, was dann passiert: Der Gedanke an dich erfüllt ihn mit immer mehr Unwohlsein – und das willst du doch nicht.

Bleib entspannt und fang nicht an, für ihn zu denken. Bleib bei dir, schau, dass es dir gut geht, und wenn du es schaffst, ihn energetisch loszulassen, kann es sein, dass er sich urplötzlich zu einem Zeitpunkt meldet, an dem du nicht mit ihm gerechnet hättest. Das Leben hat mitunter einen ziemlich schrägen Humor: Geschenke gibt's, wenn man sie nicht erwartet.

Was auch immer du ihm schreibst, bleib humorvoll, flirte ein wenig, zeig ihm, dass du dich über seine Nachrichten freust, und bleib auch hier in dem Stadium, in dem ihr euch gerade befindet. Also schicke ihm in der ersten Phase eures Kennenlernens nichts Zweideutiges; heb dir sexy Flirten besser für später auf, wenn ihr euch besser kennt.

Was immer gut ankommt: Fotos mitzuschicken. Angenommen, du bist gerade mit Freunden an einem schönen Ort, und du denkst an ›ihn‹, dann kannst du ihm durchaus so was schreiben wie: »Du solltest hier sein!«, oder: »Wie schade, dass du dieses fabelhafte Panorama jetzt nicht live erleben kannst.« Dann wartest du ein wenig; er wird mit Sicherheit neugierig sein, und mit ein wenig Abstand schickst du ein nettes Foto, auf dem du z.B. mit deinen Freund(inn)en in einer Berglandschaft zu sehen bist. Es versteht sich wohl von selbst: Schicke nur ein Foto, wenn offensichtlich ist, dass es dir gut geht, und lass es unbedingt bleiben, solange du einen Durchhänger hast.

Gerade in der Anfangsphase solltest du besonders achtsam sein, was du wann schickst. Mit einer Nachricht, in der rüberkommt, dass es dir gerade mies geht, suggerierst du ihm, dass du gerettet werden willst, und das ist nicht sexy; oder er befürchtet, du könntest des Öfteren ›down‹ sein, sodass er sich mit dir einen Klotz ans Bein binden würde. Wenn ihr später zusammen seid, ist es etwas anderes, aber gerade die Anfangsphase ist sehr sensibel. Durch Missverständnisse könnte das zarte Pflänzchen ›Zuneigung‹ oder ›erste Verliebtheit‹ schnell eingehen, anstatt zur starken Pflanze ›Liebe‹ heranzureifen.

Was auch immer du schreibst, sei anders, überrasche ihn, sei sexy (allerdings nur angedeutet!), witzig, unkompliziert und flirte! Mach ihm auch mal ein Kompliment wie: »Ich glaube, dieser Hut würde dir sehr gut stehen, er würde dein interessantes Gesicht noch mehr zur Geltung bringen.« Und dann schick ein Foto hinterher, auf dem du den Hut probehalber und aus Spaß aufgesetzt hast.

Jeder liebt Komplimente, aber mach sie nur, sofern sie wirklich der Wahrheit entsprechen. Sag oder schreib nichts nur um des Schreiben willen oder weil du dich einschmeicheln willst. Wenn du in deiner weiblichen Kraft bist, werden dir die richtigen, passenden Worte für diesen Mann einfallen.

Ich kann es gar nicht oft genug wiederholen: Schau, dass es dir selbst gut geht, dann bist du entspannt, deine Einzigartigkeit wird sich voll entfalten, und du wirst unwiderstehlich sein.

No-Gos

Schicke ihm gerne Fotos, aber keine anzüglichen. Wenn du das zu früh tust, macht ihn das zwar heiß, aber er wird sich denken, du schickst auch anderen Männern so zügig solche Fotos. Du bist eine Lady und lässt dir deshalb Zeit.

Umgekehrt gilt: Falls dir ein Mann unaufgefordert Nackt-
fotos schickt, noch dazu in der Anfangsphase, dann nimm
die Beine in die Hand und lauf, so schnell du kannst. Dreimal
darfst du raten: Genau, er macht das auch bei anderen Frauen.
Er ist notgeil und außerdem irgendwie gestört. Die einzige
Ausnahme: Ihr habt euch über eine Sex-Dating-Seite kennengelernt und seid beide nur auf Sex aus. Dann sieht die Sache
anders aus.

Sprachnachrichten

Ich persönlich finde, eine Sprachnachricht ist eine wundervolle Alternative zu Textnachrichten. Er hört den Klang
deiner Stimme, die ihm unbewusst schon viel vermittelt.
Wenn du sexy klingen willst, übertreib es nicht und denke
daran: Auch Männer besitzen einen ›Bullshit-Detektor‹, sie
können fühlen, was hinter den Worten schwingt. Daher gilt
hier umso mehr: Sprich nur dann eine Nachricht auf, wenn
es dir echt gut geht. Andernfalls hört man an deiner Stimme,
dass du mies drauf bist – außer du bist eine besonders gute
Profi-Sprecherin oder Schauspielerin. Wieso solltest du ihn
überhaupt mit Depri-Energien überschütten? Er will in erster Linie eine anziehende, fröhliche Frau kennenlernen, und
auch, wenn es Männer gibt, die sich in der Rolle des Retters
sehr stark fühlen – ein Mann ist nicht dazu da, dich zu retten.

Achte bei Sprachnachrichten darauf, ihn nicht mit Details
aus deinem Leben zuzutexten, die ihn womöglich nicht interessieren (zumindest nicht zu diesem Zeitpunkt). Halte dich
kurz und charmant, dann hast du schon gewonnen.

Wie lange warten mit der Antwort?

Nachdem es bei den meisten Textnachricht-Anbietern ersichtlich ist, wenn du eine Nachricht gelesen hast, ist es ziemlich lächerlich, aus taktischen Gründen zwei Tage mit einer Antwort zu warten. Warte nur, wenn du seine Nachricht bisher höchstens in der Vorschau gesehen hast. Aber antworte eher auch nicht gleich eine Minute nach dem Erhalt einer Nachricht. Bleib am besten so natürlich wie möglich und antworte einfach in unterschiedlichen Varianten, mal relativ kurz nach dem Erhalt, das andere Mal ein, zwei Stunden versetzt. Bekomme ein Gefühl dafür, wie er tickt.

Im Grunde geht es auch hier darum, ihm zu vermitteln, dass du ihn zwar magst und an ihm interessiert bist, dass er aber (noch nicht) der Mittelpunkt deines Lebens ist. Wenn er dich z.B. um ein Date bittet an einem Tag, den du bereits verplant hast, bleib bei deinem Vorhaben und wirf seinetwegen nicht alles um. Lebe dein Leben weiter; er sollte den Raum, den er in deinem Leben einnehmen könnte, erst langsam, step by step, erobern – so wie dich selbst. Wenn du seinetwegen eine andere Verabredung absagst und ihm das auch noch auf die Nase bindest, weil du ihm vermitteln willst, wie wichtig er dir bereits ist, mag er sich zwar geschmeichelt fühlen, aber irgendwie bist du dann keine Herausforderung mehr für ihn, und du weißt ja ...

***

Sonja hatte ihr erstes Date mit Claudio, einem ihrer Verehrer aus der Partnerbörse. Wir treffen uns zum wöchentlichen Online-Coaching, und ich sehe ihr sofort an, dass es ihr sehr gut geht. Sie strahlt, und ich frage sie, ob sie mir erzählen möchte, was in der Zwischenzeit passiert ist und was das Ziel unserer heutigen Sitzung sein soll.

Sonja wünscht sich Klarheit, wie es weitergehen soll. Dann erzählt sie von ihrem Date mit Claudio: Er sei sehr nett und zuvorkommend, sehr charmant und auch attraktiv. »Aber?«, hake ich nach, und sie sagt: »Na ja, er ist halt nicht Markus, er ist nicht so heiß, nicht so aufregend.«

Was mich zu diesem Zeitpunkt brennend interessiert: ob Claudio irgendwelche Ähnlichkeiten mit ihrem Noch-Ehemann Alfons hat. Sonja verneint. »Aber stell dir vor, Alfons war letztens im Haus, um mit mir über die Scheidung zu sprechen. Wir hatten uns ja nicht mehr gesehen, seit er zu seiner Neuen gezogen ist. Ganz ehrlich ..., er sieht erbärmlich aus. Er hat mir gestanden, dass er total unter ihrer Kontrollsucht leidet, er kann quasi nichts mehr alleine unternehmen. Und er würde am liebsten zu mir zurückkommen, weil er jetzt erkannt hat, was er an mir verloren hat.«

Ich muss lachen. »Das war zu erwarten, das überrascht mich überhaupt nicht. Weißt du, du hast dich dermaßen verändert! Du bist mit Sicherheit noch schöner als damals, als ihr euch kennengelernt habt. Du hast eine unglaubliche Ausstrahlung, und deine Verehrer tun dir einfach gut. Alfons spürt, dass es viel Neues in deinem Leben gibt, und in Anbetracht der offensichtlichen Konkurrenz verhält er sich nun wie ein Hund, der seinen Knochen vor zwei Jahren vergraben hat. Er hatte den Knochen unter der Erde längst vergessen, doch weil jetzt ein anderer Hund den Knochen findet, ist er plötzlich für den ursprünglichen Besitzer wieder interessant.«

Sonja prustet los: »Dann bin ich der Knochen?! Soll ich jetzt beleidigt sein?«

»Sorry, aber das Bild bringt es so auf den Punkt. Du bist natürlich kein Knochen, sondern eine unglaublich anziehende, wunderschöne Frau, die der ursprüngliche ›Besitzer‹ zurückhaben möchte. Willst du ihn denn wiederhaben?«

Sonja sieht mich entsetzt an: »Oh nein, niemals, ich bin doch jetzt eine ganz andere Frau, wir passen überhaupt nicht mehr zusammen. Außerdem, ich finde Alfons jetzt stinklangweilig. Und er riecht nach diesem billigen Parfum von seiner Geliebten, da wird mir gleich ganz anders.«

»Fühlst du dich denn wenigstens etwas geschmeichelt – oder empfindest du so was wie Schadenfreude, dass Alfons nicht glücklich ist mit seiner Neuen?«

»Nein«, Sonja schüttelt den Kopf, »er tut mir einfach leid, und ich bin ihm inzwischen echt dankbar, dass mich seine Außenbeziehung an diesen Punkt in meinem Leben gebracht hat.«

Ah, der Perspektivenwechsel hat stattgefunden, wie schön, denke ich mir. Sonja geht mit riesengroßen Schritten vorwärts – ihrem neuen Liebesglück entgegen.

»Ja, und stell dir vor«, berichtet Sonja weiter »einen Tag, nachdem ich das Date mit Claudio hatte, meldete sich Markus und wollte mich unbedingt sehen. Ich ließ ihn ein wenig zappeln und antwortete nicht gleich, immerhin hat er sich zwei Wochen lang überhaupt nicht gemeldet. Plötzlich rief er an und sagte, es tue ihm so leid, aber er sei so durcheinander, weil er sich in mich verliebt hat. Er flehte mich an, ihn zu treffen, er wollte am liebsten zu mir kommen, aber das war mir zu gefährlich. Also schlug ich ihm vor, dass wir uns in einem

Café treffen. Markus kam mit zusammengebundenen Haaren ins Lokal, er hatte sogar ein Jackett an, und in diesem Outfit finde ich ihn genauso attraktiv wie in seinem gewohnten Style, dennoch bin ich erschrocken, wie ernst er aussah – wie ein Schatten seiner selbst, sodass ich mich fragte, wo denn der heiße Musiker abgeblieben ist, den ich so sexy fand. Ich sagte ihm genau das, und er meinte, er wolle sich doch meinetwegen verändern, weil ich gesagt habe, dass wir eigentlich so gar nicht zusammenpassen.

Ich bin so gerührt, gleichzeitig vermute ich, dass er es auf Dauer nicht aushalten wird, ›normaler‹ zu werden, nur damit wir zusammenpassen.«

»Wie klug du bist, Sonja«, sage ich zu ihr. »Genau, wilde Männer werden langweilig, wenn man sie zähmt. Markus ist wirklich bereit, sich selbst für dich zu zähmen. Siehst du, was geschehen kann, wenn du entspannt und neugierig bleibst?! Markus kann fühlen, dass du auch bei anderen Männern begehrt bist, und das macht dich für ihn noch attraktiver.«

»Ja«, meint Sonja, »das macht es aber auch nicht leichter. Nun sitze ich zwischen zwei Stühlen. Natürlich bin ich nach dem Café-Besuch mit Markus im Bett gelandet – es war einfach unglaublich, und ich bin wirklich ein bisschen verliebt in ihn. Aber wie soll ich mit Claudio umgehen? Soll ich ihn trotzdem weiter treffen?«

»Willst du denn?«, frage ich.

»Ja, schon irgendwie, aber ich habe Angst, dass ich mich dann überhaupt nicht mehr auskenne.«

Ich schlage Sonja vor, sie durch ein Clearing zu führen, damit sie dadurch mehr Klarheit erlangt. Als wir durch den Prozess gegangen sind, sieht Sonja gleich viel entspannter aus.

»Weißt du was?«, sagt sie zu mir, »ich lass jetzt mal alles so, wie es ist, ich muss mich ja nicht entscheiden.«

»Das ist eine gute Erkenntnis«, melde ich ihr zurück. »Du kannst nicht wissen, was passiert; schon in der nächsten Sekunde kann sich alles verändern. Unser Gehirn verbraucht so viel unserer Energie mit unserer Denkerei – dabei geschieht die Magie doch in den Momenten, in denen unser plappernder Verstand Pause hat. Ich konnte dich in so einen Moment führen, deswegen bist du jetzt wieder so viel besser mit deiner Intuition und Weisheit verbunden. In diesem Zustand kommen deine eigenen Erkenntnisse ganz von selbst, und genau das ist das Wertvolle an dieser Clearing-Arbeit. Ich führe dich durch die richtigen Fragen und Prozesse zu deinen eigenen Erkenntnissen, und das ist so viel mächtiger, als wenn ich dir all das erzähle. Wenn du selbst darauf kommst, hast du wirklich dazugelernt und es vor allem verinnerlicht.«

WEITERE DATES

Das erste Date lief gut, ihr wollt euch weiterhin treffen, und du hast ein gutes Gefühl? Hervorragend! Dennoch: Bleib locker und frag dich nicht die ganze Zeit, ob »er das jetzt ist«.

Wenn du in dieser Phase weitere Interessenten hast, bist du klar im Vorteil. Mach nicht den Fehler, die anderen wegzuschicken, nur weil du in deinen Favoriten (ein bisschen) verliebt bist. Mach dir bewusst, dass sich die ›Verliebtheitshormone‹ zwar wunderbar anfühlen, aber auch deine scharfen Sinne trüben. Mylady, du bist auf Drogen!

Und klar, es ist wunderbar, wenn auch deine neue Erobe-

rung in dich verliebt ist. Ja, theoretisch könnte er dein Traummann sein. Trotzdem ist es ratsam, vorsichtig zu bleiben.

Außerdem – ist es nicht ein herrliches Spiel? Solltest du eines Tages wirklich mit ihm zusammenkommen, wirst du dich sehr gerne an diese aufregende Zeit erinnern. Es knistert, es funkt, jedes Wort wird auf die Goldwaage gelegt, die Blicke, die ihr euch zuwerft, sind manchmal eindeutig, dann wieder rätselhaft. Manchmal bist du guter Dinge, manchmal kennst du dich nicht aus, es ist die Zeit, wo du sehr intensiv lebst, weil eben alles so neu ist. Hermann Hesse beschreibt es in seinem Gedicht *Stufen* sehr treffend:

>»Und jedem Anfang wohnt ein Zauber inne,
>der uns beschützt und der uns hilft, zu leben.«

Wenn du beim Erstellen deiner Wunschliste und der damit verbundenen Manifestation schlau warst, hast du mit Bedacht formuliert, es solle dieser Phase zu eigen sein, dass alles auf euer Zusammenkommen als Paar hinausläuft und dass ihr tief in euch wisst, ihr seid angekommen. Dennoch könnt ihr diese erste Phase genießen, ohne etwas zu überstürzen; ihr dürft einfach ein bisschen spielen, wohl wissend, wie das Spiel enden wird, nämlich in einer Liebesbeziehung.

Falls du diesen Punkt beim Formulieren deiner Wunschliste übersehen hast, könnte es sein, dass es zwischen euch noch unentschieden hin und her geht. Warum das so ist, kann verschiedene Gründe haben. Vielleicht sind in dir z.B. noch Ängste, dich ganz auf eine neue Liebe einzulassen. Dementsprechend ziehst du Männer in dein Leben, die ähnliche Themen haben und die dir deine eigenen Schattenthemen spiegeln. Sobald du das durchschaust, bist du sehr im Vorteil, weil du erkennst, worauf dich dein Gegenüber – dein ›menschlicher Spiegel‹ – hinweist. Solltest du gerade in dieser Phase sein, mach die folgende kleine Übung.

MAGIC SECRET
Übung: Deine Schattenthemen

Nimm ein Blatt Papier und schreib von Hand(!) als Überschrift: »Ich habe Angst vor ...« (Setze ein, wovor du dich ängstigst.)

Begründe deine Aussage, indem du ergänzt: »... weil ich glaube, dass ...«

Vervollständige den Satz wahrheitsgemäß und möglichst ausführlich. Schreib drauflos; alles, was da kommen mag, ist wichtig. Mach es ohne innere Zensur, ohne einen inneren Kritiker. Und falls noch etwas anderes kommt als Angst, z.B. Zweifel, Bedenken, was auch immer, notiere es ebenfalls.

Wenn du fertig bist, lass es gut sein; leg den Zettel erst mal mindestens zwei Tage lang zur Seite und beachte ihn nicht mehr. Es sei denn, dir fällt noch etwas ein, dann ergänze es und leg den Zettel danach wieder beiseite. Schau nicht nach, was du geschrieben hast. Ich sage dir, was in der Zwischenzeit passiert ...

Wenn wir über etwas nachdenken oder grübeln, umgeben uns unsere Gedanken in Form von Energiewolken. Comic-Hefte bringen es eigentlich auf den Punkt: Unsere Gedanken

sind wie die Sprechblasen von Donald Duck & Co. Das heißt
aber auch, sie sind nicht manifest, sie wabern als Energiewolken um uns herum. Der ›Clou‹ ist, dass es sich oft nicht
mal um unsere eigenen Gedanken handelt; wir hängen uns
wegen unserer Schwingung an die Gedankenformen, die sowieso im Raum aller Möglichkeiten herumwabern. Hier gilt
das Gesetz der Resonanz. Nicht wir produzieren bewusst
diese Gedanken, sondern unser Verstand hängt sich an diese
Energieformen an.

Sobald wir unsere Gedanken zu Papier bringen, holen wir
sie quasi in die Materie; nun stehen sie auf einem Blatt Papier,
und wir können sie lesen. Was dann passiert, ist oft erstaunlich. Prüfe selbst, ob es stimmt, was ich sage. Mach dir den
Spaß und lies in diesem Buch erst weiter, nachdem du deine Gedankennotizen von der oben stehenden Übung gelesen
hast. Bevor du zu lesen beginnst, frage dich: »Das, was da
steht, stimmt das wirklich?«

Angenommen, du hast aufgeschrieben, du hast Angst, wieder verletzt zu werden, weil du glaubst, dass du im Grunde
beziehungsunfähig bist. Nun stell dir die Frage: »Stimmt das
wirklich? Bin ich wirklich beziehungsunfähig?« Vielleicht
glaubst du das nur, weil deine früheren Erfahrungen besa-
gen, dass deine Beziehungen auf Dauer nicht halten. Vielleicht hat dir deine Mutter, deine Lehrerin oder sonst jemand
in deiner Kindheit eingeredet, dass Beziehungen auf Dauer
nicht halten, weil Männer so und so sind, weil du es nicht verdient hast, weil ... was auch immer. Vielleicht hast du einen
Glaubenssatz, eine eingeschlossene Emotion, eine Blockade
auch von einem deiner Vorfahren geerbt. Eventuell hast du
in einem anderen Leben (falls du an Wiedergeburt glaubst)

schlechte Erfahrungen gemacht, und das ploppt nun hoch, weil du dein Ziel definiert hast und das Licht darauf scheinen lässt. Du weißt, wo Licht ist, fallen auch Schatten, und das ist gut so.

Nun zurück zu deinen Gedankennotizen von der vorigen Übung: Durch den Prozess des handschriftlichen Notierens sind die Energieformen entladen worden. Die Worte und Gedanken stehen auf deinem Blatt Papier, und im besten Fall stellst du nun fest, dass du jede einzelne deiner Aussagen hinterfragen kannst.

Du musst nicht wissen, woher ein Glaubenssatz kommt. Er ist ein Stück weit entladen worden. Im Coaching würde ich jetzt mit dir genau an dieser Stelle in die Tiefe gehen und diese Blockaden auflösen, sodass sie als Schwingung in dir nicht mehr wirksam sein können.

In der Folge verändert sich deine Eigenschwingung und somit deine Ausstrahlung, und daher wird sich auch dein Gegenüber anders verhalten als vor diesem Prozess. Aufgrund deiner veränderten (erhöhten!) Eigenschwingung schwirren nun aber auch andere Energiewolken um dich herum, die sich als neue Gedanken äußern. Im Idealfall geht nun alles in eine wünschenswerte Richtung.

Ich habe als Teenager sehr viel Tagebuch geschrieben; irgendwie war mir damals schon klar, dass sich etwas verändert, wenn ich meine Sorgen aufschreibe. Heute ist mir klar: Sobald ein altes Thema bei mir hochkommt und ich mich energetisch darin gefangen fühle, schreibe ich diesen einen Satz auf, der mich plagt, und tatsächlich verändert sich sofort meine Energie und somit auch mein Befinden.

***

Sonja erzählt mir bei unserem nächsten wöchentlichen Online-Coaching, dass sie bereits zwei Dates mit Claudio hatte.
Sie findet ihn sehr nett, aber irgendwie auch langweilig. Ich
frage sie, ob Claudio auf sie steht, und sie meint: »Ja, das ist ja
das Problem. Claudio ist so bemüht und so unglaublich nett,
aber eben überhaupt nicht sexy wie Markus.«

»Der ist ja auch ein Bad Guy«, erwidere ich, »und wir wissen ja, dass solche Kerle zwar heiß sind, dass wir aber an
ihrer Seite kaum dauerhaft glücklich werden, wenn wir uns
eine monogame Beziehung wünschen. Was anderes ist es natürlich, wenn wir selbst Abenteurerinnen sind und uns auch
in Beziehungen gewisse Freiheiten wünschen. Wenn wir uns
von der Idee der Monogamie lösen und von allem, was damit
verbunden ist, also Ehe, Zusammenleben in einer gemeinsamen Wohnung usw., dann kann man es auch mit einem Bad
Guy schaffen.«

Ich stelle Sonja ein Szenario vor: Sie soll sich mal ausmalen, selbst eine Abenteurerin zu sein, die drei Lover auf einmal hat: Der eine lebt in Verona, der andere in Paris, und der
dritte ist ein österreichischer Naturbursche. Jeder hat seine
Vorzüge – und so hätte Sonja das abwechslungsreichste Leben, das man sich vorstellen kann.

Versuch mal, dich bei den folgenden Beschreibungen in
Sonja zu versetzen:

Paolo aus Verona ist ein heißblütiger, temperamentvoller
Italian Lover, charmant und witzig, er gestikuliert wild herum, wenn er dir sein Land und seine Leute zeigt und dir
heiße Liebeserklärungen macht. Mit ihm wird dir nie langweilig, weil er sich immer wieder etwas Neues einfallen lässt,
außerdem hat er viele beste Freunde, die genauso ›la dolce
vita‹ lieben wie er.

Außer seiner veronesischen Stadtwohnung besitzt Paolo ein kleines Weingut nahe dem Gardasee. An den heißen Sommer-Wochenenden besuchen Paolos Freunde euch gerne auf dem Land. Dann sitzt ihr an einer langen Tafel mit einer weißen, wehenden Tischdecke im schattigen Garten, ihr blickt über die Weinberge und den Giardino und feiert das Leben mit typisch italienischen Spezialitäten und hervorragendem Wein. Das ist ein Teil deines Lebens – dein Dolce Vita mit Paolo.

Jacques ist Franzose, natürlich umweht ihn ein Hauch von französischer Dramatik, denn er ist ein begnadeter Künstler, er malt und schreibt die tiefgründigsten Texte über das Leben und die Liebe. Nächtelang sitzt du mit ihm in verrauchten Künstlersalons, ihr trinkt Rotwein und diskutiert mit anderen Künstlern, und nach euren durchzechten Nächten geht ihr frühstücken in diese kleinen Pariser Cafés, dort gibt es Café au Lait und frische Croissants.

Jacques liebt dich abgöttisch, du bist seine Muse, und eine Zeit lang bist du der Grund, warum er lebt. Jacques will den Dingen auf den Grund gehen; was ihn antreibt, ist nicht nur die Liebe zu dir, sondern auch sein leidenschaftliches, obsessives Drama. Das heißt, auch mit ihm wird dir nicht öde, weil er außerdem ein ganz großer Romantiker und ein leidenschaftlicher, einfühlsamer Liebhaber ist. Eure Anziehung zueinander bleibt stark, schon deshalb, weil ihr aufgrund der Entfernung nur selten zusammen sein könnt. Das kommt dir sehr gelegen, denn du hast ja noch Paolo ..., und dann schneit noch Kurt in dein Leben, ein österreichischer Skilehrer und Bergführer.

Kurt lebt total im Hier und Jetzt und nimmt alles so, wie

es kommt, auch die amourösen Abenteuer. Das ist dir von Anfang an klar, es macht dir nichts aus, weil du ja selbst im Augenblick mehrgleisig unterwegs bist. Kurt ist ein Naturbursche, wie er im Buche steht. Er liebt seine Berge und zeigt dir Plätze, die du alleine nie finden würdest.

Er ist sehr beliebt und hat unendlich viele Freunde. Egal, wohin du mit ihm gehst, es gibt immer einen Grund, das Leben zu feiern. Kurt beeindruckt dich mit seiner leichten Art, das Leben zu genießen. Einer seiner Lieblingssprüche lautet: »Wenn das Leben dir Zitronen gibt, dann mach Limonade draus.« Und während er lachend seine einfachen Weisheiten von sich gibt, schlägt er sich auf seine sexy Oberschenkel.

Mit Kurt lernst du, die Dinge so zu nehmen, wie sie sind, und das Beste daraus zu machen. Er ist echt fürsorglich und verwöhnt dich in jeder Beziehung. Er tut dir einfach gut, und auch er geht locker damit um, dass ihr euch nur sporadisch seht.

Du wirst also von drei außergewöhnlichen Männern geliebt und verehrt; jeder ist auf seine Art unvergleichlich. Na, wie gefällt dir diese Idee? Logisch, ich habe jetzt alle Klischees bedient, die mir eingefallen sind ...

Ich schaue Sonja erwartungsvoll an. Sie grinst übers ganze Gesicht. »Wow, du hast ja eine Fantasie! Ja, das klingt schon verlockend, aber ich stelle mir die praktische Umsetzung ziemlich anstrengend vor.«

»Es ist ja nur ein Modell, das für eine gewisse Zeit sicherlich gut funktionieren kann«, gebe ich zurück. »Ich möchte einfach deine Fantasie anregen. Du sollst deine Flügel ausstrecken und erfühlen, welches Liebesmodell dir gefällt. Steckt diese Abenteurerin in dir? Wünscht du dir ein abenteuerliches Liebesleben – oder soll es wirklich ›The one and only‹ sein?«

»Ach so, jetzt verstehe ich. Tja, so grundsätzlich gefällt mir diese Idee schon, aber ich weiß auch, dass ich langfristig nur einen einzigen Mann haben möchte. Der muss aber dann unbedingt passen.«

»Gut«, sage ich, »da du gerade sowieso frei bist, kannst du beim Ausprobieren Erfahrungen sammeln. Wie willst du feststellen, ob dir etwas liegt oder nicht, wenn du es nicht probierst? Und schau mal, was für ein Zufall: In deinem Leben gibt es gerade den Abenteurer Markus, der es dir irgendwie echt angetan hat, und es gibt den etwas solideren Claudio, der vielleicht ein guter Langzeitpartner sein könnte. Claudio hat anscheinend ernsthaftes Interesse an dir. Du könntest ihm eine Chance geben, vielleicht überrascht er dich. Ich glaube, dass niemand zufällig in unser Leben kommt. Wenn du Claudio weiter datest, bist du auf dem besten Weg zum ›Italien-Frankreich-Österreich-Modell‹. Erinnere dich an mein Beispiel mit den Eiscremesorten: Wäre es nicht töricht, immer nur Vanille zu essen, wenn es doch zig andere Geschmacksrichtungen gibt?«

»Stimmt«, sagt Sonja, »ich bin viel zu sehr auf der Suche nach dem, was ich eigentlich schon kenne. Ich werde versuchen, meinen Horizont zu erweitern; neugierig bin ich ja schon, wenn ich ehrlich bin. Gut, dann werde ich Claudio auch weiter daten und ihm die Möglichkeit bieten, mich zu überraschen.«

»Du könntest auch ihn überraschen«, schlage ich ihr lächelnd vor.

Wie meistens arbeiten wir noch energetisch an der Aufweichung der installierten Programme. Sonja kann es mittlerweile nicht mehr erwarten, auch diesen Part unserer wöchentlichen Treffen zu genießen, weil sie merkt, dass sie innerlich immer freier wird. Sie erblüht immer mehr zu einer ganz außergewöhnlichen Diva, der die Männer zu Füßen liegen.

Ich finde es wunderbar, dass Sonja nun in einer Phase ist, wo sie einfach neue Erfahrungen sammelt. Wenn sie sich ernsthaft verliebt, wird sie vielleicht aufhören, zu flirten, weil sie ihre neue Beziehung nicht gefährden möchte. Das ist eine ganz natürliche Reaktion, klar, welche Frau wünscht sich noch Abenteuer, wenn sie ihren Traummann gefunden hat?

Vielleicht ist aber das genau das Problem in festen Beziehungen: Wir sind so verliebt und so fixiert auf diesen einen Mann und darauf, dass wir ihn an uns binden, dass wir uns immer kleiner machen, nur damit uns kein anderer Mann gefährlich werden kann.

WENN SEX FÜR DICH EIN PROBLEM IST

Wenn du dich beim Gedanken an Sex unwohl fühlst, weil du z.B. Orgasmus-Schwierigkeiten hast; wenn du das Gefühl hast, irgendetwas stimme nicht mit dir im Hinblick auf Sex, dann konsultiere eine Fachfrau aus dem Bereich Medizin/ Psychologie. Ich habe Frauen kennengelernt, die ihren Unterleib nicht fühlen konnten, die sich vor Männern ekelten oder Angst hatten.

Wenn ich bei einer meiner Klientinnen das Gefühl habe, dass in ihrem Unterbewusstsein etwas schlummert, was aus gutem Grund irgendwann von ihrem inneren Aufpasser weggesperrt wurde, versuche ich sanft herauszufinden, ob es in ihrer Geschichte womöglich Übergriffe gab. Damit meine ich nicht gleich eine Vergewaltigung. Oft reichen geile Blicke oder womöglich sogar nur Gedanken von Männern, die in unserer Kindheit eine Rolle spielen.

Als Kinder sind wir noch so offen und sensitiv. Wenn Erwachsene ihre sexuellen Gedanken auf uns projizieren, spüren wir das, obwohl wir nicht erklären können, warum wir uns auf einmal unwohl fühlen. Es gibt so viele Übergriffe bei Kindern in unserer Gesellschaft; vieles davon bleibt im Dunkeln verborgen und schwelt in unserem Unbewussten vor sich hin. Es hindert uns daran, eine gesunde Sexualität zu leben, und kann dazu führen, dass wir keinen Spaß an Sex haben.

Meine Mutter hatte über viele Jahre einen Freund, der für mich eine väterliche Rolle einnahm. In meiner Kindheit war auch alles in Ordnung, er war lieb zu mir, spielte mit mir, machte Witze und brachte mich zum Lachen; er kümmerte sich um mich, solange meine Mutter arbeiten musste, sodass ich nicht alleine zu Hause war. Ich liebte diesen Mann wie meinen zweiten Vater, und ich vertraute ihm.

Als ich in die Pubertät kam, änderte sich auf einmal etwas. Er machte anzügliche Bemerkungen über meine wachsenden Brüste; er fing an, mit mir zu flirten, und alles wurde irgendwie anders. Und dann kam der Tag, an dem er mich heimlich küsste. Ich war 13 – es war mein allererster Kuss von einem Mann. Ich war zutiefst verwirrt und verstand die Welt nicht mehr. Ich habe meiner Mutter erst viel später von diesem Übergriff erzählt – sie hatte nichts bemerkt, meinte sie.

Ironischerweise war dieser Mann auch die letzte Beziehung meiner Mutter, bevor sie mit erst 50 Jahren von den Männern und all den erlebten Verletzungen die Nase voll hatte. Sie resignierte, und bis zu ihrem Tod mit 83 Jahren hatte sie nie wieder eine Beziehung.

Was dieser erste Kuss mit mir machte, wurde mir erst sehr viel später bewusst. Im Grunde ist damals etwas in mir zerbrochen und hat mir Probleme verursacht, die ich damals nicht darauf zurückführte. Alles, was damit zusammenhing, konnte ich erst sehr viel später heilen.

Ein junges Mädchen, eine junge Frau sollte ihren ersten Kuss von einem gleichaltrigen Jungen bekommen, der in sie verliebt ist, und nicht von einer Vaterfigur bzw. einem Vater, der ihr Vertrauen in ihn zerstört. Bemerkenswerterweise hatte besagter Mann zwei Töchter in meinem Alter. Ich habe mich immer gefragt, was er wohl gemacht hätte, wenn einer seiner Töchter eine ähnliche Geschichte widerfahren wäre.

Auf der Webseite des *Unabhängigen Beauftragten für Fragen des sexuellen Kindesmissbrauchs*[9] ist Folgendes zu lesen:

»Dunkelfeldforschungen aus den vergangenen Jahren gehen davon aus, dass jede/r Siebte bis Achte in Deutschland sexuelle Gewalt in Kindheit und Jugend erlitten hat. Die Weltgesundheitsorganisation (WHO) geht von rund 18 Millionen Minderjährigen aus, die in Europa von sexueller Gewalt betroffen sind. Das sind auf Deutschland übertragen rund 1 Million Mädchen und Jungen. Dies bedeutet, dass etwa 1 bis 2 Schülerinnen und Schüler in jeder Schulklasse von sexueller Gewalt betroffenen sind.«

Die gemeldeten Fälle sexueller Gewalt an Kindern im Internet gehen jährlich in einen zweistelligen Millionenbereich.

Das ist eine unakzeptabel hohe Zahl – jeder einzelne ›Fall‹ ist zu viel!

Auf der Website unter *www.beauftragter-missbrauch.de/ hilfe/weitere-hilfen* findet man auch Infos über finanzielle Unterstützung in Deutschland bei der Aufarbeitung traumatischer Erfahrungen. Sollte beim Lesen dieser Worte irgendetwas bei dir in Resonanz gehen, kümmere dich um dein Seelenheil. Eine gesunde Sexualität ist wichtig für dich und für deine zukünftige Beziehung!

Was du bei sexuellen Problemen tun kannst

1. Suche einen ganzheitlichen Arzt bzw. eine Ärztin oder einen Heilpraktiker auf: Er oder sie kann abklären, ob du weitere Schritte unternehmen solltest, z.b. eine Therapie zu beginnen.

2. Mach eine Therapie bzw. Traumatherapie: Konsultiere eine gute Therapeutin oder einen guten Therapeuten, wobei sie oder er außer Gesprächstherapie noch anderes zu bieten haben sollte, z.B. Körpertherapie, wo eventuelle Traumata auch auf körperlicher Ebene gelöst werden.

3. Besuche Frauenkreise: Ein paar Tage im Kreis der weisen Frauen zu verbringen, ist so heilsam. Achte genau darauf, zu wem du gehst – Frauenkreis ist nicht gleich Frauenkreis. Ich habe sehr gute Erfahrungen mit zwei wundervollen Frauen gemacht, die Frauenkreise veranstalten: Renata Miezejewska und Aladina Rabadan Garcia[10].

Auf meinem YouTube-Channel habe ich einige sehr empfeh-
lenswerte Experten interviewt, vielleicht sagt dir der eine
oder andere Vorschlag zu.

ER MELDET SICH NICHT MEHR?

›Ghosting‹ – so nennt man das heutzutage. Das heißt, er zieht
sich zurück, ohne dir den Grund dafür zu nennen. Dabei hat
doch scheinbar alles so gut ausgesehen; du hast dich vor deinem inneren Auge bereits mit einem Ring am Finger gesehen,
hast angefangen, ihn deinen Freunden vorzustellen, wolltest
immer mehr Zeit mit ihm verbringen, hast zunehmend dein
gesamtes Leben auf ihn ausgerichtet. Das ist ein natürlicher
Prozess für uns Frauen; schließlich sind wir archaisch darauf
programmiert, nun unser Nest zu bauen und uns niederzu-
lassen, weil der Beschützer da ist.

Diese Phase ist sehr sensibel. Auch wenn sich bis jetzt alles
wunderbar entwickelt hat – es kann sein, dass wir uns verändern, und zwar nicht (mehr) zum Guten, und es gar nicht
bemerken: Wir werden anhänglich, geben uns vielleicht sogar
nicht mehr so viel Mühe, ihm zu gefallen, weil er ja gesagt
hast, dass er uns auch ungeschminkt wunderschön findet.
Wir fangen an, unser Licht zu dimmen, weil wir nun nicht
mehr anderen Männern imponieren müssen, denn wir sind ja
angekommen; ganz im Gegenteil, wir wollen unsere Partnerschaft schützen, unserem Liebsten die Gewissheit vermitteln,
dass wir nur ihm gehören.

Genau das wollen wir nun auch von ihm. Wir sind dabei,
ihn zu zähmen, und so könnte es sein, dass wir die energeti-

sche Leine immer enger ziehen. Unbewusst beginnen wir zu klammern, und er fühlt sich immer mehr eingeengt und auch irgendwie … betrogen …

Flucht, bevor sich das Lasso zuzieht

»Wieso betrogen?«, wirst du nun fragen. Nun, ganz einfach: Wir sind nicht mehr die freie, begehrenswerte Frau, die er vor ein paar Monaten kennengelernt hat. Es ist, als hätte er ein glitzerndes, wunderschön eingepacktes Präsent bekommen, und nun, wo er es ausgepackt hat, realisiert er, dass nur das Geschenkpapier glänzt, während der Inhalt selbst immer mehr zu dem wird, was er schon kennt und womit er vermutlich keine guten Erfahrungen gemacht hat.

Vor ein paar Jahren hat mich eine Frau kontaktiert, die ich am anderen Ende der Welt kennengelernt hatte, bei meiner ersten Reise zu den wilden Delfinen, die sich rund um die Bahamas tummeln. Natürlich erinnerte sie mich an diese wundervolle und abenteuerliche Zeit, außerdem mochte ich sie sehr. Also freute ich mich wie verrückt, als sie mich über Facebook anschrieb und vorschlug, zu skypen. Ich dachte, sie wolle einfach unsere Freundschaft auffrischen.

Als wir uns dann online sahen und der erste Smalltalk beendet war, erzählte sie mir von einem Frauenprojekt, in das sie involviert war; sie sei gerade dabei, ihre eigene Gruppe aufzubauen. Kannst du dir vorstellen, wie es weiterging? Sie wollte mich überreden, in ihre Gruppe zu kommen, in die man sich irgendwie einkaufen musste. Ich merkte, wie sich in mir alles zusammenzog. Ich fühlte mich betrogen, denn in Wahrheit hatte sie mich nicht der ›guten alten Zeiten‹ wegen

kontaktiert, sondern sie wollte etwas von mir, wozu ich nicht bereit war. Ganz im Gegenteil, ich fühlte mich betrogen, weil sie mir etwas verkaufen wollte, wovon anfangs keine Rede war.

Damals war ich noch nicht so weit, ihr direkt zu sagen, dass mir das nicht gefiel, weil ich selbst nur meine körperliche Reaktion wahrnehmen konnte und mich sehr unwohl fühlte; ich konnte aber nicht genau zum Ausdruck bringen, was es war, nämlich ihr Kontaktangebot, das einen anderen Grund hatte, als sie vorgab. Wir hatten danach übrigens nie wieder Kontakt, und bei mir blieb bis heute ein fahler Nachgeschmack hängen. Wie schade.

Die energetische Komfortzone und deine Erwartungshaltung

Genau das ist es, was Männern oft passiert, wenn wir uns an seiner Seite in die energetische Komfortzone begeben, weil wir uns sicher sind, dass alles in trockenen Tüchern sei. Und es ist nicht nur die Komfortzone, da ist noch viel mehr im Spiel, was uns gar nicht bewusst ist.

Anfangs war alles noch leicht und spielerisch, du selbst warst im besten Fall im entspannten ›Mal sehen‹-Modus. Je mehr du dich allerdings in ihn verliebt hast, desto mehr Erwartungen hegst du auch: Er soll sein Leben auch für dich umkrempeln, er soll sich einschränken, er soll lieber mit dir etwas unternehmen als mit seinen Kumpels.

Vielleicht erwartest du, dass er mit dir zusammenzieht, dass er Verantwortung für dich übernimmt. Auf jeden Fall hat er auf einmal die Verantwortung für dein Glück und für dein Herz. Er soll es heilen, denn natürlich hat es schon vie-le Narben; er soll deine emotionalen Defizite ausgleichen, er soll dich ganz machen, er soll dir Sicherheit geben. All deine Erwartungen und Hoffnungen soll er nun auf einmal erfüllen.

»Ja, aber das ist doch ganz normal in einer Beziehung«, ent-gegnest du vielleicht.

Ja, das stimmt, aber vielleicht ist genau das auch das Prob-lem. Denn all diese Erwartungen an ihn und eure Beziehung laufen auch auf energetischer Ebene ab, vielleicht sind sie dir selbst kaum bewusst, aber er kann sie fühlen. Dadurch ist er nicht mehr frei. Er fühlt sich dir gegenüber verpflichtet, und ihm ist bang, dass er dich leicht verletzen könnte; aber das will er nicht, vor allem, wenn auch er in dich verliebt ist.

Von der Femme fatale zur schlechtesten Version deiner selbst?

Das Problem bei uns Frauen ist, dass wir uns so sehr ver-ändern, wenn wir uns verlieben. Wir wollen keine Fehler machen, wir wollen ›ihn‹ unbedingt behalten, und so fangen wir an, uns zu verkrampfen. Wir verlieren unsere Natürlich-keit – wir wollen unsere neue Beziehung auf gar keinen Fall gefährden.

Flirten mit anderen Männern? Das geht gar nicht. Wir wol-len ›ihm‹ ja vermitteln, dass er der einzig Wahre für uns ist und dass wir ihm zu hundert Prozent treu sind. Im schlimms-ten Fall machen wir uns nach und nach kleiner, wir dimmen unser Licht immer mehr, nur damit wir unsere Beziehung schützen. Und es kann sogar noch viel weiter gehen: Wir wer-den von seiner Liebe abhängig, wir ›brauchen‹ ihn, um glück-

lich zu sein, und werden irgendwie süchtig nach ihm. Ich kenne viele Frauen, bei denen es genau so war. Wir stolpern so leicht in diese Falle, denn sie ist uns gar nicht oder kaum bewusst. Und was nun unseren Herzensmann anbelangt – plötzlich ist er quasi mit einer völlig anderen Frau zusammen! Er hat sich damals in die charmante, witzige, attraktive Femme fatale verliebt, doch nun hat er im schlimmsten Fall einen Klammeraffen am Hals.

Vielleicht ist es ihm noch nicht bewusst, aber seine Sensoren schlagen Alarm: »Hier stimmt irgendwas nicht.« Also zieht er sich lieber erst mal zurück.

Ich würde dir an dieser Stelle dringend raten, ihn in Ruhe zu lassen. Wenn du ihn jetzt mit Textnachrichten oder Anrufen ›beglückst‹, wird er sich noch mehr zurückziehen, im schlimmsten Fall ist er dann sogar ganz weg.

Werde dir an dieser Stelle bewusst, dass es in dir noch ein Programm gibt, das dich daran hindert, so fröhlich und lebenslustig zu bleiben, wie du es am Anfang warst. Gehe in dich, werde dir deiner Ängste bewusst, heile deine Verletzungen und werde (wieder) zur besten Version deiner selbst.

WIE DU SEIN HERZ DOCH NOCH EROBERST

Wenn du dir all der Dinge bewusst geworden bist, von denen ich dir im vorigen Kapitel erzählt habe, hast du wahrscheinlich einige tiefe Erkenntnisse gehabt. Im besten Fall bist du wieder entspannter und hast dich gut um dich und um dein Seelenheil gekümmert. Vielleicht hast du dich sogar wieder mit anderen Männern getroffen oder zumindest einiges mit

Freunden oder im Alleingang erlebt, was dir gutgetan hat. Und du warst tapfer und hast diesen Mann in Ruhe gelassen, auch energetisch.

Wenn ihm wirklich etwas an dir liegt, wird er sich nach einiger Zeit höchstwahrscheinlich nach deinem Wohlbefinden erkundigen. Vielleicht schaut er in den sozialen Medien nach dir. Deswegen poste ab und zu mal etwas – aber nur, wenn es dir in diesen Momenten gut geht.

Eine kleine Taktik

Wenn auf den geposteten Fotos mal ein anderer Mann dabei ist, der dich echt nett anlächelt, könnte es den Mann, der sich zurückgezogen hat, zum Nachdenken bringen. Sieht er, dass es Konkurrenz gibt, könnte dies das ›Der Knochen gehört mir‹-Syndrom aktivieren. Du erinnerst dich an die Geschichte von den Hunden: Auf einmal ist der vergrabene Knochen für den ursprünglichen Besitzer der wertvollste Schatz auf der Welt. Der Unterschied zwischen uns Menschen und dem Tierreich ist nicht so wahnsinnig groß ...

Allerdings solltest du diese Taktik vorsichtig anwenden. Du willst ja nicht den Eindruck erwecken, dass du dich schon wieder mit anderen Männer amüsierst, kaum dass er sich mal ein bisschen rar gemacht hat – auch wenn es (hoffentlich) stimmt, dass du Spaß hast. Das gepostete nette Foto soll den Mann, der sich zurückgezogen hat, bloß dazu anregen, mal darüber nachzudenken, wie es wäre, wenn du für ihn gar nicht mehr erreichbar wärst.

Wie gesagt, das ist sicherlich eine Gratwanderung; die Gefahr ist groß, dass du dastehst wie eine Schlampe, die mit

jedem rummacht. Am besten wäre es, die Situation für so ein Gruppenfoto würde sich wie von selbst ergeben, ohne dass es gestellt ist. Bei einer aalglatten Inszenierung könnte dein Angebeteter den Braten riechen ... Vergiss nicht den eingebauten ›Bullshit-Detektor‹.

Läuft alles wie erhofft, wird er sich in dieser Phase wieder bei dir melden. Er kann fühlen, dass du dich entspannt hast und aufgehört hast, zu klammern. Im besten Fall bist du nun wieder die begehrenswerte Frau, in die er sich ursprünglich verliebt hat. Und noch besser: Du bist durch die kurierende Beschäftigung mit deinen Wunden noch mehr in deine Kraft gekommen. Du kannst im Grunde sehr dankbar sein, dass all das gleich am Anfang eurer Beziehung passiert ist.

Durch sein Ghosting hat er dir gespiegelt, was bei dir noch nicht im Reinen war. Dadurch hast du die Chance bekommen, dir deine Ängste, Verletzungen und falsch gesetzten Erwartung in ihn und eure Beziehung anzusehen.

Magic Secret

Vollkommen erblühen – auch durch Leid

Jede Begegnung, die uns weiter bringt, sei es durch Schmerz oder durch Liebe, gibt uns die Chance, immer mehr unsere einzigartige, strahlende Essenz zu entdecken. Wir entwickeln uns, wir häuten uns, wir befreien uns von unseren hinderlichen Programmierungen und kehren in den Schoß der weiblichen Urkraft zurück. Wir werden kraftvoll, strahlend und anziehender als jemals zuvor.

FEHLER BEIM MANIFESTIEREN

Ich beschäftige mich schon sehr lange mit der magischen Seite des Lebens, mit der Wissenschaft hinter der Magie, mit den quantenphysikalischen Gesetzen, die wir beim Kreieren unseres Liebesglücks unbedingt beachten müssen.

Leider kann man beim Wünschen tatsächlich Fehler machen, die dazu führen, dass sich unsere Wünsche nicht erfüllen – oder noch schlimmer, dass wir genau das Gegenteil dessen, was wir ›eigentlich‹ haben möchten, in unser Leben ziehen. Von diesen Fehlern will ich dir erzählen

Fehler Nr. 1: Unbedachte Worte und falsche Zeiten
Bei der Arbeit mit Affirmationen musst du deine Worte sehr achtsam wählen. Unser Unterbewusstsein führt nämlich unsere Aufträge sehr exakt aus. Lautet deine Formulierung z.B.: »Ich will meinen Traummann finden«, wirst du auch weiterhin ›wollen‹; du kommst zu keinem Ergebnis, du programmierst dich allenfalls darauf, weiterhin höchst erfolgreich zu wollen.

Das ist so, als würdest du sagen: »Ich will abnehmen.« Dann willst du und willst du ... Mag sein, du nimmst sogar ein paar Pfündchen ab, aber du wirst wieder zunehmen, damit du erneut abnehmen kannst, denn genau das willst du ja, verstehst du?

Im Hinblick auf deinen Traummann formuliere deine Affirmation lieber folgendermaßen: »Mein Traummann ist bereits in meinem Leben.« Das ist noch nicht mal gelogen, weil du dich ja mit ihm beschäftigst, sodass er bereits energetisch in deinem Leben ist. Die arabische Sprache verwendet sogar eine Vergangenheitsform (das Imperfekt) für die Gegenwart

und für die Zukunft, wenn es um nicht abgeschlossene bzw. um wiederkehrende Handlungen geht (wohingegen das Perfekt für abgeschlossene Handlungen reserviert ist). Wenn du auf Nummer sicher gehen möchtest, könntest du auf Deutsch auch sagen: »Mein Traummann ist bereits in mein Leben gekommen.«

Und wenn dein Verstand nun Einspruch erhebt und sagt: »So ein Blödsinn, das stimmt ja gar nicht«, dann kannst du ihn austricksen – indem du dir so oft wie möglich erlaubst, dir dein Traumbild zu erschaffen. Das funktioniert am besten, wenn du total entspannt bist. Wenn es dir schwerfällt, zu visualisieren, dann nutze geführte Meditationen, schöne, ruhige Musik oder was immer dir hilft, den Alltag hinter dir zu lassen. Erlaube dir, groß zu träumen und alles für möglich zu halten.

Fehler Nr. 2: »Nicht«, »kein« und andere Negationen
Du weißt wahrscheinlich, dass du Verneinungen im Rahmen von Affirmationen besser weglässt. Sag nicht so was wie: »Ich will nicht mehr alleine sein.« Was hört dein Unterbewusstsein? Du willst alleine sein, denn darauf liegt dein Fokus: »(Oh Hilfe, bloß nicht mehr ...) allein sein!« Das ist so, wie wenn ich zu dir sage: »Denk jetzt bitte nicht an einen pinken Elefanten mit Ringelsocken, der Ohrringe aus Kirschen trägt.« Na, woran denkst du?

Fehler Nr. 3: Mangelndes Durchhaltevermögen und emotionslose Gedanken
Es reicht nicht aus, die richtigen Affirmation 5 Minuten am Tag zu sagen. Was sind 5 Minuten täglich, wenn 23 Stunden

und 55 Minuten lang ein anderes, düster gefärbtes Programm in deinem Unterbewusstsein abläuft?

Was du unbedingt wissen musst: Was wir in unser Leben ziehen wollen, muss mit unseren Emotionen aufgeladen sein. Sooft du sagst: »Mein Traummann ist bereits in meinem Leben«, male es dir wunderschön aus, fühle es, als wäre das erwünschte Ergebnis längst eingetroffen, am besten beim Einschlafen und beim Aufwachen bzw. in einem ›hypnotischen‹ Zustand, wo Suggestionen besser in dein Unbewusstes fließen können. Damit trickst du auch deinen Verstand mit seinen Einwänden aus.

Stell dir so oft wie möglich vor, wie du mit deinem Liebsten lachst, wie ihr gemeinsam unterwegs seid, wie ihr glücklich seid, wie ihr euch leidenschaftlich liebt – deiner Fantasie sind keine Grenzen gesetzt.

Fehler Nr. 4: Die Macht des Schreibens nicht nutzen

Etwas mit der Hand aufzuschreiben, am besten Tag für Tag – das ist so mächtig! Nicht umsonst wurde das Schreibenlernen früher der armen Bevölkerung vorenthalten; darüber spricht nur niemand. Die Kirche, der Adel, die Obrigkeiten wussten schon damals, wie man magische Hilfsmittel nutzt, um seine Ziele zu erreichen, und wenn man das gemeine Volk kleinhalten möchte, erzählt man ihm eben nichts von diesen Geheimnissen, so einfach ist das. (Abgesehen davon hätte die breite Bevölkerung dann auch lesen können – eine weitere Quelle von Wissen und Weisheit, die man dem Volk nicht zugänglich machen wollte.)

Also, schreibe, was das Zeug hält! Dein schöner Stift ist dein Zauberstab. Notiere von Hand deine Visionen und Ziele

in deinem magischen Buch – wie gesagt, am besten jeden Tag.

Fehler Nr. 5: Das eigene Ziel nicht kennen

Ja, das gilt auch für die Liebe. Immer wieder höre ich Sätze wie: »Ach, ich lass es auf mich zukommen, mal sehen, was geschieht.«

»Echt jetzt?«, denke ich dann immer. Was soll da kommen außer das, was du ohnehin schon kennst und was du wieder und wieder anziehst? Es ist doch sowieso schon in der Vergangenheit nicht gut gegangen!

Das ist wie Einkaufengehen mit Hunger – oder noch schlimmer: Einkaufen mit Hunger, ohne Einkaufsliste. Hast du sicher schon gemacht, oder? Da landet dann vieles in deinem Einkaufswagen, was du mit einer Einkaufsliste und mit vollem Magen nicht gekauft hättest.

Wenn du nicht weißt, was genau du willst, kommt eben irgendeiner ..., und dann nimmst du den vielleicht, weil du Angst hast, es komme nichts Besseres nach, und so versäumst du womöglich den Richtigen, der im Grunde schon im nächsten Supermarkt vor dem Champagner-Regal auf dich wartet.

Falls du es noch nicht getan hast, mach dir deshalb unbedingt eine Liste mit den Qualitäten, die du dir bei deinem Traummann wünschst (siehe Phase 1 *Deine Zukunftsgefühle*). Sei auch hier achtsam und hinterfrage jede einzelne Eigenschaft. Und wenn du außerdem weißt, was DU ihm bieten kannst, was DU für ihn tun willst, strahlst du das auch aus, und das macht dich für ihn noch viel anziehender.

Also, widme dich deiner Liste und lies sie immer wieder durch, am besten laut.

Sonja war sehr fleißig, als wir am Beginn unserer gemeinsamen Reise zu ihrem Liebesglück ihre Liste erstellt haben. Wir waren sehr genau bei den Formulierungen, wie ›er‹ sein soll, wie Sonja sich fühlen möchte, wie ihr Leben mit ihrem Traummann aussehen soll. Über mehrere Termine haben wir immer wieder an den Details gefeilt. Anfangs war Sonja sehr unerfahren, was das Thema ›Manifestation‹ anbelangt, und so konnte ich sie vor so manchem Anfängerfehler bewahren.

Die Beschäftigung mit ihrer Vision hilft Sonja nun auch, zu erkennen, ob sie sich bei den Dates und Affären mit ihren Verehrern in etwas hineinmanövriert, das nicht wirklich zu ihr passt, oder ob sie auf der richtigen Spur ist. Und wir waren beim Erstellen ihres Avatars damals auch so clever, hinzuzufügen, dass Sonja und ihr Zukünftiger sich sofort erkennen.

Als Sonja Markus begegnete, traf beide der Verliebtheitsblitz, sie fühlten sich von Beginn an magisch zueinander hingezogen. Die beiden landeten auch relativ schnell gemeinsam im Bett, aber ... ihre Lebensstile passen überhaupt nicht zusammen. Die Wahrscheinlichkeit ist groß, dass Markus nicht in Sonjas Leben gekommen ist, um zu bleiben. Das macht ihn aufregend, und Sonja spürt in ihrer kleinen Verliebtheit auch den Drang, Markus zähmen zu wollen. Zum Glück konnte ich sie daran erinnern, dass gezähmte Männer langweilig werden.

Durch die intensive Arbeit mit mir ist Sonja mittlerweile so in ihrer weiblichen Urkraft, dass sie diese Liebesgeschichte genau so lassen kann, wie sie ist. Sie genießt die Zeit mit Markus, sie liebt den leidenschaftlichen Sex mit ihm und zerbricht sich nicht den Kopf darüber, ob es mit Markus eine gemeinsame Zukunft geben könnte.

Gleichzeitig nimmt sie sich die Freiheit, gelassen andere Männer zu daten und ihnen eine Chance zu geben. Und so erzählt sie mir bei unserem wöchentlichen Treffen von ihrem dritten Date mit Claudio. Er ist wesentlich bodenständiger als der etwas verrückte Musiker.

Mit Markus kann sie kaum tiefgründige Gespräche führen. Er liebt seine Band, seine Musik, seine Gitarre und seine Groupies. Tiefgründige Gespräche ergeben sich für ihn eher in durchzechten Nächten, wenn die Masken fallen und der Alkohol die Herzenspanzer aufweicht. Sonja meint, sie hätten schon das eine oder andere schöne Gespräch, aber immer sei dann Alkohol im Spiel. »Weißt du, so aufregend und auch schön die Zeit mit Markus ist – ich kann mich doch nicht jedes Mal mit ihm betrinken, nur damit er über seine Gefühle sprechen kann. Die drückt er normalerweise über seine Musik aus, aber ansonsten ist es eher schwierig, an ihn ranzukommen; ich glaube, er hat eine große Herzensmauer aufgebaut.«

»Oder auch du …«, sage ich zu Sonja, woraufhin sie mich entsetzt ansieht. »Meinst du echt?«, fragt sie zweifelnd.

»Nun ja, irgendwas könnte dran sein, das kam gerade spontan aus mir heraus. Tatsache ist, ihr wart zum Zeitpunkt eurer Begegnung Magneten füreinander. Mittlerweile hast du dich weiterentwickelt. Trotzdem fasziniert dich Markus immer noch. Könnte es nicht sein, dass seine Herzmauer auch etwas mit dir zu tun hat? Hast du Angst? Schützt du dich und dein Herz? Sitzt dir die Geschichte mit Alfons noch immer in den Knochen?«

»Mist …«, flüstert Sonja, »du hast recht! Oh nee, das darf doch nicht wahr sein. Danke für den Hinweis!«

»Gerne«, sage ich lächelnd, »wir kommen gut voran. Bis zu unserem nächsten Online-Treffen hätte ich eine Aufgabe für dich: Nutze die Zeit, um dir deiner Ängste bewusst zu werden. Und erkunde auch gleich, ob diese Themen deine sind oder ob du sie von deinen Vorfahren übernommen hast oder ob sie vielleicht sogar aus einem anderen Leben kommen. Du weißt ja, dass ich von anderen Leben nur mit den Kundinnen spreche, die die Theorie der Wiedergeburt für möglich halten.«

Ich bin in meinen eigenen Clearing-Prozessen mittlerweile in so vielen anderen Leben gelandet, habe mich – quasi von außen – grausame Tode sterben sehen und konnte die energetischen Verknüpfungen lösen, die einen Teil meiner Energie eingeschlossen hatten. Vielleicht waren es meine anderen Leben, vielleicht bin ich aber auch durch eine Art ›Remote Viewing‹ in den Leben meiner Vorfahren gelandet. Ich kann hier nur meiner Intuition vertrauen. Letztendlich ist es auch nicht entscheidend, welche Energie befreit wird. Hautsache, es funktioniert. Denn wenn sich die eigene Energie erhöht, geschieht eine befreiende Veränderung, und in der Folge zeigt sich die Veränderung auch im Außen.

Ich ermutigte Sonja, mir von ihrem dritten Date mit Claudio zu erzählen, und – vor allem – das Ziel unserer heutigen Session zu benennen.

Sonja sagt: »Ich möchte Klarheit darüber, ob es Sinn macht, mich weiterhin mit Claudio zu treffen oder nicht. Unser drittes Date war zwar wieder sehr nett, aber irgendwie funkt es nicht. Claudio ist reizend, zuvorkommend, höflich, ein Gentleman. Ich glaube, an seiner Seite kann es eine Frau so richtig gut haben, er ist fürsorglich und charmant, erfolgreich als

Banker, aber er ist halt einfach irgendwie ... zu nett.«

Ich muss lachen. Ich weiß genau, was sie meint. »Claudio ist eben das genaue Gegenteil von Markus. Hat Claudio dich wenigstens geküsst?«

»Ja«, sagt Sonja, »und das war auch schön, aber er ist so vorsichtig. Wenn Markus mich küsst, fährt bei uns beiden ganz schnell die sexuelle Energie hoch, und wir können es dann kaum erwarten, miteinander ins Bett zu gehen. Das mit Claudio war nett, aber ich habe das Gefühl, er hält sich zurück.«

»Mag sein«, erwidere ich. »Was, wenn Claudio ernsthaft in dich verliebt ist und einfach nichts falsch machen möchte? Er ist vielleicht ein stilles Wasser – du kennst das Sprichwort: ›Stille Wasser sind tief.‹ Was, wenn er seine Leidenschaft deckelt und er in Wahrheit einer der besten Liebhaber der Welt ist? Es könnte sein, dass er nur ein bisschen Ermunterung braucht, sozusagen deine Erlaubnis, dich verführen zu dürfen? Dürfte er denn?«

»Keine Ahnung«, Sonja zuckt mit den Schultern. »Claudio kann gut küssen, aber ich bekomme dabei weder Herzklopfen noch Gänsehaut.«

»Bist du denn neugierig? Was sagt dein Gefühl?«, hake ich nach.

»Ja, ich bin neugierig, und nach meinem Gefühl könntest du mit deinen Vermutungen richtig liegen, dass sich Claudio zurückhält, weil ihm wirklich etwas an mir liegt.«

»Und wie findest du heraus, ob wir richtig liegen oder nicht?«, frage ich.

»Gute Frage ..., ich müsste ihn wohl irgendwie ermuntern, oder?«

Ich muss lachen, aber diesmal liefere ich ihr keine Antwort, sondern lasse sie zappeln. Ich möchte, dass sie selbst darauf kommt. »Ja, vielleicht. Und wie könntest du ihn ermuntern?«

Sonja sieht mich fragend an und stöhnt: »Oh, mein Gott, ich war doch immer diejenige, die verführt worden ist, ich habe noch nie die Initiative ergriffen. Ich weiß nicht, wie das geht, ich glaube, ich kann das nicht.«

»Willst du es denn lernen?«, frage ich sie. »Und bevor du antwortest, stell dir bitte folgende Szene vor: Du liegst auf deinem Sterbebett, irgendwann in vierzig oder fünfzig Jahren. Was fühlt sich besser an: Du bist mit deiner Angst gegangen und hast Dinge gewagt, von denen du nie zu träumen gewagt hast – oder du fragst dich immer noch, wie es wohl gewesen wäre, aktiv einen Mann zu verführen.«

»Okay, überredet. Ich verstehe, was du meinst. Was muss ich tun?«

MAGIC SECRET

Vollkommen präsent sein

»Setze deine Sexualität mehr ein«, erkläre ich, »aber nicht zu viel; du willst ja wertvoll und gleichzeitig sexy wirken, aber nicht wie eine Schlampe. Du willst durch das Hochdrehen des Erotik-Levels die Verführung vorbereiten. Zunächst: Wann immer du ihm schreibst oder mit ihm telefonierst – verbinde dich mit deinem Becken und aktiviere deine sexuelle Energie. Spüre die Wärme und fühle deinen gesamten Körper, dreh die Energie hoch. Ich hoffe, du hast mit meinen Meditationen geübt! Aber lass Markus außen vor. Es wäre gegenüber Claudio sehr unfair, ihn zu küssen und an Markus zu denken.«

Sonja starrt mich entsetzt an: »Woher weißt du? Ich habe tatsächlich an Markus gedacht, als Claudio mich geküsst hat.«

»Bist du schon mal einem Menschen gegenübergesessen, dem du etwas Wichtiges erzählen wolltest, und er war in Gedanken ganz woanders?«

»Ja, klar«, sagt Sonja »das ist sehr unangenehm, weil man sich überhaupt nicht gemeint fühlt. Oh, jetzt verstehe ich! Wie soll mich Claudio leidenschaftlich küssen, wenn ich gar nicht wirklich präsent bin?!«

»Genau«, bestätige ich. »Und es geht noch weiter: Natürlich findest du Claudio langweilig, solange du an Markus denkst, während du Claudio küsst. Du lässt dich ja gar nicht richtig auf Claudio ein, und der arme Kerl spürt das auch. Wenn du dich heute entscheidest, ihm eine wirkliche Chance zu geben, dann sei präsent, solange du irgendetwas machst, was mit ihm zu tun hat. Wie willst du den Geschmack einer Erdbeere mit allen Sinnen genießen, wenn du dabei an eine Mango denkst?«

»Okay, ich habe die Lektion gelernt, danke dir, das war mir nicht bewusst. Ich werde achtsam sein. Und was muss ich nun tun, um Claudio das ›Go‹-Signal zu geben oder ihn zu verführen?«

»Noch mal: Aktiviere deine sexuelle Energie, verbinde dich mit deinem Körper, mit deinem Becken und gehe erst dann mit ihm in Kontakt. Auf energetischer Ebene wird er wahrnehmen können, dass etwas anders ist.«

»Ist das dann nicht Manipulation?«, fragt Sonja.

»Gute Frage, meine Liebe, ich bin stolz auf dich! Nun ja, in gewisser Weise schon, und ich empfehle es dir auch nicht, um einen Mann anzulocken, der bis jetzt kein Interesse an dir gezeigt hat. In dem Fall wäre es supermanipulativ, und ich wette, viele Menschen machen so was unbewusst. Du hingegen willst einem Segelschiff, das du bereits probegesegelt bist, nur den nötigen Wind in die Segel bringen, damit da ein bisschen Action reinkommt. Du möchtest Claudios Fantasie anregen, und dazu darfst du auch einen Hauch Raffinesse anwenden.

Angenommen, er ruft dich an, um sich mit dir zu verabreden. Wie wäre es, wenn du es quasi ein Mal länger klingeln lässt, dann gehst du ran und sagst etwas atemlos: ›Sorry, ich hätte mein Handy fast nicht gehört, ich war gerade unter der Dusche.‹ Vielleicht fängt er jetzt an, ein bisschen mit dir zu flirten, weil sein Kopfkino losgegangen ist. Er fragt sich insgeheim: ›Ist sie nackt? Oh, my god, wie herrlich sieht sie wohl aus? Oder hat sie ein Handtuch rumgewickelt oder hat sie schon einen Bademantel an? Nein, ich stelle sie mir lieber nackt vor ...‹ In seiner Fantasie spricht er gerade mit der nackten Liebesgöttin Aphrodite, die sich auf ein Date mit ihm vorbereitet. Ihm ist gar nicht bewusst, dass er zugleich mit Artemis, der Göttin der Jagd, zu tun hat. Sie versteht es, die Männer zu jagen und sich danach wieder in eine Jungfrau zu verwandeln. Male dir mal aus, wie reizvoll eine Frau für einen Mann sein muss, die die Qualitäten beider Göttinnen verkörpert.

Vor Claudios innerem Auge bist du also gerade nackt oder zumindest fast nackt. Er vergisst vor lauter Aufregung sogar, dass er dich eigentlich nach einem Date fragen wollte. Du hast also mit einem kleinen Liebestrick das Feuer entfacht, und glaube mir, wenn du deine Feuerprobe bestanden hast,

wirst du merken, wie viel Vergnügen es bereiten kann, einen Mann heißzumachen.

Wenn ihr euch verabredet, schlage ihm vor, mal was anderes zu unternehmen. Falls ihr bis jetzt immer essen wart, frag ihn, ob er Lust auf einen Ausflug hat. Geht gemeinsam in ein Lebensmittelgeschäft, um einen Picknick-Korb zu befüllen, setzt euch ins Gras, trinkt Wein, und wenn es schön ist und ihr euch wohlfühlt, wer weiß, vielleicht bewundert ihr dann noch das Funkeln der Sterne, und du gibst seinen Küssen die verdiente Chance. Und dann siehst du ja, ob du noch mehr Lust auf ihn hast.

Oder wenn ihr bis jetzt eher sportlich unterwegs wart, könntet ihr in ein richtig schickes Restaurant gehen, wo er zuvor einen Tisch reservieren ließ. Du ziehst das kleine Schwarze an, hohe Schuhe mit Absatz, in denen du dich wohlfühlst, Dekolleté ja, aber nicht zu viel, es soll nicht ordinär wirken. Du zeigst Figur, ziehst darüber ein Cape an, trägst edlen Schmuck, und deine Haare bindest du locker zusammen, lass ein paar Haarsträhnen lose runterfallen, das wirkt ein wenig zerzaust, so als hättest du gerade Sex gehabt und hättest dir die Haare hochgebunden, um duschen zu gehen.

Dein Make-up darf schon ein wenig dramatisch sein. Aber übertreibe es nicht. Wenn du deine wunderschönen Augen extrem betonst, z.B. mit dunklem Lidschatten – Smokey Eyes –, dann schminke deine Lippen eher dezent, indem du die Kontur betonst, und benutze einen eher hellen Lippenstift. Wenn du deine Lippen eher dramatisch rot haben willst, was natürlich unglaublich sexy wirkt, spare dafür an Schminke bei den Augen. Betone deine Augenbrauen, benutze aber sonst eher einen hellen Lidschatten und setze die Schatten im äußeren

Augenwinkel und in der Lidfalte. Dazu betonst du das Oberlid mit einem dramatischen Eyeliner-Strich, und unter deine Augen kommt nur ein wenig dünner Kajal oder etwas von der Farbe deines Lidschattens oder nichts außer Wimperntusche. Such dir Fotos der großen Filmstars aus: Ava Gardner, Sophia Loren, Marilyn Monroe, Audrey Hepburn, Grace Kelley, du weißt, was ich meine. Edel, aber sexy.

Richte dich aus, bevor du zu deinem Date gehst. Mach eventuell die Kurzmeditation *Ich bin schön*[11] oder geh ohne die Anleitung durch den Prozess. Mach einen kurzen Bodyscan, bedanke dich bei deinem Körper, konzentriere dich auf alles an dir, was du magst. Und dann sei in Gedanken bei deinem Date und denke wohlwollend an den Mann, den du treffen wirst. Stell ihn dir vor und konzentriere dich auf alles, was du an ihm magst. Atme in dein Herz und wünsch ihm einfach das Beste, was auch immer das ist. Wünsche ihm einen schönen Abend und sei dir bewusst, dass ihr euch mit eurem Interesse aneinander gegenseitig ein Geschenk macht.

Wenn du später – innerlich ausgerichtet und wunderschön – in deinem tollen Outfit den Raum betrittst, werden sich alle nach dir umdrehen, weil sprichwörtlich die Sonne aufgeht. Und dann schau, was passiert. Dein Date wird sich allein durch deine Präsenz fühlen wie ein König. Ihr werdet einen schönen Abend haben, und wenn du wirklich ganz anwesend bist und an nichts anderes denkst als an den Augenblick, kann dieser Abend magisch werden.

Vielleicht verliebt ihr euch beide ernsthaft, vielleicht ergibt es sich, dass ihr euch küsst, dass ihr vielleicht sogar im Bett landet, und vielleicht seid ihr sogar bald fest zusammen. Wie auch immer – du machst dir keine Gedanken über die Zukunft, du bist im Hier und Jetzt und genießt jede Minute eurer gemeinsamen Zeit. Du bist charmant und witzig und strahlst eine unwiderstehliche Leichtigkeit aus, die er spiegeln kann.

Das heißt, durch deine weibliche Präsenz hat auch er die Möglichkeit, in seine männliche Urenergie zu kommen. Durch dein ehrliches Interesse an ihm fühlt er sich gesehen, und auch er kann strahlen und dich mit seinen Vorzügen beeindrucken.

Und nachdem du dich ganz bewusst auf all das Positive konzentrierst, wird sich auch das Positive zeigen. Du weißt: Die Energie folgt der Aufmerksamkeit. Gib ihm eine echte Chance, indem du wirklich ihn meinst und bei eurer Begegnung wahrhaft präsent bist. So erschafft ihr beide einen Raum, in dem eine tiefe Begegnung möglich ist, eine Begegnung von Herz zu Herz.«

Gibt es den Seelenpartner?

Diese Frage kann niemand mit Gewissheit beantworten. Nach meiner Wahrnehmung kann es sogar mehrere Seelenpartner geben. Mit Sicherheit gibt es aber diese ganz besonderen Begegnungen, bei denen von Anfang an eine außergewöhnliche Anziehung spürbar ist.

Glaubst du an das Modell der Reinkarnation? Kannst du dir vorstellen, dass deine Seele viele Versionen deiner selbst ausgeschickt hat, um Erfahrungen zu sammeln und das Feld aller Möglichkeiten – das Quantenfeld – zu bereichern?

Im Allgemeinen ist z.B. im Bereich der Esoterik von verschiedenen Leben die Rede; man geht hier davon aus, dass diese Leben in einem linearen zeitlichen Ablauf stattfinden. Die Quantentheorie hingegen sagt, dass im Quantenfeld – im göttlichen Feld, das uns alle durchdringt und verbindet –, Zeit und Raum nicht existieren. In tiefen meditativen Erfahrungen durfte ich persönlich erkennen, dass es genau so ist. Das bedeutet, alle Leben geschehen gleichzeitig und beeinflussen einander.

Wenn ich also in diesem Leben spirituell erwache, mich von meinen tiefsten Blockaden und Programmierungen befreie und damit auch alle Versionen meiner selbst in allen Zeiten und Dimensionen sowie meine Vorfahren mit einbeziehe, dann geschieht die Veränderung hin zum ›Positiven‹ in einem unglaublich großen Umfang. Ich persönlich weiß schon sehr lange, dass ich in diesem Leben nicht nur für mich ›aufräume‹, sondern auch für alle Seelen, die in irgendeiner Form mit mir zu tun haben oder hatten.

Aus der Sicht meiner Seele bin ich zugleich Akteurin, das heißt die Beobachtete, sowie die Beobachterin, die wahrnimmt, wie alles zusammenhängt – eine überaus komplexe Thematik. Wie so vielen, denen Erkenntnisse in diesem Raum aller Möglichkeiten zuteilwurden, geht es auch mir so, dass ich diese Erfahrungen kaum in Worte fassen kann. Die Informationen wurden mir persönlich eher durch Bilder und Gefühle vermittelt als durch Worte. Mich für all diese Informationen öffnen zu können, ist für mich eine unglaubliche Gnade, weil ich so über das Wissen, wie ich mich bewusst mit dem Quantenfeld verbinden kann, auch anderen helfen kann. Meine ersten tiefen Erkenntnisse durfte ich bereits erleben, als ich noch völlig unbewusst durchs Leben ging.

Wache ich oder träume ich?

Einen bewusstseinserweiterten Zustand zu erleben, ist für mich immer eine Gnade. Aus meiner Erfahrung heraus kann ich sagen, dass ich zwar die Voraussetzungen schaffen kann, damit dieser Switch geschehen kann, letztendlich wird der Schalter aber ohne Vorwarnung einfach umgelegt – und plötzlich ist alles gut. Es gibt weder Wünsche noch Fragen, weil in diesem Moment alles klar ist, vor allem gibt es kaum einen Gedanken. Das ist der ideale Zustand, um zu manifestieren. Du kannst lernen, dich dann nur auf einen Gedanken und somit auf eine einzige Frequenz auszurichten, z.B. Liebe oder Freiheit oder was immer du dir wünschst.

Dieser Gedanke, der in einer bestimmten Frequenz schwingt, hat dann so viel mehr Kraft, als wenn alle anderen Gedanken ›mitreden‹. Stell dir einen Raum vor, der dein Gehirn repräsentiert. Lass uns ein kleines, schnuckeliges Café daraus machen. Darin befinden sich viele Menschen – sie stehen für deine Gedanken –, und der Besitzer dieses Cafés sorgt höchstpersönlich für seine Gäste, er nimmt die Bestellungen auf. Sagen wir, der Besitzer symbolisiert dein höheres Selbst.

Nun möchtest du gerne was Leckeres bestellen, doch der Café-Besitzer kann dich nicht so gut hören, weil alle anderen Gäste gleichzeitig bestellen. Du kannst dir vorstellen, welch ein Lärm das ist. Kein Wunder, wenn du bei dem Stimmen-Wirrwarr nicht genau das bekommst, was du möchtest. Wenn allerdings alle anderen Menschen – die für deine Gedanken stehen – für einen Augenblick einfach still sind, könntest du deine Bestellung im Flüsterton aufgeben und würdest ganz genau gehört.

Es braucht nur einen ganz kurzen Moment der absoluten Klarheit und Fokussierung.

Wenn der Besitzer weiß, dass dir der Cappuccino, den du bestellst, auch guttut, wird er ihn dir einfach bringen. Vielleicht ist er ein sehr guter Beobachter und bemerkt, dass du ein großes Glas Wasser trinken solltest, bevor du den Cappuccino trinkst, weil du leicht dehydriert bist; dann wäre es klug, dem nachzugehen. Das kannst du aber nur, wenn du hörst, was dir der Besitzer im Flüsterton empfiehlt; das geht nur, solange die anderen Besucher still sind.

Du siehst, in diesem kleinen Bespiel steht der Besitzer des Cafés für die Quelle, die es gut mit dir meint und die das, was dir guttut, für dich in die Wege leitet. Sie flüstert dir auch ein, was du tun könntest, was du kreieren könntest, und ihr versteht euch beide am allerbesten, wenn es still ist. Ich spreche hier von der inneren Stille, die nichts mit den äußeren Umständen zu tun hat. Die Meister der Meditation können mitten im Lärm von Kalkutta in die Stille gehen, und du kannst das auch.

Wenn du etwas tust, das du liebst, und du wirklich ganz bei der Sache bist, dann bist du total im ›Flow‹ und absolut im jetzigen Moment – dem einzigen Moment, der zählt und in dem du die Dinge verändern kannst. Wenn du dich in diesem Zustand mit deiner Vision beschäftigst und sie lebendig werden lässt, trittst du in deinen Traum ein, der sich noch nicht materialisiert hat. Man spricht ja auch vom ›Tagträumen‹.

Der einzige Unterschied zwischen deiner aktuellen Realität und deinem Traum ist, dass sich Letzterer noch nicht manifestiert hat. Indem du aber immer wieder deine Aufmerksamkeit auf deine inneren Bilder legst und sie mit deinen Emotio-

nen nährst, bekommen sie immer mehr Energie und werden schließlich zu deiner neuen Realität.

Wir könnten auch sagen, wir wechseln den Traum. Wenn irgendetwas in dir den Schalter umlegt und dich in einen bewusstseinserweiterten Zustand katapultiert, kannst du wahrnehmen, dass es da noch so viel mehr gibt als deine kleine Welt, die du für deine Realität hältst.

Wie instabil unsere eigene Wahrheit ist, siehst du z.B., wenn dir eine andere Person von einem Erlebnis erzählt, bei dem du anwesend warst und das du ganz anders in Erinnerung hast.

Wie du etwas interpretierst, hängt von deiner inneren Einstellung ab. Nachdem jemandem etwas Schlimmes passiert ist, wird er eine Zeitlang im Schock sein und mit seinem Schicksal hadern. Er kann sich aber auch entscheiden, dem Fluss des Lebens zu vertrauen, und sich innerlich in Richtung Zukunft umdrehen. Ein zunächst offensichtliches Unglück könnte in Wahrheit die größte Chance sein, alles hinter sich zu lassen und in ein völlig neues Leben zu starten. Was, wenn auf diesem Weg ein neues Glück wartet und sich der schönste Traum realisiert?

Ob es nun den Seelenpartner gibt oder nicht, ist eigentlich gar nicht so wichtig, und letztendlich ist die Annahme auch nur ein Konzept von vielen. Ich persönlich vermute, dass es sogar mehrere Seelenpartner geben kann.

Als ich M., meinem früheren Ehemann, zum ersten Mal begegnete, waren wir beide nicht frei, dennoch war da eine besondere Anziehung zwischen uns. Es sollte drei Jahre lang dauern, bis wir uns erneut begegneten; diesmal waren wir beide frei, und von Anfang an war alles klar. Ich wusste, er ist es. Dass sich später diese andere Frau zwischen uns drängen konnte ... – ja, warum?

Ein Grund ist sicher dieses Buch: Ohne meine Erlebnisse und die damit verbundene Konfrontation mit meinen Schattenthemen wäre ich nicht an der Stelle, an der ich heute bin; ohne meine auch durch Schmerz gewonnenen Erkenntnisse könnte ich anderen Frauen gewiss weniger gut helfen und würde nicht diese Zeilen schreiben.

Wenn sich so eine (Seelen)-Partnerschaft dennoch frühzeitig auflöst, mag es sein, dass wir auf Seelenebene beschlossen haben, mehrere solcher Erfahrungen in einem Leben zu machen. Oder es geht um karmische Verbindungen, also um die Erledigung eines Themas zwischen zwei Menschen, die in einem anderen Leben verbunden sind, die Aufgabe in diesem anderen Leben aber nicht gelöst bekommen. Daher müssen oder dürfen sie sich erneut begegnen, in welcher Form auch immer.

***

Sonja erging es ähnlich, als sie damals Alfons kennenlernte. Sie hatte ebenfalls das Gefühl, dass Alfons ihr Seelenpartner sei. Daher war sie so am Boden zerstört, als er sie wegen einer anderen Frau verließ.

Als Sonja in dieser Phase zu mir kam, um sich von mir begleiten zu lassen, hatte sie bereits ein Stück des Weges zum spirituellen Erwachen zurückgelegt. Das heißt, ich konnte gut mir ihr arbeiten, ohne dass ich ihr alles zu erklären brauchte. Wenn ich zu ihr sagte: »Bei den Clearings arbeite ich im Quantenfeld«, wusste sie, was ich meine, und konnte sich gut auf den Prozess einlassen.

Wir waren schon ein bisschen vertrauter und trafen uns im realen Leben, um richtig in die Tiefe zu gehen und intensiv zu arbeiten, als mir Sonja eine merkwürdige Geschichte mitteilte, die sie schon längere Zeit sehr beschäftigte. Sie wusste, ich würde sie nicht für verrückt erklären, wenn sie mir von ihren Träumen und den daraus gewonnenen Erkenntnissen erzählte.

Am zweiten Abend – wir saßen gemütlich vor dem Kamin und tranken ein Glas Rotwein – erfuhr ich von ihrem Traum, den sie hatte, kurz nachdem sie von Alfons verlassen worden war. Dieser Traum schlich sich in ihr Bewusstsein, während sie eines Morgens gerade am Aufwachen war. Er war sehr komplex, und da Träume eben auch auf der Quantenebene stattfinden, erlebte sie die wichtigen Szenen in einem einzigen Augenblick.

Sonja sah in ihrer Vision, dass die Geliebte von Alfons – nennen wir sie hier einmal Carin – sein Herz mit schwarzmagischen Mitteln erobert hatte. Sie hatte sich schon vor längerer Zeit in Alfons verliebt und war über eine Freundin zufällig in einen schwarzmagischen Zirkel gekommen. Dort erzählte man dieser eher naiven Frau, dass man ihr helfen könne, das Herz von Alfons zu erobern. Sie lehrten sie, bewusst energetische Anker zu setzen und ihre Energiezentren (Chakras) mit denen des begehrten Mannes zu verbinden. Da der Zirkel recht dilettantisch geführt wurde, brachte man Carin die Technik bei, ohne darauf hinzuweisen, dass solche Bande eher langsam geknüpft werden sollten, damit der Betroffene nichts bemerkte.

Carin konnte jedoch die Vereinigung mit Alfons nicht erwarten und gab energetisch zu sehr Gas. Sie fand es unglaublich schlau, ihr Herzzentrum als Erstes mit dem Herzzentrum von Alfons zu verbinden und dieses Band am stärksten zu nähren. Das Resultat waren Herzprobleme, die Alfons auf einmal plagten; er kam zum ersten Mal ins Krankenhaus.

Der selbst ernannte magische Zirkel, bei dem Carin in die Lehre ging, schlug ihr außerdem vor, einen Trennungszauber zu initiieren, und dieser bewirkte, dass Sonja und Alfons sich mehr und mehr voneinander entfernten, ohne dass es ihnen richtig bewusst war.

Gleichzeitig nährte Carin die energetische Verbindung zu Alfons, doch beim Herzzentrum machte sie irgendwann wieder den Fehler, es zu übertreiben. Alfons musste erneut mit Herzproblemen ins Krankenhaus. Gleichzeitig hatte Sonja die ersten beunruhigenden Träume. Sie träumte sogar von einer anderen Frau, die sich einfach auf Alfons legte, und dass hinter der nächsten Tür so etwas wie eine schwarzmagische Messe stattfand. Sonja entschied sich im Traum allerdings dafür, es nicht genauer wissen zu wollen.

Sonja erzählte mir die ganze Geschichte damals in allen Details; sie ist mitunter ziemlich gruselig, ich möchte hier nicht näher darauf eingehen. Nur so viel: Alfons war ein alleingeborener Zwilling, er hatte vorgeburtlich eine Zwillingsschwester, die nicht lebend auf die Welt kommen sollte. Sie starb im Mutterleib und verschwand so unbemerkt von allen, und Alfons fühlte sein gesamtes Leben lang eine enorme Sehnsucht nach seiner verlorenen Schwester.

Kurz bevor er zum zweiten Mal ins Krankenhaus musste, kam das Thema bei einem Treffen mit einem gemeinsamen hellsichtigen Freund sogar zur Sprache. Alle drei waren sich einig, dass die besagte Schwester etwas mit Alfons' Herzproblemen zu tun haben musste; sie gingen allerdings davon aus, dass sich die Seele der verstorbenen Schwester von der ›anderen Seite‹ aus irgendwie an Alfons andockte.

Alfons selbst entdeckte später durch Zufall bei seinem Arzt, der außergewöhnlich ganzheitlich arbeitete und die Seelenebene sowie die Ahnen in seine Arbeit mit einbezog, dass seine Geliebte seine reinkarnierte Zwillingsschwester ist. Von ihren schwarzmagischen Ritualen wusste er jedoch nichts. Das heißt, Alfons wurde von seiner eigenen Schwester ›verzaubert‹, die sich nicht viel dabei dachte, den vermeintlichen geliebten Seelenpartner mit unlauteren Mitteln zu erobern.

Carin wollte von der Zwillingsgeschichte nichts wissen, Alfons nichts von Sonjas Traum; und auch die anderen wenigen Menschen, denen sich Sonja diesbezüglich anvertraute, sahen sie an, als wäre sie verrückt. Also schwieg sie lieber und versuchte sich vor den energetischen Angriffen von Carin zu schützen, die diese womöglich nicht einmal bewusst initiierte.

Die Dynamik verselbstständigte sich. So kam es, dass Sonja eines Tages ebenfalls zufällig bei der Arbeit mit besagtem Arzt erkannte, dass sich die Geliebte sogar in Sonjas Energiefeld aufhielt. Sonja konnte sich befreien, es ging ihr danach auch wesentlich besser, obwohl Alfons ihr all das einfach nicht glauben wollte, weil er ja massiv unter dem Einfluss des Zaubers stand.

Mit diesen Informationen, die mir Gänsehautschauer über die Haut jagten, schloss sich für mich der Kreis – auf einmal wurde alles schlüssig. Alfons hatte sich so sehr verändert, dass Sonja manchmal glaubte, einem völlig fremden Menschen gegenüberzusitzen, wenn sie sich wegen organisatorischer Dinge mit ihm treffen musste. Ich bedankte mich für Sonjas Vertrauen. »Auch wenn das echt ein wenig verrückt klingt: Hast du dir mal Gedanken gemacht, was wäre, wenn Alfons wieder ›aufwachen‹ würde. Würdest du ihn zurückhaben wollen?«

»Nein, ich glaube nicht. In einem Anfall von Flucht vor Carin wollte er ja schon mal zurück. Aber es ist einfach zu viel passiert. Ich würde ihm wünschen, dass er aufwacht, zumal er es eigentlich hasst, manipuliert zu werden. Mir glaubt er allerdings nicht. Daher müsste schon ein Wunder geschehen. Andererseits dachte ich auch daran, den Dingen einfach ihren Lauf zu lassen. Schließlich hat sie auf Seelenebene etwas mit ihm zu tun, und vielleicht werden sie ja glücklich miteinander. Also werde ich nichts unternehmen, solange ich von schwarzmagischen Angriffen verschont bleibe.«

»Wow«, sagte ich, »so kannst du es auch sehen, und dennoch könnte es sein, dass irgendwann die Wahrheit ans Licht kommt, weil Manipulation nichts mit Liebe zu tun hat.«

***

Du siehst, das Thema ›Seelenpartner‹ ist sehr komplex; wer hier alle Antworten zu kennen glaubt, kann dir womöglich nicht mal genau erklären, was ein Seelenpartner eigentlich ist. Sind damit zwei Menschen gemeint, die aus derselben Seele stammen? Teilt sich eine Seele? Oder geht es um zwei Seelen, deren Vertreter sich auf Erden finden? Was ist eine Dualseele? Eine Zwillingsseele? Aber mal ehrlich – wie wichtig ist das? Ist es nicht eher so, dass wir Menschen immer Schubladen brauchen, in die wir die Dinge sortieren? Wenn dein Traumpartner in dein Leben kommt, ist es letztendlich egal, ob er nun dein Seelenpartner ist oder deine Dualseele oder was auch immer.

Die Wahrheit wird dir niemand sagen können, also sei achtsam, wenn jemand behauptet, er kenne die Wahrheit. Er spricht dann nämlich nur von seiner eigenen Wahrheit; deine könnte ganz anders sein. Deine Antworten findest du nur in dir, in der Tiefe deines Herzens, die dich mit dem Göttlichen verbindet, das alle Möglichkeiten beinhaltet.

Die Liebe ist ein Mysterium, und vieles, was uns im Leben widerfährt, können wir erst verstehen, wenn wir die Geschehnisse von einer höheren Warte aus betrachten. Dann ergibt auf einmal alles einen Sinn und wir stehen staunend da und wundern uns über die Choreografie des Lebens und die Synchronizitäten, die uns widerfahren.

Crashkurs: Gesetz der Resonanz

Wenn du den wirklich passenden Partner in dein Leben ziehen möchtest, solltest du die Wirkmechanismen des Resonanz-Gesetzes verstehen.

Stell dir zwei nebeneinander stehende Gitarren vor. Zupfe ich auf der einen Gitarre die A-Saite an, wird die A-Saite der anderen Gitarre ebenfalls zu schwingen beginnen, ohne dass ich sie überhaupt berührt habe. Das heißt, die beiden Gitarrensaiten gehen miteinander in Resonanz. Wenn die eine Saite verstimmt ist, wird es schwierig.

Nun stell dir vor, du bist auch eine Gitarrensaite, aber du bist verstimmt. Du wurdest lange nicht mehr gespielt, bist vielleicht rostig, wenn du eine Stahlsaite bist, wurdest lange nicht mehr geputzt, und du klingst ziemlich erbärmlich, wenn man dich anschlägt. Welche Saiten von anderen Gitarren werden also mit dir in Resonanz gehen? Natürlich alle, die genauso verstimmt und rostig sind wie du.

Wir Menschen bestehen nicht aus reiner Materie, wir sind vielmehr Energie und senden Schwingungen aus, so wie die Gitarrensaiten. Quantenphysiker sagen, dass wir sogar zu 99,99999 Prozent aus Leere bestehen und nur zu 0,00001 Prozent aus Materie. In der Physik nennt man diese Leere ›Vakuum‹; sie ist allerdings gar nicht leer, sondern pure Energie. Wir sind nicht nur von unserer Aura, unserem persönlichen Energiefeld umgeben, sondern wir sind vielmehr durchdrungen von dieser Leere bzw. dem Quantenfeld. Dieses Feld verbindet uns alle miteinander.

Vielleicht verstehst du nun besser, was wir mit ›Ausstrahlung‹ meinen. Jeder von uns kann die Ausstrahlung eines anderen Menschen fühlen. Menschen, die ein offenes Herz haben und glücklich sind, haben eine schöne Ausstrahlung. Sie haben ein hohes Energie-Level und ziehen Menschen grundsätzlich an, einfach weil sie so positiv sind.

Wir alle haben Tage, an denen es uns besser oder schlechter geht. An Tagen, wo es nicht so gut läuft, erleben wir vielleicht unerfreuliche Situationen oder wir begegnen Menschen, die sich unfreundlich verhalten. Solange es dir gut geht, wird dir das deine persönliche Realität auch spiegeln: Die Menschen sind freundlicher zu dir, alles läuft gut, einfach, weil du an solchen Tagen eine schöne Ausstrahlung hast. Das heißt, als energetisches Wesen hast du eine höhere Schwingung als an schlechten Tagen.

Falls du bisher in Sachen Liebe immer wieder Pech hattest, aber dich bereits mit dem Gesetz der Resonanz auseinandergesetzt hast, gehst du davon aus, dass es in dir offenbar eine Disharmonie gibt, die dafür sorgt, dass sich deine Realität dementsprechend entfaltet. Diese Disharmonie entsteht oft durch eingeschlossene Emotionen, Programmierungen oder auch Traumata, die in deiner Jugend, in der Kindheit oder vielleicht sogar schon im Mutterleib entstanden sind.

Wir alle haben als Menschen diese Herausforderungen, sie gehören zum menschlichen Spiel. Viele sind sich jedoch nicht dessen bewusst, dass wir auch die Programmierungen, Blockaden und Traumata unserer Vorfahren erben. Du erinnerst dich: Die Wissenschaft, die sich damit beschäftigt, heißt Epigenetik.

Das erklärt auch, warum sich unsere Paradigmen und Glaubenssätze so schwer ändern lassen. Mit den Hilfsmitteln unseres kognitiven Verstandes kommen wir ganz schwer an diese tiefen Themen heran, denn wer weiß schon, wie lange eine Liebesthematik in unserer Ahnenreihe bereits existiert? Ich habe nicht nur Themen meiner Mutter geerbt, sondern natürlich auch Themen meines Vaters. Meine Mutter wiederum hat die Thematik ihrer Mutter, also meiner Oma, geerbt und so weiter und so fort.

Um es auf Schwingungsebene zu erklären: Unsere Themen und Programmierungen sind die Disharmonie, die wir hörbar äußern würden, wenn wir eine Gitarrensaite wären. Vielleicht wird dir nun auch bewusst, warum du in deinem Leben immer wieder ähnliche Themen erlebst, warum du denselben Typ Mann anziehst und warum du in manchen Bereichen mit Herausforderungen kämpfst und das Gefühl hast, all das zieht sich wie ein roter Faden durch dein Leben. Da du etwas Neues erleben möchtest, besonders eine glückliche Liebesbeziehung, ist es geradezu logisch, dass sich deine Ausstrahlung verändern muss, damit etwas Neues in dein Leben kommen kann.

Viele machen ihr Glück von den Ereignissen im Außen abhängig; sie glauben, wenn erst der richtige Mann in ihrem Leben sei, dann sei alles gut. Das ist langfristig gesehen ein Irrtum. Denn sobald die erste Verliebtheit abgeflaut ist und sie längere Zeit mit diesem Mann zusammen sind, müssen sie erkennen, dass sich die Thematik zwischen ihrem Partner und ihnen wiederholt, das heißt, die Probleme ähneln sehr den Herausforderungen ihrer vorigen Beziehung(en).

Die logische Schlussfolgerung: Veränderung geschieht nur von innen nach außen. Gehen wir positiv bzw. gut gestimmt und glücklich durchs Leben, werden wir ebensolchen Menschen begegnen. Gut, ab und zu werden sich auch andere Menschen in unser Leben verirren; vielleicht spielen wir eine Rolle bei ihrer Entwicklung – oder umgekehrt. Auf jeden Fall haben wir immer die Chance, etwas zu lernen und uns weiterzuentwickeln.

Wenn du dir als Single eine schöne Partnerschaft wünschst, sind drei Faktoren besonders wichtig:

- Erhöhe deine Energie.
- Kläre dein Energiesystem.
- Entwirf deine Vision.

Erhöhe deine Energie

Wie geht das: deine Energie erhöhen, damit du die gewünschte Ausstrahlung bekommst?

Tue dir etwas Gutes, und zwar jeden einzelnen Tag: Meditiere, sei dankbar für das, was du hast, und beklage dich nicht, weil du etwas angeblich nicht hast. Verbanne deinen Fernseher in den Keller oder verschenke ihn; erstens verschwendest du ganz viel Lebenszeit mit dem Ansehen unnützer Sendungen, und zweitens tut dir das, was du hörst und siehst, nicht gut, vor allem in Zeiten wie diesen. Wenn du über das angebliche Weltgeschehen informiert sein willst, reichen täglich 5 Minuten Nachrichten im Radio aus. Manche Leute raten, überhaupt keine Nachrichten zu konsumieren – das (vermeintlich) Wichtigste werdest du ohnehin im Gespräch mit Kolleg(inn)en, Freund(inn)en etc. erfahren.

Und weiter: Umgib dich mit fröhlichen Menschen. Übernimm Verantwortung für dich und deine Energie. Sag Nein zu allem, was dich energetisch runterzieht.

Kläre dein Energiesystem

Entlarve die Lügen, die du dir selber über die Liebe und das Leben erzählst. Finde deine hinderlichen Glaubenssätze und ersetze sie durch neue. Wenn ich mit meinen Klientinnen eins zu eins arbeite, unterstütze ich sie mit dem in Phase 2, Kapitel *Liebesblockaden*, beschriebenen Clearing dabei, ihr Energiesystem zu entrümpeln. Es gibt aber natürlich auch viele andere wunderbare Methoden, dein Energiesystem zu klären und es zu ›resetten‹.

Stell dir vor, dein neues Leben ist dein neues Haus. Es ist groß und hell, aber da stehen noch einige alte Möbel herum. Wäre es nicht klug, dieses alte Gerümpel erst loszuwerden, bevor du mit deinen neuen Möbeln dieses wunderschöne Haus beziehst? Das Schöne bei meiner Methode ist, dass wir nicht nur deine alten Möbel entrümpeln, sondern auch jene all deiner Vorfahren und all der anderen Versionen von euch. Wir arbeiten im Quantenfeld; hier ist tiefgreifende Veränderung möglich, und zwar so viel schneller als in unserer 3-D-Realität.

Entwirf deine Vision
Du brauchst unbedingt eine Vision von deinem neuen Leben, du brauchst ein Ziel! Nimm dir regelmäßig dein Vision-Board bzw. dein Mind-Movie vor und halte dich an diese Bilder. Tue alles, was dich deinem Ziel näher bringen kann, und unterlass alles, was dich davon entfernt.

Verinnerliche all die zuvor geschilderten Zusammenhänge, anstatt nur irgendwelche Flirt-Tipps anzuwenden. Wenn du Flirt-Strategien anwendest, ohne dass die Ausstrahlung deiner Persönlichkeit wirklich ›mitgewachsen‹ ist, wird das dein Gegenüber spüren. Denn wenn du einem Mann gegenübersitzt, der dir richtig gut gefällt, gerät dein System in einen Stresszustand, und unter Stress fallen wir ganz leicht aus unserem antrainierten Verhalten heraus und zeigen das, was wirklich in uns vorgeht.

Wenn du unter Stress cool bleiben möchtest, solltest du zuvor das nötige Know-how verinnerlichen, so wie die Superhelden – James Bond, Superwoman, Spiderman ..., dir fallen sicher noch andere Helden ein. Wobei die ja alle gar nicht echt

sind; das könnte man doch glatt vergessen, wenn man in so einen Film eintaucht, nicht wahr?

So ist es auch mit deinem Leben. Du bist in einen Film eingetaucht und siehst in deiner Außenwelt Menschen und Ereignisse, die du aufgrund deiner alten Programmierungen angezogen hast. Wenn sich dein Leben ändern soll, beginne bei dir selbst: Sei du die Veränderung!

***

Sonja hat sich sehr verändert, sie hat nach und nach ihre Flügel gedehnt, sie ist immer mehr bereit, sich in die Lüfte zu erheben.

Bei einem unserer Zoom-Meetings erzählt sie mir, wie es mit Claudio weitergegangen ist: »Wir hatten ein wirklich schönes Date. Ich war ganz bei ihm, hatte mich energetisch sehr gut vorbereitet, und ich meine, er fühlte sich wirklich gesehen und gemeint. Ich hatte vorher beschlossen, Markus außen vor zu lassen, was mir auch ganz gut gelang.

Wir waren sehr nobel essen und danach noch in einer edlen Bar. Wir flirteten, und er war charmant und zuvorkommend. Mein Verstand flüsterte mir ein, dass Claudio eigentlich perfekt sei. Ich fand ihn interessant, und nachdem ich ihm mein ganzes Interesse und meine volle Aufmerksamkeit schenkte, konnte er auch richtig glänzen. Und dennoch – es funkte bei mir einfach nicht. Ich dachte mir, wie schade. Gleichzeitig fiel mir ein, dass du mir immer wieder geraten hast, ich solle achtsam sein, um nicht den Erstbesten zu nehmen, nur weil der gerade da ist.

Wäre ich noch die bedürftige, traurige Sonja von vor einem Jahr gewesen, wäre ich sicher darauf aus gewesen, dass ich mich in Claudio verliebe. Er strahlt ja schon so eine gewisse Sicherheit aus; an seiner Seite geht es der richtigen Frau sicherlich gut.

Was mir an Claudio aber am meisten auffiel, war, dass er von energetischen Dingen zwar schon eine gewisse Ahnung hatte, aber dass er noch nicht an der Stelle war, sich vertieft damit beschäftigt zu haben, geschweige denn, dass er sich jemals um seine Themen und Blockaden gekümmert hätte. Behutsam hatte ich versucht, mit ihm darüber zu sprechen, auch an diesem Abend, aber er wollte mich nur beeindrucken mit dem, was er erreicht hatte. Er erzählte mir von dem Marathon, den er gelaufen war, wie sehr sein Bizeps gewachsen war, nachdem er so viel trainierte. Er erzählte mir von seiner Gehaltserhöhung und was er eines Tages nach seiner Pensionierung alles machen möchte.

Ansonsten verhielt er sich wie ein Gentleman und flirtete auch mit mir, aber ich wurde das Gefühl nicht los, dass alles, was er sagte, irgendwie einstudiert war. Und dann fragte ich ihn ganz direkt, ob er irgendeinen Pick-up-Kurs besucht hat, wo Männer lernen, wie man erfolgreich flirtet und als Aufreißer Frauen abschleppt.

Claudio starrte mich mit großen Augen an, er wurde hochrot. Bingo! Ich musste so lachen. Schließlich sagte ich ihm, ich hätte von meinem Coach gelernt, dass alle Flirt-Strategien nichts bringen, wenn sie nur einstudiert sind ..., wenn man sie nicht durchdrungen und sie sich zu eigen gemacht hat.

Nun musste auch Claudio lachen; er meinte, ich hätte wohl den besseren Coach als er. Das Eis war gebrochen, und ich bat

Claudio, einfach so natürlich wie möglich zu sein. Spätestens von da an wusste ich, dass er nicht der Richtige für mich ist, und ich überlegte, wie ich nun wieder aus der Nummer rauskomme. Allerdings dachte ich zugleich an deine Empfehlung, ich solle möglichst viele Erfahrungen in mein Lebensköfferchen packen. War Claudio wohl ein guter Liebhaber? Ich beschloss, mir diese Frage zu beantworten, wenn es sich je ergeben sollte. Wir tranken noch ein bisschen, unterhielten uns, ich lenkte die Konversation in Richtung Flirt, und so landeten wir schließlich irgendwann in seinem Bett.«

»Und ..., wie war es?«, frage ich Sonja.

»Ja, es war ganz schön ..., aber auch hier war Claudio sehr bemüht, sodass ich das Gefühl hatte, er spulte so was wie ein einstudiertes Programm herunter. Ich konnte jetzt nicht anders, als den Gedanken an Markus zuzulassen. Was für ein Unterschied: Markus ist ein Naturtalent, und als kreativer und leidenschaftlicher Mann ist Sex mit ihm für mich einfach göttlich, obwohl auch er nicht ›mein Mann‹ werden wird.

Ich bin also am nächsten Morgen neben Claudio aufgewacht, er sah mich verliebt an und wollte die nächste Runde eröffnen. Ich sagte ihm so behutsam und wertschätzend wie möglich, dass es wirklich schön war mit ihm, dass ich aber leider nicht in ihn verliebt bin. Wir sind zum Glück im Guten auseinandergegangen ...

Weißt du, Tanja, ich möchte gerne mit dir nach Verona fahren, um dort eine Woche intensiv mit dir zu arbeiten. Ich habe auf deiner Webseite gelesen, dass du das anbietest.«

»Ja«, sage ich, »es geht bei dieser Reise aber nicht nur ums Arbeiten, sondern auch um den Tapetenwechsel. Wir reisen in ein Land, in dem die Energie so anders ist, wo die Menschen offener sind und vor allem mehr aus sich herausgehen. Diese Reise beinhaltet mehreres:

Innere Veränderung: Wir werden weiter an deinen Themen arbeiten. Deine Herzmauer ist noch nicht ganz weg; die Clearings und die Erkenntnisse, die du haben wirst, werden dir helfen.

Äußere Veränderung: Wir kleiden dich neu ein und stylen dich. Die italienische Mode ist so viel ausgefallener und schicker. Und wir gehen zu meinem Lieblingsfriseur Giovanni, der ein wahrer Zauberer ist.

Flirten: Die Italiener flirten einfach viel besser. Sie sehen ein Spiel darin und nehmen sich selbst und das Leben nicht so ernst. Flirten gehört für sie zum Leben wie sinnliches Essen und guter Wein. Glaube mir, in dieser Umgebung wirst du vollends zur Flirt-Queen – und wer weiß, was passiert!«

Gesagt, getan. Zwei Wochen später treffe ich mich mit Sonja im Fünf-Sterne-Hotel in der Nähe von Verona. Wir sind viel in der Natur und verbinden die innere Arbeit mit dem Vergnügen. Wir gehen shoppen und lassen uns abends in kleinen Restaurants oder Trattorias verwöhnen, wo die Einheimischen hingehen.

Sonja ist entspannt und fröhlich, diese südländische Energie tut ihr sehr gut, und sie kann sich vor Flirtangeboten kaum retten – ich übrigens auch nicht, aber ich bin ja beruflich mit Sonja in Italien.

Am vorletzten Abend – wir kommen gerade spätabends zurück aus der brodelnden Stadt Verona – wollen wir in der Hotelbar einen Gute-Nacht-Drink zu uns nehmen. Ich gehe noch kurz in mein Zimmer, und wir verabredeten uns in der Bar.

Sonja ist schon da, als ich herunterkomme; sie steht in ihrer unglaublichen Schönheit an der Bar, aber sie ist nicht allein. Ein sehr attraktiver Mann – kein Schönling, sondern sehr männlich mit einer sehr sinnlichen Ausstrahlung – flirtet ganz offensichtlich mit ihr. Ich bleibe zögernd an der Tür stehen, ich will Sonja nicht stören, doch sie hat mich schon gesehen und winkt mich fröhlich zu sich.

Allein schon diese Geste zeigt, wie sehr Sonja persönlich gewachsen ist. Welche Frau würde ihrer neuen Bekanntschaft in einer solchen Situation eine potenzielle Konkurrentin vorstellen? Ich bin beeindruckt, beschließe aber gleich für mich, dass ich nur kurz Hallo sagen und mich dann zurückziehen werde.

Sonja stellt mich ihrer neuesten Eroberung als ihre Freundin vor (was mittlerweile nicht gelogen ist, denn wir sind uns inzwischen freundschaftlich zugetan). Felice – so heißt dieses Goldstück von Mann – reicht mir seine starke Hand und begrüßt mich freundlich und interessiert, dann wendet er sich wieder Sonja zu, er hat nur Augen für sie. Ich trinke ein kleines Glas Wein mit den beiden und lasse sie dann unter dem Vorwand, müde zu sein, allein.

Am nächsten Morgen treffen wir uns zum Frühstück. Sonja bittet mich, ihr an diesem letzten Tag ›freizugeben‹. Felice hat sie gefragt, ob sie mit ihm einen Ausflug machen möchte. Sie ist ganz aufgeregt ... und offensichtlich verliebt.

»Weißt du«, erklärt sie mir, »ich hatte nach der Geschichte mit Claudio so ein starkes Gefühl, hierher kommen zu wollen, und ich war die ganze Woche so glücklich. Ich schob das auf unsere Arbeit und all das, was wir hier erlebt haben. Gestern war ich den ganzen Abend schon irgendwie leicht nervös, und als ich in die Hotelbar ging, war mir klar, warum. Ich hatte bereits gefühlt, dass ›er‹ kommt.

Da stand Felice mit dem Rücken zu mir. Ich bekam Herzklopfen. Ich musste mich zusammenreißen, nicht zu nervös zu wirken, mir war einfach mit einem Schlag klar, dass diese Begegnung mein ganzes Leben verändern würde.

Also ging ich an die Bar, und noch bevor ich dort ankam, drehte sich Felice um und strahlte mich mit dem schönsten Lächeln an, das ich jemals gesehen habe. Er sagte: ›Da bist du ja endlich‹, und dann hielt er sich, peinlich berührt, seine männliche Hand vor den Mund: ›Hab ich das jetzt wirklich gesagt? Das klingt ja wie aus der untersten Pick-up-Schublade.‹

›Ist es das?‹, fragte ich. ›Hast du den Spruch einstudiert?‹

Wir mussten beide lachen. Ich konnte an seinem Blick ablesen, dass er dieses ›Da bist du ja endlich‹ genauso meinte.

›Nein‹, sagte er lachend. ›Ich war nur den ganzen Tag schon leicht nervös und konnte mir das überhaupt nicht erklären. Normalerweise besuche ich nicht unbedingt zu später Stunde die Hotelbar, aber heute musste ich herkommen – und nun weiß ich auch warum.‹«

Sonja erzählt mir, dass Felice aus der Gegend stamme, aber geschäftlich viel unterwegs ist. Sie strahlt übers ganze Gesicht. Diesmal will und braucht sie von mir keine Hilfe dabei, zu erkennen, ob sie sich mit ihm einlassen soll. Sie sagt, sie sei innerlich ganz ruhig und freue sich einfach auf die kommende gemeinsame Zeit mit Felice.

Der Rest ist Geschichte. Ich habe den letzten Tag unseres Italien-Abenteuers frei, miete mir ein flottes Sportcabrio und lasse es mir gut gehen.

Sonja und Felice sind sich einig, es langsam anzugehen. Wie sich herausstellt, hat Felice fast alles von Sonjas Traummann-Liste plus ein paar Überraschungen dazu. Sie brauchen auch keine Spielchen – ›Wer ruft wen zuerst an?‹ usw. Felice zieht sich auch nicht nach ein paar Monaten zurück.

Ja, wir waren schlau beim Kreieren von Sonjas Wünschen. Wir sind immer und immer wieder ihre Liste durchgegangen; sie hat im Lauf der Zeit mehrere Kurskorrekturen vorgenommen. Dinge, die ihr vor einem Dreivierteljahr bei einem Mann noch total wichtig waren, haben für sie an Wert verloren, während andere Eigenschaften dafür umso wichtiger geworden sind.

Sonja verabschiedet sich von Markus, der sein wildes Leben weiterlebt und sich bald in eine Frau verliebt, die viel besser zu ihm passt.

Sonja und Felice sind seit jenem Sommer in Italien ein Paar. Felice hat eine ähnliche Heldenreise hinter sich wie Sonja. Er interessiert sich wie sie für alle tiefgründigen Themen, und es stellt sich heraus, dass beide die gleiche ganzheitliche Weltanschauung haben. Anfangs führen sie eine sehr aufregende Fernbeziehung, später zieht Sonja zu Felice nach Italien. Sie spricht fließend Italienisch und kümmert sich vor allem um die Frauen vor Ort. Alle lieben Sonja. Natürlich hat sie ihre Herausforderungen, auch in ihrer Beziehung. Aber beide, Sonja und Felice, sind auf einem hohen Level der Bewusstwerdung, beide haben aus ihren vorherigen Erfahrungen sehr viel gelernt. Ich bin mir sicher, dass die beiden es schaffen werden, dauerhaft und gemeinsam als Liebende glücklich zu bleiben.

IHN BEHALTEN

Wenn du fest an deine Vision glaubst, alle Regeln der erfolgreichen Manifestation kennst und dementsprechend handelst, kann es gar nicht anders sein, als dass du ›ihn‹ eines Tages triffst. Und da du schlau bist, ist ein ganz wichtiger Punkt auf deiner Liste so was wie »Wir erkennen uns sofort und wissen, dass wir zusammengehören«. Damit vermeidest du anfängliche Hin-und-her-Spielchen, Ghosting oder alles, was dich Nerven kostet und Herzschmerz verursacht. Dass dein Traummann in dein Leben kommt, ist nur eine Frage der Zeit.

Es ist ein Grund zur Dankbarkeit, wenn dich die große Liebe findet. Gib dein Bestes, damit ihr lang in Liebe miteinander euren Weg geht. Ihr könnt einiges tun, damit eure Partnerschaft funktioniert.

VERBIEG DICH NICHT

Ich habe es schon ein paarmal angesprochen und wiederhole es gern, weil es so enorm wichtig ist: Mach dich an seiner Seite nicht klein! Dimme auf gar keinen Fall dein Licht, nur weil er vielleicht eifersüchtig ist und es ihn stört, wenn auch andere Männer dich begehren.

Behalte deinen Freundeskreis, unternimm auch mal alleine etwas mit deinen Freund(inn)en, vermeide es, dein gesamtes Leben auf deinen Partner auszurichten. Wenn du etwas liebst, dein Hobby oder etwas anderes, was dir wichtig ist, gib es auf gar keinen Fall auf, nur weil es ihm eventuell missfällt.

Höre auf keinen Fall auf, zu flirten; sieh den Flirt weiterhin als deine Lebensform an. Aber pass auf, damit meine ich nicht, dass du schamlos mit allen Männern flirtest, die dir über den Weg laufen, selbst wenn ›er‹ daneben steht. Nein, ich meine das Flirten mit allen Menschen. Beim Flirten bist du offen, du gehst auf Menschen zu, du lachst mit ihnen. Und wenn es da doch einmal einen Mann gibt, der dir gefällt, dann genieße es und flirte mit ihm, aber übertreib es nicht.

Bleib die begehrenswerte, wundervolle Frau, die dein Liebster kennengelernt hat, dann wird er dir auch weiterhin zu Füßen liegen.

ÜBERPRÜFT EURE BEZIEHUNG REGELMÄSSIG

Womöglich sogar mit Hilfe eines Paartherapeuten bzw. einer Paartherapeutin. Fragt euch, ob ihr euch wirklich noch so sehr liebt, ob ihr euch noch begehrt oder ob sich schön langsam die Routine eingeschlichen hat, auch im Bett.

Schlaft nicht vor dem Fernseher bzw. in der Komfortzone eurer scheinbar sicheren Beziehung ein. Erfindet euch neu, macht die Dinge anders, als ihr es gewohnt seid, überrascht euch, haltet eure Liebe frisch und voller Überraschungen.

Und das Wichtigste: Seid dankbar und seht den Partner als Geschenk, wertschätzt alles, was ihr füreinander tut. Wer

sich nicht gesehen und hoch geschätzt fühlt, ist irgendwann sehr frustriert, weil er den Eindruck hat, er könne sich noch so viel Mühe geben – es sei nie genug.

VERSUCHE NICHT, IHN ZU RETTEN ODER ZU HEILEN

Natürlich heißt das nicht, dass wir unserem Partner nicht helfen sollen, wenn er Hilfe benötigt. Gerade wir Frauen neigen aber dazu, den Menschen, die wir lieben, ihre tatsächlichen oder scheinbaren Lasten abzunehmen. Oft geschieht das vor allem auf energetischer Ebene und raubt uns selbst Energie. Das Problem ist, dass uns die Samariter-Rolle oft gar nicht bewusst ist; wie alles ist auch das ein schleichender Prozess.

Wir tragen auf energetischer Ebene viel zu viele Lasten mit uns herum, nicht nur von unserem Partner. Ich selbst habe in vielen energetischen Prozessen, die von meinem ganzheitlichen Arzt begleitet wurden, meinen Vorfahren Themen zurückgegeben, die ich aus Liebe bereits im Mutterleib übernommen hatte.

In meinen Clearing-Sessions, geht es auch um dieses Thema, und der Radius ist noch sehr viel größer. Er umfasst übernommene Programmierungen multidimensionaler Art – aus allen Versionen von uns und von unseren Ahnen und aus allen Zeiten und Leben. Wer könnte sich besser um unsere übernommenen Lasten kümmern als die höhere, liebende Intelligenz, die dafür sorgt, dass unser Herz unermüdlich schlägt und wir jeden Morgen aufs Neue erwachen?

SCHAFFT RAUM ZWISCHEN EUCH, AUCH IM BETT

Gib ihm die Möglichkeit, sich nach dir bzw. nach deiner Nähe zu sehnen, und gib dir die Möglichkeit, ihn zu vermissen.

Wir Erwachsenen sind immer noch wie die Kinder: Zuerst wollen wir jemanden oder etwas unbedingt haben, und wenn wir ihn oder es endlich haben, wird das Haben zur Selbstverständlichkeit. Das Beispiel mit dem Hund und dem alten Knochen geht auch in diese Richtung. Daher ist es wichtig, für eine gesunde Abwechslung zwischen Nähe und Distanz zu sorgen. Auch im Bett.

Es hat zwei ganz wichtige Vorteile, zusammenzuwohnen, jedoch getrennte Schlafzimmer zu haben:

1. Wenn es um Sex geht, langt man nicht einfach so rüber. Man muss sich entscheiden für Sex, und man muss sich bemühen, ihn zu bekommen. Auf diese Weise ist die Gefahr wesentlich kleiner, dass Sex zur Routine ausartet. Und mal ehrlich: Verführungsspiele können doch ziemlich aufregend sein.

2. Getrennte Schlafzimmer geben jedem die Möglichkeit, energetisch immer wieder zu sich selbst zu kommen. Wir sind energetische Wesen und durchdringen einander. Wenn wir nun jede Nacht 6–8 Stunden dicht nebeneinander schlafen, verschmelzen unsere Energien und wir verlieren uns selbst immer mehr.

Damit unsere Partnerschaft glücklich bleibt, ist es enorm wichtig, dass wir so gut wie möglich wir selbst bleiben. Es ist zwar gewiss nichts Schlechtes und gehört zu einer Partnerschaft, dass das Paar miteinander ›verschmilzt‹ und sich ›durchdringt‹, aber ein Zuviel des Guten tut der Partnerschaft einfach nicht gut.

Wir finden also leichter zu unserer eigenen energetischen Essenz zurück, wenn wir ab und zu alleine schlafen und auch alleine einiges unternehmen, was uns Spaß macht, und wenn wir unseren eigenen Freundeskreis behalten.

Viele Ehepaare, die seit Jahrzehnten zusammen sind, haben nur noch einen gemeinsamen Freundeskreis. Kommt es zur Trennung, passiert es gerade Frauen sehr oft, dass sie plötzlich nicht mehr eingeladen werden. Womöglich liegt es sogar daran, dass die ›alten‹ Freundinnen unbewusst Angst um ihre Männer haben, vor allem, wenn die frische Single-Frau zu einer strahlend schönen Lady erblüht.

Bonus 1

VON DER RAUPE ZUM SCHMETTERLING – DEINE FANTASTISCHE REISE

Als ich Sonja das erste Mal begegnete, war sie wie ein Häufchen Elend, am Boden zerstört. Oft sagte sie, sie sei in einem Albtraum aufgewacht. Ihre heile Welt zerbrach in tausend Stücke, kein Stein blieb auf dem anderen. Oft ging es ihr so schlecht, dass sie über Suizid nachdachte. Sie fühlte sich alt, hässlich und sehr, sehr einsam. Sie hatte Angst, für den Rest ihres Lebens alleine bleiben zu müssen, weil sie nicht wusste, wie und wo sie wieder jemanden kennenlernen sollte.

Diese Angst vor der Einsamkeit schwelte in ihr, auch wenn der Liebeskummer und die verzweifelte Wut über den Verrat ihres Ehemannes zu dem Zeitpunkt vordergründig wirkten. Ob Alfons nun wirklich schwarzmagisch beeinflusst wurde oder nicht – er vermittelte Sonja durch seine Außenbeziehung und seinen Auszug, dass sie nicht gut genug sei, so zumindest interpretierte es Sonja für sich.

Was auf einer anderen Ebene passierte, war Sonja nicht bewusst. Alfons' Verhalten triggerte tiefsitzende Verlustängste und Erfahrungen, die Sonja zuvor in ihrem Leben gemacht hatte. Wir alle sind irgendwie traumatisiert, das gehört, wie gesagt, wohl mit zum Spiel auf dem Planeten Erde.

Sobald wir in einen menschlichen Körper inkarnieren, fallen wir aus der göttlichen Einheit – dies ist bereits das erste Trauma. Dann landen wir im Bauch unserer Mutter, wo es kuschelig und sicher sein sollte. Zunächst sind wir noch mit unserer Mutter verschmolzen, das heißt, wir fühlen eins zu eins alles, was sie fühlt. Falls sie traumatisiert ist und sich – vielleicht aus Unwissenheit – selbst nicht um die Heilung ihrer Traumata gekümmert hat, bzw. falls sie voller Angst ist, voller Sorge um sich und ihr Ungeborenes, dann kommen wir bereits geprägt auf die Welt.

Wir werden bereits mit vielen mehr oder weniger großen ›Päckchen‹ geboren. Und wenn wir als Baby erleben müssen, dass wir nicht so genährt werden ...; wenn wir nicht die Liebe erhalten, die wir brauchen, dann kommt uns diese Welt eher als ein unsicherer Ort vor. Wir empfinden kein Urvertrauen, und das hat mächtige Auswirkungen auf unser Leben.

Wir manifestieren immer und immer wieder Erlebnisse, die uns eigentlich die Chance geben sollen, zu heilen. Um es zu vereinfachen: Angenommen, wir erleben z.B. auf partnerschaftlicher Ebene, dass wir immer wieder verlassen werden, dann kann es sein, dass diese Situationen quasi eine Wiederholung unserer Kindheitserlebnisse sind – oder die unserer Mutter, unserer Großmutter usw. Natürlich ist hier auch die Prägung unserer väterlichen Ahnenreihe mit im Spiel.

Mit Gewalt-Erlebnissen oder Übergriffen psychischer oder sexueller Natur in unserer Kindheit wird es noch herausfordernder für uns. All dies wird zur energetischen Blaupause, die für unsere Ausstrahlung sorgt. Folglich ziehen wir weitere Erlebnisse an, die zu unserer Prägung und zu unserer Ausstrahlung passen. Das geschieht so lange, bis wir uns darum

kümmern, unser System zu reinigen und die energetischen Verstrickungen zu lösen.

Um auf Sonja zurückzukommen: Durch meine Begleitung konnte sie sich nach und nach weitgehend von diesen hinderlichen Programmierungen und eingeschlossenen Emotionen befreien. Dieser Prozess beansprucht in unserer 3-D-Realität – schlicht und ergreifend – genug Zeit.

Bei meinen energetischen Clearings arbeite ich im Quantenfeld, was zur Folge hat, dass im Normalfall Schicht für Schicht der Blockaden abgetragen wird. Ich durfte allerdings auch schon Prozesse begleiten, in denen bei einem Clearing sogleich die Wurzel allen Übels erwischt wurde, sodass die feststeckende Energie befreit werden konnte. Dies ist dann wahrlich ein Akt der Gnade.

Nachdem alles zusammenhängt, kann es sogar sein, dass im Zuge dieser Befreiung gleich mehrere Themen erlöst werden. Angenommen, es handelt sich dabei um die Thematik, dass eine Frau immer wieder verlassen wird. Vielleicht wirkt in ihr der unbewusste Glaubenssatz »Ich bin es nicht wert … (dass jemand bei mir bleibt, dass sich jemand um mich kümmert, dass ich gut genährt werde …)«. Sobald wir diese Thematik erlösen, wacht die Klientin möglicherweise in einer völlig neuen Realität auf, eventuell ohne sich überhaupt an das Thema zu erinnern.

Zuweilen verschwinden sogar die mit einer Thematik einhergehenden Geldprobleme. Wenn wir als Babys nicht gut genährt werden, entwickeln wir ein Mangelgefühl, das sich in allen Bereichen unseres Lebens zeigt, oft auch in Geldthemen. Deswegen liebe ich diese Arbeit so sehr – sie ist wahrhaft magisch.

Sonja ist ein vorzügliches Beispiel, wie sich jemand verwandelt, wenn er sich auf den Weg macht, heil zu werden. Sie hat als Folge ihrer tiefen Transformation den Partner in ihr Leben gezogen, der die kniffligsten Reifephasen seiner eigenen Heldenreise ebenfalls hinter sich hat, der geklärt ist und seine Traumata weitestgehend erlöst hat. Sonja hat von mir magische Tools an die Hand bekommen, mit denen sie alleine weiterarbeiten kann. Sie ist so viel bewusster geworden und kann das Schiff ihrer Beziehung kurskorrigieren, sobald sie und ihr Liebster bemerken, dass irgendetwas in leichte Schieflage gerät. Und ihr neuer Partner Felice wird diesen Weg mit ihr gehen, weil er ebenfalls auf einer Stufe steht, wo ihm bewusst ist, welche Wirkkräfte gerade Einfluss auf ihre Partnerschaft haben.

Sonja konnte sich aus ihrem energetischen Kokon befreien, aus der Raupe ist ein wunderschöner Schmetterling geworden. Aus der bedürftigen Prinzessin, die auf den Prinzen wartete, der sie rettet, ist eine Königin geworden, die sehr gut selbst für ihr Lebensglück sorgen kann. Sie ›braucht‹ ihren König nicht, aber mit ihm sind die Sonnenuntergänge um so vieles prächtiger.

Sonja hat sich zu einer wunderschönen Frau entwickelt, sie sieht um mindestens zehn Jahre jünger aus; nach wie vor wird sie von Männern verehrt, und das genießt sie und ist dankbar für ihr großes Glück. Aber nicht nur das, auch die Frauen – ihre ›Schwestern‹ – lieben sie, weil Sonja auch viel für sie tut. Sonja hat sich beruflich umorientiert: Als Mentorin begleitet sie heute Frauen, die sich in ihrer zweiten Lebenshälfte beruflich umorientieren wollen.

Sonja und ich sind längst Freundinnen, und wenn sie mal nicht weiterweiß oder sie energetisch etwas klären möchte, treffen wir uns zu einer Clearing- und Coaching-Session und finden im Prozess meist die energetische Wurzel der Herausforderung.

Und so kitschig es klingt: Sonja hat mich gebeten, sie und Felice zu trauen, zwei Jahre, nachdem sie zusammengekommen sind – was ich natürlich sehr gerne getan habe.

So könnte ich nun sagen: Diese Geschichte hat ein Happy End. Doch es ist ein Anfang: Das Abenteuer Ehe hat mit dieser besonderen Zeremonie ja erst begonnen. Ich weiß aber, dass Sonja ihren Weg gehen wird und dass sie nun gut mit vielen wundervollen magischen Tools ausgerüstet ist ... und mit vielen Helfern jenseits des Schleiers. Insofern mache ich mir um Sonjas Glück überhaupt keine Sorgen mehr.

Bonus 2

DIE MAGISCHEN GEHEIMNISSE WEISER FRAUEN

Napoleon Hill beschrieb in seinem Bestseller *Denke nach und werde reich*[12] viele wunderbare Techniken. Eine davon ist die schamanische Technik, sich seine unsichtbaren Ratgeber vorzustellen und sie regelmäßig um Rat zu bitten. Er schilderte, wie er sich jahrelang vor dem Einschlafen in Gedanken mit berühmten Personen traf, um ihre Hilfe in Anspruch zu nehmen.

Er stellte sich seine imaginären Gesprächspartner sehr lebhaft vor, und so nahmen sie im Lauf der Zeit immer mehr Profil an. Es schien, als würden diese Persönlichkeiten immer lebendiger werden. Die inspirierenden Gespräche dieser Persönlichkeiten untereinander und mit Napoleon Hill, dieser innere Ratgeber-Kreis, bildete für Hill eine sehr mächtige Hilfe. Er war davon überzeugt, dass diese sehr lebendigen Persönlichkeiten seine eigene Kreation seien – und damit hatte er aus meiner Sicht einerseits recht und andererseits auch nicht.

Meines Erachtens waren diese helfenden Persönlichkeiten Gedankenformen, die immer mehr ihr Eigenleben entwickelten, erschaffen von Napoleon Hill. Da es sich zugleich um einst lebendige Personen handelte, verband sich aus meiner Sicht die Energie dieser Personen mit dem Fantasiebild von Napoleon Hill. Energie geht nicht verloren, und im Raum aller Möglichkeiten – was das Quantenfeld ja darstellt – ist auch irgendwo die Energie von Verstorbenen zu finden. Aber nicht nur das, im Raum aller Möglichkeiten gibt es alles, auch Engel und Dämonen, Helfer und Verhinderer, einfach alles.

Der Quantenphysiker Dr. Ulrich Warnke schreibt in seinem Buch *Quantenphilosophie und Interwelt*[13]: »Wir Menschen besitzen ein angeborenes Vermögen, durch die Prinzipien der Quantenphilosophie Wesen zu erschaffen. Allerdings müssen wir auch akzeptieren, dass diese Wesen sich eigenständig entwickeln – ganz genau so, wie das Ich eine Schöpfung der Selbst-Instanzen ist und dieses Ich dann ein lernendes Eigendasein führt, eine Persönlichkeit entwickelt. Außerdem erschaffen ja nicht nur wir Wesen, sondern alle Menschen können dies.

Bleiben wir einen Moment lang bei den Wesen, die wir Engel nennen. Wir erzeugen Engel, weil wir überzeugt sind, dass es sie gibt. Bemerken Sie die Paradoxie dieser Aussage? Aber genauso läuft die Realitätsbildung ab: Was möglich ist, wird Wirklichkeit, sobald wir es mit Sinn und Bedeutung füllen.«

Wir erschaffen also Wesen oder Gedankenformen, die wir um Rat fragen können, wir können alles Mögliche mit diesem Wissen machen, doch muss uns eben auch bewusst sein, dass diese Wesen mit der Zeit ihr Eigenleben entwickeln.

Ulrich Warnke schreibt außerdem: »Von einem bestimmten Punkt an sind sie nicht mehr beherrschbar. So kann Gutes oder auch Schädigendes von selbst erschaffenen Wesen ausgehen. Agieren sie in negativer Weise, sprach man früher von Dämonen oder Teufeln, auch von Luzifer. Andererseits ist die Interwelt auch bevölkert von Informationsgestalten, die

als Geister und Götter vor Jahrhunderten geschaffen und bis heute genährt werden. Es sind strahlende Wesen, zu denen beispielsweise Engel gehören. Der unbedingte Glauben an sie wirkt stärkend für das Empfinden der Menschen. Solche Wesen besitzen für uns die Kraft, in labilen Phasen Angst, Trauer und Zweifel zu zerstreuen und Zuversicht zu schenken.«

Die Interwelt nach Dr. Warnke ist übrigens eine Vorstufe zum Quantenfeld. Dr. Warnke beschreibt die Interwelt als den Zustand, in dem man sich befindet, wenn man z.B. noch nicht ganz schläft, aber dennoch auch nicht mehr ganz wach ist. Ich persönlich bezeichne diesen Zustand als eine Art Traumraum, quasi eine leichtere Variante des Traumraumes, in dem wir unbewusst werden und nachts träumen.

Luzide Träumer – Menschen, die während des Träumens sich bewusst sind, dass sie träumen – können ihre Träume steuern und die Energie aus dem Traumraum in unsere 3D-Realität mitnehmen. Ich selbst hatte in einem Traum, der plötzlich luzide wurde, eine Begegnung mit meiner verstorbenen Mutter. Es geschah genau einen Monat nach ihrem Tod - wieder in einer Neumondnacht. Ich stand ganz nahe vor ihr und sah in ihre Augen – auch das geschieht übrigens ganz selten in Träumen und mir wurde plötzlich bewusst, dass ich träume. Mein Gefühl dazu ist, dass es sich um eine wahre Begegnung handelte, vor allem, weil mich schon des öfteren Verstorbene kurz nach ihrem Tod besuchten, um z.B. Botschaften an ihre Liebsten zu überbringen. Leider kann dies nicht bewusst herbeigeführt werden, es geschieht einfach. Das ist also die von Dr. Warnke beschriebene Interwelt. Dort können wir ganz besondere Schöpfer sein, wenn wir es üben und es macht Spaß.

Wir können also selbst hilfreiche Wesen erschaffen, oder wir verbinden uns mit Wesen, die bereits mit liebevollen Energien aufgeladen sind und seit Jahrtausenden genährt werden. Es ist wichtig, die Vorteile, aber auch die Risiken zu kennen, und nach meinem Empfinden ist es auch wichtig, wie oft man welche Energieform nährt.

Ich selbst gehe regelmäßig in meine inneren Räume, um mich dort mit diversen Helfern und Helferinnen zu verbinden und mich mit ihnen zu beraten. Zu meinen persönlichen Helferinnen gehört der magische Kreis der weisen Frauen. Sie stehen für das Kollektiv all der weisen Frauen, die es jemals gegeben hat oder noch geben wird.

Auf diesen Reisen bewege ich mich im Quantenfeld, und indem ich mich immer und immer wieder mit den weisen Frauen verbinde – was von Mal zu Mal leichter wird –, kann ich dort Informationen abrufen, die direkt aus dem Schoß des weiblichen Kollektivs kommen, und dieser Schoß ist der Ort der Schöpfung schlechthin.

Ich habe schon von besagter schlafloser Nacht erzählt, als ich einen Download aus diesem weiblichen Kollektiv erhielt. Mir wurde das Wissen über die Dreieinigkeit in uns selbst zuteil. Wie wichtig es ist, unseren Schoßraum zu aktivieren, weil in ihm die pure Lebenskraft wohnt. Wie wichtig unsere natürliche weibliche Spiritualität ist und warum wir sie unbedingt wiederfinden sollen. Und wie unser Herz diese beiden Pole miteinander verbindet, indem wir die Verbindung bewusst initiieren. Nur wenn alle drei Zentren aktiviert sind, kommen wir in unsere wahre weibliche Urkraft. Und die dazwischen liegenden Zentren werden bei diesem Vorgang automatisch mit aktiviert, vor allem, wenn wir uns um die

Beseitigung unserer eingeschlossenen Emotionen gekümmert haben.

Ich lege dir sehr ans Herz, den Kreis der magischen, weisen Frauen selbst so oft wie möglich aufzusuchen, um dort Energie zu tanken und Rat zu suchen. Und hier noch ein paar weitere Geheimnisse der weisen Frauen:

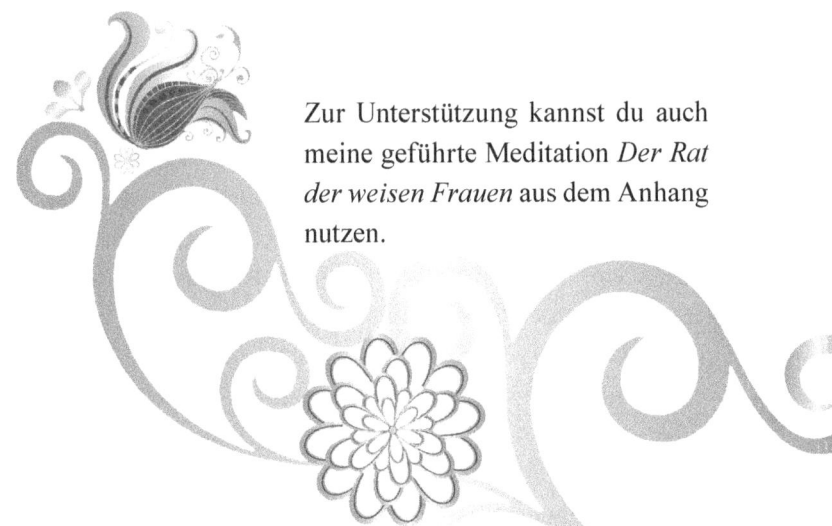

Zur Unterstützung kannst du auch meine geführte Meditation *Der Rat der weisen Frauen* aus dem Anhang nutzen.

ALTE LIEBESVERBINDUNGEN LÖSEN

Wenn eine Paarbeziehung endet, haben die Beteiligten oft einen sehr schmerzhaften Prozess hinter sich. Meist ist es für den Verlassenen härter als für den Menschen, der geht. Wie auch immer, so eine Trennung hinterlässt tiefe Narben in unseren Herzen, sodass wir dazu neigen, unser Herz aus Sicherheitsgründen zu verschließen.

Wir verschanzen uns hinter dieser Mauer und beäugen jeden sehr misstrauisch, der versucht, durch die Mauerritzen nur einen kleinen Blick auf unser wunderschönes Herz zu werfen. Wie aber soll eine neue Liebe in unser Leben kommen, wenn wir uns mit unserer Herzmauer vor weiteren Verletzungen schützen wollen?

Für ein neues Liebeserlebnis müssen wir uns zuerst von all dem alten Ballast befreien, der vielleicht nicht mal unser eigener ist, und von den Steinen, die wir rund um uns aufgebaut haben. Und: Wir sollten vergeben können: unserem Expartner all das, was er uns aus unserer Sicht angetan hat, und uns selbst für unser vermeintliches Versagen.

Ja, wir fühlen uns als Versagerin, weil wir es nicht geschafft haben, den anderen glücklich zu machen; weil wir aus unserer Sicht alles getan haben, um unsere Beziehung zu schützen.

Das war einer von Sonjas Sätzen, die sie in der Anfangszeit ständig wiederholte: »Ich hab ihm alles gegeben, meine Liebe, meine Freiheit, mein Licht, meine Lebensjahre. Ich hab an ihn geglaubt, ich hab ihn unterstützt, und ich habe mein Bestes gegeben, damit er glücklich ist.

Ich hab ihm den Rücken freigehalten und ihn getröstet, wenn es ihm schlecht ging. Und dann kommt da auf einmal diese ..., diese Frau und drängt sich einfach zwischen uns –

und er lässt es zu. Das ist einfach nicht gerecht!«

So sah Sonjas emotionale Wahrheit aus. Allerdings gibt es immer zwei Geschichten: Alfons hat Sonja in der großen Streitphase genauso viele Vorwürfe an den Kopf geworfen, die aus ihrer Sicht einfach nicht stimmten.

Solange die Verletzung bei beiden nicht geheilt wird und Vergebung auf beiden Seiten verwehrt wird, bleiben die beiden energetisch verbunden. Das wiederum ist für eine neue Beziehung hinderlich, weil diese alte Beziehung nicht vollständig abgeschlossen ist.

Wir sollten klug sein und unser Möglichstes geben, damit Heilung geschieht. Dazu gehört auch, sich nicht (nur) als das Opfer zu sehen, sondern auch die Verantwortung für den eigenen Part zu übernehmen. Wenn eine Beziehung endet, ist nie nur einer daran ›schuld‹. Jeder hat seinen Anteil dazu beigetragen.

Interessant ist, dass die meisten Menschen dann von einer ›gescheiterten‹ Beziehung oder Ehe sprechen. Doch sind wir wirklich gescheitert? Wir sind gemeinsam den Weg bis zu einem bestimmten Punkt gegangen, doch in Wahrheit scheiden sich hier einfach unsere Wege. Wenn wir auf das Ereignis kein Label draufkleben und es nicht als ›Scheitern‹ oder ›Versagen‹ benennen, sondern einfach als das auffassen, was es ist – ein Ende, ein Abschied –, geben wir dieser verurteilenden Stimme in uns keine Energie.

Du kennst diese Stimme sicher, sie ist darauf versessen, uns kleinzumachen, uns die Schuld zuzuschieben, damit wir uns noch mieser fühlen. Solange wir dieser Stimme alles glauben und nichts hinterfragen, verlieren wir Energie.

Ein Energieverlust passiert übrigens auch, wenn wir weder unseren Anteil an der Situation anerkennen noch die Verantwortung dafür übernehmen. Das passiert allzu leicht, falls wir in der Opferrolle verharren und nur dem Expartner die Schuld zuschieben. Dem Expartner zu sagen, dass wir ihn irgendwann nicht mehr sexy fanden, weil … – das würde ihn wirklich tief treffen. Muss das sein? Ein Rosenkrieg sollte unbedingt vermieden werden, denn die Expartner verletzen sich dabei nicht nur gegenseitig, sondern auch sich selbst. Wertschätzung und Dankbarkeit für die gemeinsame Zeit und Vergebung – das sind die Schlüssel zur emotionalen Freiheit!

Solange wir versuchen, aus dem tiefen emotionalen Loch herauszukriechen, erscheint uns dieser Satz natürlich wie ein Hohn. Trotzig wie Rumpelstilzchen stampfen wir mit dem Fuß und sagen: »Nein, er muss dafür büßen, er soll dieselben Schmerzen erleiden wie ich, damit er weiß, was er mir angetan hat!«

Angenommen, wir wüssten, dass der andere die gleichen Schmerzen erleidet: Würde das unser eigenes Leid auch nur ein bisschen schmälern? Nein, Rache heilt nicht! Dem anderen wehzutun oder zu sehen, wie das Leben ihm übel mitspielt, bringt uns vielleicht kurzzeitig Befriedigung, aber langfristig fühlen wir uns deswegen nicht besser. Ganz im Gegenteil. Der Teil in uns, der pure Liebe ist, weiß, dass Rache nicht die Antwort ist.

Hilfreich ist dagegen das Wissen, dass der Schmerz, den wir empfinden, nur etwas sehr Altes in uns triggert. Werden wir verlassen und fühlen wir uns allein, dann wird ein uralter Schmerz angerührt, der oftmals in unserer Kindheit verankert ist, oder die Schmerzen, die unsere Vorfahren erlitten

haben. Wir kommen nicht voran, indem wir den Schmerz wegdrücken; wir kommen nur durch das Fühlen unserer Wunden in die Kraft. Bei meiner Arbeit kommen hier die Clearings ins Spiel, die es uns ermöglichen, auf einfache Art und Weise an die ursprünglichen Themen heranzukommen, ohne alle Gründe zu kennen, die unserem miesen Gefühl zugrunde liegen.

Die Wahrheit lautet: Das Leben sendet uns den aktuellen Schmerz, damit wir an den ursprünglichen herankommen und ihn erlösen können. Wir können z.B. mithilfe eines Clearings an die Wurzel des Schmerzes gelangen und ihn befreien. Das heißt in der Folge, dass wir keine Erfahrungsschleifen mehr drehen müssen. Das Leben wird uns neue Erfahrungen schicken – das alte Thema hat sich erledigt. Die eingeschlossenen Emotionen werden befreit, die Energie steht uns nun endlich für die Verwirklichung unserer Ziele zur Verfügung. Und auf energetischer Ebene geschieht Heilung, nicht nur für uns, sondern auch für unsere Vorfahren und Nachkommen – in allen Versionen von uns, in allen Zeiten und in allen Dimensionen.

Wir sollten unsere einstigen Liebesverbindungen wirklich und ganz bewusst trennen. Viele von uns haben ja auch ganz bewusst geheiratet und sich etwas geschworen. Bedauerlich, dass das Versprechen nicht gehalten werden konnte, doch das ist menschlich; jeder von uns musste schon einmal ein Versprechen brechen. Und auch ohne Trauschein haben wir uns einmal etwas versprochen, nämlich gemeinsam in Liebe den Weg zu gehen. Auf einer höheren Ebene bleibt nur die Liebe – diese Verbindung zwischen zwei Herzen kann auch kein neuer Partner trennen.

Zeremonien sind sehr kraftvoll und verändern die Energie einer Verbindung. So wie wir heiraten, sollten wir uns auch trennen. Wir können ein Versprechen nicht zurücknehmen. Einmal ausgesprochen ist es im Feld. Aber wir können es durch eine klare Entscheidung entladen, und das sollten wir unserem Glück zuliebe tun.

Es wäre also gut, ein Trennungsritual durchzuführen. Ja, das kann durchaus schmerzvoll sein, aber es befreit uns. Am besten ist es, wenn beide Expartner dabei anwesend sind und sich wertschätzend voneinander trennen. Dabei geht es nicht um die offizielle Scheidung, die vonnöten ist. Es geht um die energetische Verbindung, die auf Quantenebene zwar weiter besteht, die sich aber in unserer 3-D-Realität verändert hat.

Um wieder glücklich und wirklich frei für eine neue Liebesbeziehung zu sein, müssen wir – als ehemaliges Paar – einander zuvor in Liebe gehen lassen.

Eine Trennungszeremonie kann uns dabei helfen, weil Rituale sehr mächtig sind. Es ist archaisch in uns verankert, dass wir besondere Wendepunkte in unserem Leben mit einer Zeremonie zelebrieren. Wir lassen unsere Kinder taufen und/oder segnen oder heißen sie mit einer freien Zeremonie im Leben und in der Gemeinschaft willkommen. Wir heiraten mit einer Zeremonie, und wir verabschieden unsere Verstorbenen mit einer Zeremonie. Wir sollten auch eine Trennung mit einer Zeremonie bekräftigen. Warum will da niemand hin? Vor allem wegen des Schmerzes. Leider ist den wenigsten Menschen bewusst, dass der Schmerz sowieso da ist und dass er sehr lange bleiben kann, sofern wir uns nicht um ihn kümmern.

Eine Trennungszeremonie kann in sehr einfachem Rahmen stattfinden. Du kannst sie mit dem anwesenden Partner durchführen oder auch allein.

Mit dem anwesenden Expartner

Vorab ein wichtiger Hinweis: Was ihr in der Zeremonie vermeiden solltet, sind Sätze wie »Ich wollte dir nie wehtun« – vor allem, wenn einer der beiden Expartner wegen einer neuen Beziehung gegangen ist. Wer sich bewusst auf eine neue Beziehung einlässt, obwohl die alte nicht beendet ist, weiß tief in sich drin, dass er den Noch-Partner verletzen wird. Dieser Satz ist also genau genommen eine Lüge und gibt dem Verlassenen das Gefühl, dass das Messer im Herzen noch einmal herumgedreht wird.

Füge dem anderen bei dieser Zeremonie keine neuen Verletzungen zu. Schuldzuweisungen und Vorwürfe haben hier keinen Platz, daher sollte die Wut schon bearbeitet sein. Hinter der Wut kommt meist die Traurigkeit über den Verlust und die empfundene Machtlosigkeit zutage. Sagt euch gegenseitig nur Wertschätzendes. Vielleicht fällt dir das leichter, wenn du dir bewusst machst, dass das Ende dieser Beziehung trotz des Schmerzes neue Türen für dich öffnet und dass du energetisch frei wirst für eine neue Liebe. Das Durchwandern deiner tiefsten Täler, wo dir all deine Dämonen, deine Ängste, deine Einsamkeit begegnen, ist ein wichtiger Teil deiner Heldenreise, aus der du gestärkt und wie neugeboren hervorgehen wirst.

Setzt euch gegenüber, zündet eine Kerze an und stellt sie zwischen euch. Wenn ihr möchtet, bittet eure Seelen oder die höhere Intelligenz (oder woran auch immer ihr glaubt) um Beistand für diese Zeremonie. Bekundet laut eure Absicht, nämlich euch in Liebe gegenseitig gehen zu lassen, und bittet um Unterstützung.

Sprecht euch gegenseitig ein paar freundliche, ernstgemeinte Sätze zu. Bedanke dich für die gemeinsame Zeit, für die Erlebnisse und Erfahrungen, für die Lektionen, die du lernen durftest, und für die Liebe.

Wenn Tränen fließen, dann heraus damit! (Denke daran, für diesen Fall ein Taschentuch einzustecken.) Wische dir die Tränen ab und putze dir die Nase, denn diese Flüssigkeiten können geradezu toxisch sein. Ein Fingerhut voller Tränenflüssigkeit kann eine Schildkröte töten, habe ich von einem meiner sehr informierten Lehrer gelernt.

Wenn ihr Ringe habt, könnt ihr sie an dieser Stelle abnehmen und sie gemeinsam vergraben oder in einen Fluss werfen. Oder ihr spendet sie, damit das Edelmetall einem guten Zweck zugutekommt. Falls du noch nicht dazu bereit bist, kannst du deinen Ring vorerst behalten; du wirst wissen, wann du dich von ihm trennen möchtest. Vielleicht spätestens, wenn du eine neue, glückliche Partnerschaft hast. Man kann Eheringe auch der Aktion *Scheidungsringe für Kinder*[14] übergeben: Die Spende ermöglicht es Scheidungskindern, deren Eltern in Zukunft weit voneinander entfernt leben und nicht genügend Geld für eine lange Fahrt oder Übernachtung haben, den Kontakt zu beiden Elternteilen zu bewahren.

Was euer Versprechen anbelangt – besonders, wenn ihr verheiratet wart: Ihr könnt euch gegenseitig etwas sagen wie: »Es tut mir sehr leid, dass ich dich verletzt habe.« Das ist etwas völlig anderes als der oben aufgeführte Satz »Ich wollte dir nie wehtun«, weil du mit deinem aufrichtigen Bedauern anerkennst, dass du deinem Expartner wehgetan hast. Der Satz gibt auch ihm die Chance, seinen eigenen Part anzuerkennen und die Verantwortung dafür zu übernehmen.

Eine gute Formulierung wäre auch: »Ich danke dir für deine Liebe, für den gemeinsamen Weg, für die schönen und auch für die schwierigen Zeiten. Ich weiß, ich werde dadurch wachsen. Ich freue mich, wenn du mit Freude an mich zurückdenkst und wenn das Schlimme in unserer Erinnerung verblassen darf. Ich wünsche dir von Herzen das Allerbeste!«

Für eine vollständige Trennung ist darüber hinaus die Lösung der Energieschnüre zwischen euren Energiezentren (Chakras) nötig. Wie das vor sich gehen kann, beschreibe ich im nächsten Abschnitt.

Danach könnt ihr aufstehen, euch voneinander abwenden, in die gleiche oder die entgegengesetzte Richtung schauen und einen bewussten Schritt – vielleicht sogar über eine imaginäre oder gezogene Linie – in die Zukunft ohne einander gehen. Der Abschied in dieser Zeremonie wird viel zu eurer Befreiung beitragen.

Ohne den Ex

Du kannst alles genauso machen wie oben beschrieben, nur dass dein Ex eben lediglich vor deinem geistigen Auge erscheint. Du setzt dich also hin, zündest eine Kerze für euch an und bittest deine Seele, eine höhere Macht oder Gott (womit auch immer du dich wohlfühlst) um Beistand. Du kannst dich auch imaginär in den Kreis der weisen, magischen Frauen setzen und sie bitten, dich zu unterstützen. Je öfter du diese Räume betrittst und die Hilfe deiner imaginären Helfer in Anspruch nimmst, desto selbstverständlicher wird dieser Prozess für dich und desto leichter kannst du die Hilfe wirklich annehmen.

Schließe die Augen und bitte deinen Ex in Gedanken, sich dir gegenüber zu setzen. Erkläre ihm, warum und wozu du diese Zeremonie durchführst, nämlich eurer Freiheit zuliebe. Den Rest der Zeremonie kannst du ebenso durchführen, als wäre dein Expartner physisch anwesend. Du wirst seine Worte in dir hören und ihn vor deinem geistigen Auge sehen können.

Solltest du an der Wirksamkeit zweifeln, weil du glaubst, es gehe ohne ihn nicht, dann sei versichert, es funktioniert. Falls du später das Gefühl hast, es habe sich gar nichts geändert und du fühlst dich nicht freier, dann könnte es sein, dass du noch nicht bereit warst, loszulassen. Wiederhole die Zeremonie nach einiger Zeit oder lass dich von jemandem durch den Prozess führen.

Als freie Zeremonienmeistern weiß ich, wie mächtig eine Zeremonie wirkt. Gerne begleite ich dich, falls du Unterstützung brauchst – egal, ob dein Expartner bei der Zeremonie physisch anwesend ist oder nicht.

ENERGETISCHE VERBINDUNGEN NACH KURZEN ROMANZEN LÖSEN

Du weißt nun, dass Trennungsrituale genauso wichtig sind wie Bindungsrituale – und das gilt auch für kurze Begegnungen. Egal, ob ihr lange zusammen wart oder ob es sich nur um eine kurze Romanze handelt: Eure Energiezentren sind durch Energieschnüre verbunden. In beiden Fällen ist es wichtig, dass ihr diese Verbindungen löst.

Energieschnüre trennen

Das erste Mal habe ich vor sehr vielen Jahren von diesen Energieschnüren gelesen. Der Schriftsteller Carlos Castaneda ermöglicht in seinen Büchern *Die Lehren des Don Juan*[15] (es geht übrigens nicht um den gleichnamigen Frauenhelden!) einen tiefen Einblick in die mythologische Vorstellungskraft eines uralten Volkes: der mexikanischen Yaqui-Indianer. Die Schamanen, die ›Zauberer‹ dieses Volkes, sagen unter anderem, dass bei jeder sexuellen Begegnung energetische Verbindungen zwischen den Energiezentren zweier Menschen entstehen. Sie sagen auch, dass die Männer in Zukunft durch diese Verbindungen energetisch genährt werden, vor allem, wenn die Frau Sex mit einem neuen Lover hat.

Die Yaquis praktizieren daher eine Methode, die sogenannte ›Rekapitulation‹, eine Atemtechnik, die über Tage und Wochen idealerweise in einer dunklen, engen Höhle durchgeführt wird. Mithilfe des ›Fege-Atems‹ gibt man die Energie, die man von anderen im Lauf des Lebens aufgenommen hat, an sie zurück und holt die eigene Energie zurück. Durch die Erinnerung, das nochmalige Wiedererleben und die bewusste

Entscheidung, diese Verbindungen zu kappen, geschieht die Befreiung, nicht nur von den sexuellen Verbindungen, sondern von allen Verbindungen, die man jemals energetisch mit Menschen oder Ereignissen eingegangen ist.

Dieser Prozess erscheint mir jedoch mühsam und langwierig. Ich habe die Erfahrung gemacht, dass eine rituelle Handlung in Verbindung mit der Absicht genauso gut funktioniert; meine Beschäftigung mit der Quantentheorie gibt mir auch Gewissheit auf wissenschaftlicher Ebene.

Mittlerweile hinterfrage ich auch, ob dieses Konzept von Carlos Castaneda überhaupt der Realität entspricht. Natürlich entstehen bei einer sexuellen Begegnung energetische Verbindungen, warum aber sollte der Energieaustausch in Folge nur in eine Richtung verlaufen? Warum sollten die Männer energetisch genährt werden, wenn die Frau in Zukunft Sex hat? Vielleicht entstammt diese Wahrnehmung auch der Prägung durch eine patriarchalische Gesellschaft und gehört somit eher zum Wunschdenken der Männer. Wie auch immer – es ist sicher grundsätzlich gut, die Verbindungen zu trennen.

Eine Reinigung sollte übrigens auch nach jeder sexuellen Begegnung durchgeführt werden. Stärke dein eigenes Energiefeld, damit du dich nicht in anderen Menschen und ihren Energien verlierst!

Ich finde es sehr beruhigend, zu wissen, dass ich mich jederzeit selbst ›reinigen‹ kann. Im Normalfall weiß dein ehemaliger Sexualpartner ja nichts von deinen energetischen Praktiken und wird daher auch nichts unternehmen, um mit dir in Verbindung zu bleiben. Solltest du allerdings trotz der energetischen Trennung das Gefühl haben, dass ein Mensch erneut andockt, wende dich am besten an jemanden, der mit

solchen Vorgängen Erfahrung hat. Im Zweifel ist es besser, Hilfe in Anspruch zu nehmen.

Abgesehen davon, dass du immer freier wirst, wenn du dich regelmäßig energetisch von anderen abkoppelst, birgt dies einen weiteren großen Vorteil. Ich sprach davon, dass es wichtig ist, dein energetisches Feuer auch als Single zu schüren. Nun habe ich des Öfteren von Frauen gehört, Abenteuer seien nichts für sie, weil sie nichts in sich ›reinlassen‹ möchten. Ich kann diese Denkweise nachvollziehen, allerdings ist die Annahme, dass wir nichts in uns hereinlassen, weil wir ja keinen Sex haben, an und für sich zu hinterfragen. Als energetische Wesen sind wir sowieso mit allem verbunden, es ist gar nicht möglich, nichts in sich hineinzulassen.

Was geschieht, wenn wir mithilfe eines kleinen Rituals die Energieschnüre kappen?

Lass mich zunächst ein paar Informationen vorausschicken: Im normalen Wachzustand schwingt unser Gehirn in der Beta-Frequenz, auf 37–15 Hertz (1 Hertz = 1 Schwingung pro Sekunde). Wenn wir uns schlafen legen oder in die Meditation gehen, fährt unser Gehirn zunächst herunter auf 14–8 Hertz, den Alpha-Zustand; dabei öffnen sich die Türen zu unserem Unterbewusstsein. Sinken wir dann noch tiefer in die Entspannung, wechseln unsere Gehirnwellen von Alpha zu Theta (7–4 Hertz). Wir schlafen, und wenn wir dann in die Tiefschlafphase gelangen, befinden wir uns in Delta, der Frequenz 3–0,5 Hertz. Bei 0 Hertz ist das Gehirn tot, das Bewusstsein hingegen nicht, wie man aus den Studien über Nahtoderlebnisse weiß.

Für unser Ritual werden wir uns in einen veränderten Bewusstseinszustand begeben, indem wir unsere Gehirnwellen durch Entspannung bewusst verändern; für unsere Zwecke reicht es, unser Gehirn auf Alpha herunterzufahren.

Wir werden uns auf eine Art schamanische Reise in unsere eigene Unterwelt, in unser Unterbewusstsein begeben, denn das ist der Ort, wo wir direkt mit dem Quantenfeld verbunden sind und die Dinge sogleich verändern können.

1. Zunächst verkünden wir die Absicht, dass wir die Verbindung zwischen uns lösen.

2. Mittels tiefer Entspannung gleiten wir in den soeben geschilderten veränderten Bewusstseinszustand, wo die Türen zu unserem Unterbewusstsein weit offen stehen. Wir können diesen Vorgang bewusst in Gang setzen, indem wir langsam einatmen ... und noch länger ausatmen ..., ein-atmen ..., aus-at-men ..., e-i-n-a-t-m-e-n ..., a-u-s-a-t-m-e-n ... und uns vorstellen, dass wir gleichsam Stufe für Stufe in unsere inneren Räume hinabgehen ..., immer tiefer ... und tiefer ... und noch tiefer hinab.

3. Wir suchen unsere inneren Räume auf. Dort können wir uns sogar Hilfe suchen, etwa im Kreis der weisen, magischen Frauen. Wir verkünden die Absicht, die Energieschnüre zu kappen; für das Durchtrennen gibt es verschiedene Möglichkeiten: Wir können die Älteste des Kreises bitten, ein Schwert zu nehmen und die Schnüre zu durchtrennen. Oder wir führen selbst das Schwert, oder wir lassen Erzengel Michael die Arbeit tun. Hier kannst du durchaus kreativ sein; was immer

sich für dich gut anfühlt, nutze es. Gut wäre es dann, die Schnittstellen z.B. mit göttlichem Licht zu veröden und um Heilung zu bitten.

Ich persönlich bevorzuge es, die Energieschnüre nicht mit einem Schwert oder Lichtschwert zu durchtrennen. Mir erscheint das so, als würde man einem Baby die Nabelschnur durchtrennen, ohne dass all die Hormone und Abwehrstoffe, die nach der Geburt noch von der Mutter zum Baby fließen möchten, beim Neugeborenen ankommen können. Wenn man dem Prozess Zeit gäbe, könnte all das Gute und Nährende aus der Plazenta noch dem Baby zugutekommen, und die Nabelschnur würde irgendwann von selbst aufhören zu pulsieren. Genauso hat es die Natur geplant. Das Baby wird durch die Nabelschnur noch mit Sauerstoff versorgt und fängt von selbst an, eigenständig zu atmen. Einer meiner Lehrer sagte einmal, dass ein Baby bei der Geburt nur deswegen so schreit, weil der erste Atemzug wegen der Durchtrennung der Nabelschnur auf unnatürliche Weise erzwungen wird und das erste Füllen der kleinen Lungen für das Baby in diesem Fall unglaublich schmerzhaft ist.

Nach meiner Wahrnehmung geschieht beim plötzlichen Durchtrennen unserer energetischen Verbindungen etwas Ähnliches. Eine abrupte Trennung könnte für unser Energiesystem ein kleiner Schock sein.

Ich selbst bevorzuge es, die Schnüre durch kosmische Klemmen abzudrücken, sodass keine Energie mehr hin und her fließen kann. Schon bald wird an der Abklemm-Stelle die Verbindung von selbst getrennt, und so hat unser System die Möglichkeit, sich an die neue Situation zu gewöhnen und den erforderlichen Energieausgleich selbst durchzuführen. Je geübter du bist, desto leichter wirst du die Energiefäden trennen können – im Idealfall durch pure Absicht. Dies bietet sich z.B. auch nach jedem kurzen, leidenschaftlichen Abenteuer an.

Verbindungen stärken

So wie du energetische Verbindungen lösen kannst, kannst du sie auch auf liebevolle Art und Weise stärken, ohne jemanden zu manipulieren. Hast du also eine neue Liebesbeziehung, dann reicht es schon, liebevoll an deinen Liebsten zu denken und ihm das Allerbeste zu wünschen.

Ich möchte dir allerdings sehr ans Herz legen, dass du die Verbindung zu deinem Liebsten behutsam nährst. Ein Zuviel an Energie kann durchaus schädlich sein, und die Grenze zur Manipulation ist fließend.

Am besten stärkst du deine Verbindung, indem du deine Liebe ganz natürlich zu deinem Liebsten fließen lässt. Wenn du dazu noch innerlich frei bleibst und nicht von deinem Partner abhängig wirst; wenn du ihn weder manipulierst noch dich an ihn klammerst, bist du auf dem besten Weg, mit deinem Schatz richtig glücklich zu bleiben.

Nachwort

Ich wünsche dir sehr, dass du durch die Anwendung all dessen, was ich dir ans Herz gelegt habe, deine ganz persönliche Vision von deinem zukünftigen Liebesglück entdeckst und verwirklichen kannst. Eines ist so sicher wie das Amen im Gebet: Wenn du deine Vision mit den Werkzeugen nährst, die ich dir vorgestellt habe, kann es gar nicht anders kommen, als dass sich deine Wünsche erfüllen.

Auf deinem Weg mag es (wie bei meinen VIP-Klientinnen und bei mir selbst) immer wieder Kurskorrekturen geben, die durch deine Transformation entstehen. Du wirst staunen, wie sich deine Wünsche und Vorstellungen womöglich verändern. Etwas, was dir zu Beginn deines Weges noch total wichtig war, wird aufgrund deiner Entwicklung immer unwichtiger.

Angenommen, auf deiner Liste steht zum einen, dein Traummann solle dir jeden Tag sagen, dass er dich abgöttisch liebt, und zum anderen, dass du jeden Tag mit ihm zusammen sein möchtest, dann ist die Wahrscheinlichkeit sehr groß, dass diese Punkte an Wichtigkeit verlieren. Weshalb? Deine ursprünglichen Wünsche resultierten vielleicht aus einer Art Bedürftigkeit und Angst, ihn wieder zu verlieren. Doch je freier und unabhängiger du durch den Prozess wirst, desto weniger hängen dein Glück und deine Zufriedenheit von den Geschehnissen im Außen ab.

Der Clou ist, dass sich diese Wünsche oft trotzdem erfüllen, vielleicht nicht in der ursprünglich gewünschten Häufigkeit, aber dafür überraschender und großartiger, als du es dir jemals hättest erträumen können.

Ich wünsche dir von Herzen, dass du nicht ›nur‹ dein Liebesglück findest, sondern eine dieser wundervollen, sanften und zugleich wilden Frauen wirst, die unser Planet so dringen braucht. Zum höchsten Wohl aller!

***

Mein Versprechen an dich

Ich bin für dich da, mit allem, was ich dir geben kann. Aus Erfahrung weiß ich, wie wichtig es ist, mindestens einen Menschen an deiner Seite zu haben, der an dich und deinen Erfolg glaubt, besonders dann, wenn du selbst es gerade nicht kannst!

Quellenverzeichnis

[1] Clarissa Pinkola Estés, *Die Wolfsfrau*, Heyne, 1997

[2] Prof. Dr. Alon Chen, Max-Planck-Institut, www.dw.com/de/epigenetik-wenn-wir-traumata-vererben/a-50547821

[3] John Alan Lee, *Colours of Love*, New Press, 1973

[4] Center for Whale Research, https://www.cell.com/current-biology/fulltext/S0960-9822(15)00069-X

[5] *Das Schönheitsgeheimnis der hawaiianischen Schamanen* ist inspiriert von einer Übung aus dem Buch *Die Magie kehrt zurück* von Eva Ulmer-Janes, Ibera Verlag, 1998

[6] Lomi-Lomi-Nui-Massage, Aladina Rabadan Garcia, https://raum-fuer-weiblichkeit.de/

[7] HeartMath Institute, https://www.heartmathdeutschland.de/

[8] IN-Q, *Inquire Within*, HarperOne Illustrated Edition, 2020

[9] Unabhängige Beauftragte für Fragen des sexuellen Kindesmissbrauchs, www.beauftragter-missbrauch.de

[10] Renata Miezejewska, https://weiblichewurzeln.de; Aladina Rabadan Garcia, https://raum-fuer-weiblichkeit.de

[11] Meditation *Ich bin schön*, www.tanja-mazurek.de

[12] Napoleon Hill, *Denke nach und werde reich*, Ariston, 2006

[13] Dr. Ulrich Warnke, *Quantenphilosophie und Interwelt*, Scorpio Verlag, 2013

[14] Scheidungsringe für Kinder, https://scheidungsringe-fuer-kinder.de

[15] Carlos Castaneda, *Die Lehren des Don Juan*, Fischer Verlag

Meditationen

Die geführte Meditation **Dein Traummann** hilft dir dabei, eine Vision zu erschaffen von deinem zukünftigen Liebsten. Alles, was dieser Vision im Weg steht, wird dabei geklärt. Diese Vision brauchst du, um dein neues Leben zu manifestieren.

Auflösung vererbter Blockaden ist eine tiefe Clearing-Session, bei der die (vererbten) Blockaden und Programmierungen Schicht für Schicht abgetragen werden. Mit ein bisschen Glück kann diese Session auch ein Grundthema lösen, was zur Folge haben kann, dass alle damit zusammenhängenden Themen auch erlöst werden.

Beim Hören des Audios **Der Rat der weisen Frauen** begleite ich dich in den Kreis der weisen Frauen. Höre zu, was sie dir zu sagen haben. Hast du vielleicht etwas Wichtiges für deine erfolgreiche Manifestation vergessen oder übersehen? Die weisen Frauen kennen die Antworten und helfen dir gleichzeitig, deine eigene, in dir wohnende Weisheitsquelle anzuzapfen.

Die Meditationen stehen im Zusammenhang mit diesem Buch als kostenloser Download unter folgendem Link *https://echnatonverlag.de/produkt/das-geheimnis-der-liebe* für dich bereit. Beim Herunterladen gib bitte den Code **LIEBE!** ein.

Danksagung

Mein Dank gilt meiner Verlegerin Diana Schulz vom EchnAton Verlag für ihr Vertrauen in dieses Buch und in mich. Auch möchte ich mich bei Bernhard Keller vom Momanda Verlag und seiner Frau Barbara für das Interesse an meinem Buch bedanken und für die Weiterleitung an Diana Schulz und ich bedanke mich ebenso bei meiner Lektorin Birgit-Inga Weber.

Danke auch an meine Klientin Sonja, dass sie mir erlaubt hat, ihre Geschichte zu erzählen und an all meine Klienten für ihr Vertrauen in mich. Ein großes Dankeschön geht auch an meine Mentoren und Lehrer John Newton, Ali Campbell, Dr. Joe Dispenza, Alexander Mark und Miroslav Großer. Angela Elis möchte ich danken für den Impuls, dieses Buch zu schreiben und meiner Freundin und ›Buddy‹ Jeanet Hönig für den intensiven Beistand während der Entstehung des Buches. Ganz wichtige Inspirationspartner sind auch meine Freunde aus meiner Mastermind Gruppe, allen voran Simone Riecke und Patricia Junk.

Mein tiefer Dank gilt all meinen Freunden, die für mich da waren in den dunklen Zeiten, die an mich geglaubt haben, wenn ich es nicht konnte und die so manch magische Stunden mit ihrem Sein versüßt haben – Max Stamler, Isabella Monti, Christine Bründlinger, Doris Karadar, Devora Maché, Susi Kaluza, Brigitte Friedrich, Angelika Quiroz, Satya

Marchand, Christine Mühlfellner, Prof. Andreas Holzinger, Victoria Sigmund, Antje Arnhild Jansen, Rüdiger Jank und all meine anderen guten Freunde – ich danke euch für eure Freundschaft und für euren Beistand!

Margarethe Kroiss danke ich von Herzen, dass sie mich und meinen Kater Maxi in ihrem Haus aufgenommen hat, als es schnell gehen mußte. Ich bedanke mich auch bei meinen Ahnen-Clearing Practice Gruppe – Astrid Hillepold-Schmoliner und Uta Fink und all den Hypno-Session Partnern.

Danke an mein höheres Selbst und an alle energetischen Wesen, die mir beim Schreiben zur Seite standen, allen voran die archetypischen Göttinnen Aphrodite und Artemis und natürlich gilt mein größter Dank der universellen Intelligenz, die mich immer wieder getragen hat, wenn ich selbst nicht mehr weitergehen konnte und die für all diese kleinen und großen Wunder und Synchronizitäten gesorgt hat.

Und last but not least danke ich Michael für die guten und wundervollen Zeiten, die wir gemeinsam erlebt haben, sowie auch für die schweren Zeiten, in denen ich an den Schattenthemen, die sein Verlassen getriggert haben, arbeiten konnte. Ohne all den Schmerz und das Hindurchgehen wäre ich nicht die Frau, die ich heute bin und dieses Buch wäre nie entstanden.

Die Autorin

Unterwegs im Auftrag der Liebe

Die gebürtige Salzburgerin Tanja Mazurek studierte Bühnenbild und Kostümentwurf an der Kunsthochschule Mozarteum. Nach ihrem Examen arbeitete sie in den Werkstätten der Salzburger Festspiele und des Landestheaters. Später moderierte sie 14 Jahre lang die Kult-Radiosendung *Late Night Love*, in der Hunderte von Paaren zusammenfanden. Während all dieser Jahre engagierte sich Tanja zugleich als Coach für Singles.

Ende 2013 verließ sie ihre Heimatstadt und zog der Liebe wegen in die Nähe von Augsburg.

Mit dem (traurigen) Ende ihrer Ehe begann für die Autorin ihre ganz persönliche Heldinnenreise. Das Überleben der ›dunklen Nacht der Seele‹ ließ sie stärker werden als je zuvor und so nahm sie aus dem Bedürfnis, ihr Lernen aus all diesen Erfahrungen zu teilen, ihre Tätigkeit als Coach wieder auf. Seitdem begleitet sie Ladys in ihrer zweiten Lebenshälfte auf ihrem Weg zum Traummann und ins Traumleben.

Tanjas wichtigste Lehrer und Mentoren sind u.a. Dr. Joe Dispenza, John Newton (Experte für Ahnen Clearing), Ali Campbell (Hypnose-, NLP und Coaching) und Alexander Mark (Coach und Autor).

Tanja Mazurek steht weiterhin als Moderatorin, sowie als Sängerin und Zeremonienmeisterin in der Öffentlichkeit.

Weitere Informationen zu ihren Aktivitäten findest du auf ihren Webseiten: www.tanja-mazurek.de (die Coaching-Homepage) und www.tanja-mazurek.com (die Künstlerin-nen-Hompage).

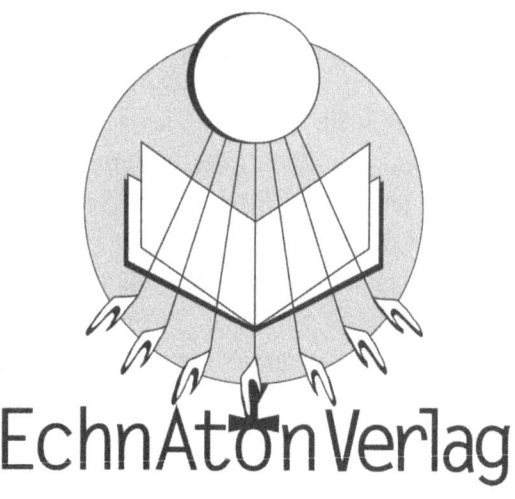

EchnAton Verlag

Der EchnAton Verlag steht für transformierende Literatur.
Neben den Büchern von spirituellen Weisheitslehrern,
Schamanen und Coachs veröffentlichen wir tiefgehende
Romane, Meditations-CDs und Online-Kurse.

Melden Sie sich für unseren Newsletter an!

Erhalten Sie Informationen zu aktuellen Neuerscheinungen,
geplanten Veranstaltungen und Aktionen.

Alle Informationen finden Sie auf unserer Website:

www.echnaton-verlag.de